김영래 교수의

미래
교육
목회

KB192793

미래 · 교육 · 목회

초 판 1쇄 2010년 5월 10일
개정판 1쇄 2017년 8월 30일

지은이 · 김영래
펴낸이 · 조병호
펴낸곳 · 도서출판 **통독원**
등록일 · 1993. 10. 28. 제 21-503호

주소 · 서울시 강남구 논현동 278-3
전화 · 02) 525-7794 / 팩스 · 02) 587-7794

ISBN 978-89-85738-86-6 93230

김영래 교수의

미래
교육
목회

Future·Education·Ministry

김영래 지음

통독원

* 서문

미래 · 교육 · 목회는 개별적으로 매우 큰 의미를 지닌 말들이다. 이미 이들에 대한 다양한 이론과 접근들이 나와 있는 것이 사실이다. 그러나 이 세 단어가 새로운 조합을 이룰 때, 예를 들자면 미래교육, 미래목회, 교육목회, 미래교육목회 등과 같이, 또 다른 질문과 도전에 직면하게 된다. 물론 이들은 모두 어느 것 하나 가벼이 여길 수 없이 중요한 의미를 지니고 있다. 그래서 어느 한 관점을 가지고 다른 모든 분야의 문제를 해결해 보고자 하는 시도는 더 이상 유효성을 주장하기 어렵다고 해야 할 것이다.

그래서 본서는 미래 · 교육 · 목회를 개별적이면서도 통합적인 시각에서 파악해 보려는 시도이며 노력이라고 할 수 있다. 보통 미래라는 이야기를 하게 되면, 아직 일어나지 않은 일에 대한 예측과 전망을 기대한다. 그러나 본 연구에서는 과거, 현재와 미래 간에 끊임없는 대화를 시도하려고 한다. 다시 말해 '과거를 예측하고', '미래를 기억하는' 방법으로 교회의 어제, 오늘, 내일의 모습을 신중하게 고찰해 보려는 것이다.

우리는 지금 역사상 교회가 직면한 도전 중 가장 흥미롭고 격동적인 상황에 놓여 있다. 절망과 희망의 공존, 먼저 된 자가 나중 되고, 나중 된 자가 먼저 되는 역설적 교회성장, 교회는 거부하지만 예수 그리스도는 환영하는 세대, 신학을 위한 성경이 아닌, 성경을 위한 신학의 재건, 초대교회의 복원과 이멀징 교회(emerging church)의 부흥 등 이전에는 볼 수 없었던 거대한 지각변동이 일어나고 있다.

이러한 상황인식을 바탕으로 본서는 역설의 리듬에 맞추어 어깨를 들썩이면서, 교회가 소망해야 할 새로운 목회와 교육의 모습을 스케치해 보려고 한다. 이 연구는 문제에 대한 대답을 주려는 목적을 가지고 행해진 것이 아니다. 오히려 더 많은 질문을 던지기 위해, 그리고 하나님의 음성이 적혀질 여백을 만들기 위해 수행되었다.

때문에 이 책을 읽는 독자들은 성경의 음성에 귀를 기울이면서 스스로 자신들의 신앙적 정체성을 찾게 되고, 하나님께서 주신 소명을 발견하는 기회가 있기를 바라는 것이다. 이러한 소망에 동반자가 되어 이 책을 출판해 주신 땅에 쓰신글씨의 조병호 박사님께 감사의 뜻을 전한다. 끝으로 미래와 교육과 목회에 관심을 갖는 모든 이들이 그들의 신앙의 여정에서 자신의 과거와 현재와 미래를 의미 있게 연결할 수 있는 아름다운 매듭을 만들어 나가기를 기대한다.

신앙의 역동적 여정 속에서
김영래

* 목차

새로운 교육 - 목회 : 르네상스

전망 - 미래목회와 교육적 교회

참고문헌/웹문헌

Future·Education·Ministry

진단
미래교회와 교육적 목회

1. 진단 – 미래 · 교육 · 목회

1
진단 – 미래·교육·목회

미래의 개념

미래학은 가능성이 있고, 개연성이 있는 미래와 이들의 바탕이 되는 세계
관과 신화를 연구하는 학문이다. 미래학은 철학의 한 주제로 여겨진다. 그
러나 혹자는 이를 과학 또는 예술이라고 주장하기도 한다. 일반적으로 미
래학은 역사학의 분야로 보는 것이 보편적이다. 미래에 관한 연구는 무엇
이 지속될 것으로 여겨지며, 무엇이 변화하고, 무엇이 허구인가를 이해하
려고 한다. 과거와 현재의 체계와 유형을 연구하고 미래의 사건이나 경향
을 찾아보는 학문이다.[1]

미래는 매우 흥미로운 개념이다. 미래를 논의할 때 우리는 기대와 우려, 희망
과 절망이 교차되는 생각과 감정을 갖게 된다. 그러나 한편으로 우리는 미래
에 대한 커다란 오해를 갖고 있는 것도 사실이다. 그렇다면 우리는 미래에 대
하여 어떠한 오해를 갖고 있는 것일까? 이 질문에 답을 하려면 미래와 교회,
교육과 목회를 논의하기에 앞서 미래의 개념에 대한 재고가 필요해 보인다.

첫째, 미래는 상대적이라는 것이다. 미래의 사전적 정의를 살펴보면 "미래란

지금의 시간으로부터 그 이후를 뜻한다. 지금 이전의 시간까지를 과거라고 한다면, 크게 과거와 현재, 그리고 미래가 구분된다. 그러나 과거 현재 미래의 구분은 단절적인 것이 아니라 연속선상에서 이해되어야 할 것이다."[2]라고 되어 있다. 이는 우리가 일반적으로 알고 있는 미래의 개념이다. 그러나 이는 다분히 시간적 측면의 미래에 국한된 정의라고 할 수 있다. 여기에서 굳이 아인슈타인의 상대성 원리를 언급하지 않더라도 미래는 단순히 시간적 의미로만 이해되어질 수 없는 개념이다. 왜냐하면 시간 자체가 지극히 상대적인 것이기 때문이다.

생각해 보자. 어떤 사람의 미래가 어떤 이에게는 과거가 될 수 있고, 어떤 지역의 과거가 또 다른 지역의 미래가 될 수 있다. 흔히 선진국과 후진국의 기술문명의 차이를 이야기할 때, 이 둘은 동시대를 살고 있음에도 불구하고 미래와 과거가 공간적 차이에 의해 구별되고 있음을 발견할 수 있다. 때문에 모든 사람의 미래가 동일할 수 없고, 심지어 과거로의 회귀 또한 특정인들의 미래가 될 수 있다는 것을 간과해서는 안 된다.

둘째, 미래는 절대선이 아니다. 어제보다는 오늘이, 오늘보다는 내일이 더 나을 것이라는 것은 인간이 오랫동안 가져온 희망이다. 그러나 역사는 이러한 희망이 언제나 진리가 아니었음을 일깨워 준다. 물론 그렇다고 해서 미래에 대한 기대와 소망을 무조건 포기해야 한다는 것은 아니다. 만일 인류가 미래에 대한 희망을 저버린다면 더욱 심각한 결과를 초래할 것은 자명한 사실이다.

그렇다면 우리는 미래에 대해 어떠한 자세를 가져야 할 것인가? 그것은 아마도 경계(caution)를 동반한 역사의식이 될 것이다. 이러한 의미에서 미래에 대한 관심은 역사에 대한 관심이 되어야 하는 것이다.[3] 과거가 미래의 거울이든, 미래가 과거의 거울이든 인류의 경험은 미래를 한낱 장밋빛 청사진으로만 볼 수 없다는 것을 지속적으로 일깨워 주고 있다.

셋째, 미래는 현실이라는 것이다. 미래에 관한 논의는 결코 봄날에 꾸는 백일몽이 될 수 없다. 환상(fantasy)과 상상(imagination)이 구별되듯이 현실에 바탕을 두지 않은 미래는 한 개인과 사회를 혼란 속으로 이끌 수 있는 독약이 될 것이다. 소위 2012년 지구 멸망설[4] 등은 미래에 관한 논의의 부정적 사례라고 할 수 있다. 사실 이러한 이야기는 과거로부터 끊임없이 있어 왔다. 노스트라다무스와 같은 예언가들이 써 놓은 소설과 같은 전망은 미래에 대한 논의에 전혀 도움이 되지 않는다. 왜냐하면 미래는 정해진 각본이 아니라 우리에게 열려 있는 현실이기 때문이다. 성경에서도 분명히 밝히고 있듯이 "그 날과 그 때는 아무도 모르나니"[5] 미래는 역사와 현실 속에 함께하시는 하나님의 열려진 계획 속에 다가오고 있는 것이다.

마지막으로 미래는 믿음의 영역에 속해 있다는 사실이다. 성경은 "믿음은 바라는 것들의 실상이요 보이지 않는 것들의 증거"[6]라고 말하고 있다. 여기서 말하는 '바라는 것'과 '보이지 않는 것'은 바로 미래의 본질이다. 위에서 언급한 미래의 상대적 속성, 절대선이 아닌 미래, 현실적 미래란 믿음을 통한 통찰이 없이는 올바르게 이해할 수 없다는 것을 의미한다.

예를 들어 보자. 뉴욕을 출발해 로스앤젤레스로 향하는 비행기에 당신의 가족이 탑승해 있다고 하자. 당신은 그 가족을 마중하기 위해 로스앤젤레스 공항으로 나간다. 물론 예정된 도착시각에 맞추어 공항에 나가야 할 것이다. 당신이 공항에 도착해 가족을 기다리고 있지만 아직 그 가족은 출구로 나오지 않았다. 그러나 공항에서 기다리고 있는 것은 그 가족이 출구를 통해 나와 당신과 재회를 할 것이라는 믿음에 바탕을 두고 이루어지는 행위이다. 아무런 근거 없이, 즉 도착의 소식을 전해 듣지 않고 공항에 나갈 수는 없다. 그 소식은 복음이어야 한다. 풍문이나 낭설에 의지해 공항으로 마중을 나갈 사람은 없다. 오직 복음을 들은 사람은 미래를 향해 나가 믿음의 대상이 있는 곳, 그리고 믿음의 대상이 오실 곳에 있어야 하는 것이다.

＊ ＊ ＊ ＊ ＊

온전한 사람을 살피고 정직한 자를 볼지어다 모든 화평한 자의 미래는 평안이로다 (시편 37:37)

범죄자들은 함께 멸망하리니 악인의 미래는 끊어질 것이나 (시편 37:38)

네 마음으로 죄인의 형통을 부러워하지 말고 항상 여호와를 경외하라 정녕히 네 장래가 있겠고 네 소망이 끊어지지 아니하리라 내 아들아 너는 듣고 지혜를 얻어 네 마음을 바른 길로 인도할지니라 (잠언 23:17-19)

지혜가 네 영혼에게 이와 같은 줄을 알라 이것을 얻으면 정녕히 네 장래가 있겠고 네 소망이 끊어지지 아니하리라 (잠언 24:14)

너는 행악자들로 말미암아 분을 품지 말며 악인의 형통함을 부러워하지 말라 대저 행악자는 장래가 없겠고 악인의 등불은 꺼지리라 (잠언 24:19-20)

형통한 날에는 기뻐하고 곤고한 날에는 되돌아 보아라 이 두 가지를 하나

님이 병행하게 하사 사람이 그의 장래 일을 능히 헤아려 알지 못하게 하셨
느니라 (전도서 7:14)

사람이 장래 일을 알지 못하나니 장래 일을 가르칠 자가 누구이랴
(전도서 8:7)

여호와의 말씀이니라 너희를 향한 나의 생각을 내가 아나니 평안이요 재
앙이 아니니라 너희에게 미래와 희망을 주는 것이니라 (예레미야 29:11)

예수께서 이르시되 네가 말하였느니라 그러나 내가 너희에게 이르노니
이 후에 인자가 권능의 우편에 앉아 있는 것과 하늘 구름을 타고 오는 것
을 너희가 보리라 하시니 (마태복음 26:64)

생각하건대 현재의 고난은 장차 우리에게 나타날 영광과 비교할 수 없도
다 (로마서 8:18)

그러나 이 모든 일에 우리를 사랑하시는 이로 말미암아 우리가 넉넉히 이
기느니라 내가 확신하노니 사망이나 생명이나 천사들이나 권세자들이나
현재 일이나 장래 일이나 능력이나 높음이나 깊음이나 다른 어떤 피조물
이라도 우리를 우리 주 그리스도 예수 안에 있는 하나님의 사랑에서 끊을
수 없으리라 (로마서 8:37-39)

기록된 바 하나님이 자기를 사랑하는 자들을 위하여 예비하신 모든 것은
눈으로 보지 못하고 귀로 듣지 못하고 사람의 마음으로 생각하지도 못하
였다 함과 같으니라 (고린도전서 2:9)

미래사회

미래사회를 예측하고 전망하는 다양한 견해와 이론이 혼재하고 있다. 대부분이들은 기술문명의 발전에 따라 사회와 문화가 변화하는 것에 주목하여 논의를 펼치고 있다. 익히 알고 있듯이 수렵사회에서 농경사회로, 그리고 산업사회를 거쳐 정보사회로 진입하면서 인류는 삶의 모습뿐만 아니라 사고의 방식까지도 변화하는 것을 경험하고 있다.

최근 정보사회에 대한 논의에서 빼놓을 수 없는 사람은 아마도 다니엘 벨(Daniel Bell)일 것이다. 벨은 정보사회의 성격과 특징을 체계화하면서 지식이사회구성의 기초가 되는 정보사회를 미래사회로 예측하였다. 그에 의하면 산업사회에서 후기산업사회로의 이동은 기술적 이성의 확장과 경제, 사회, 정치의 영역에서 과학적 이성의 진보를 통해 이루어졌다고 한다. 후기산업사회에 대한 벨의 견해는 기술적 능력이 권력의 기초가 되며, 교육은 이 권력에 접근하는 방식으로 변하게 된다는 것이다. 그리고 벨은 정치적 영역이 미래의갈등을 중재하는 중요한 역할을 하게 될 것이라고 했다.[7]

두 번째로 정보사회에 대한 논의에 불을 지핀 사람은 앨빈 토플러(Alvin Toffler)이다. 그는 제3의 물결(The Third Wave)은 제1의 물결이 되었던 농업문명, 제2의 물결이었던 산업문명을 거쳐 출현한 새로운 시대의 문명이라고 주장했다. 그리고 바로 이 제3의 물결로 정보화 사회가 나타났다는 것이다. 제2의 물결은 산업화를 가져왔다. 이를 통해 상품에 대한 정부의 규격화를 이끌어 냈고, 직업의 전문화, 시간 맞추어 작업을 하는 동시화, 도시의 집중화, 대량화, 권력의 중심화를 초래했다. 이 물결이 가져다준 세 가지 전제가 있다. 그것은 자연은 사용의 대상이며, 인간은 진화과정의 정점에 있고, 역사는 인류를 위한 더 나은 삶에로의 진보를 향해 간다는 것이다. 한편 제3의 물결은 전자기계와 컴퓨터, 우주과학, 해양연구, 그리고 생명공학을 통해 이전 물결과는 전혀 다른 새로운 세계관을 형성시켰다. 따라서 토플러에 의하면 제2의 물결에서는 볼 수 없었던 혼돈과 불확실성이 증대되었고, 사회는 점점 더 공동체에 대한 필요성과 의미와 가치에 대한 질문에 관심을 가질 수밖에 없게 되었다는 것이다.[8]

세 번째로 미래사회의 논의에 중요한 분석을 내놓은 사람은 마뉴엘 카스텔 (Manual Castells)이라고 할 수 있다. 카스텔에 의하면 정보사회는 글로벌 경제와 정보혁명의 만남을 통해 이루어진 사회라고 한다. 그에게 이 시대의 자본주의는 즉, 정보자본주의가 되는 셈이다. 여기에서 중요한 역할을 하는 것은 바로 네트워크이다. 이 네트워크는 정보자본주의를 재생산하는 매개로 경제를 비롯하여 사회구조 그리고 문화에도 지대한 영향을 끼치어 새로운 방식의 자본주의를 만들어 내고 있다고 한다. 그러면서 카스텔은 네트워크에서 배제되는 집단에 대한 관심과 정보화가 초래한 가부장제, 그리고 국민국가의 위상 변화를 살펴보면서 정보시대의 면모를 다양한 시각에서 조명했다.[9]

이들의 분석에서 보듯이 정보사회, 제3의 물결, 네트워크 사회는 이미 도래한 미래가 되었다. 이러한 변화는 결코 잔잔한 호수의 물결이 아니다. 때문에 오늘날의 사회는 폭풍우 치는 바다의 한복판에서처럼 좀처럼 내일을 예측할 수 없는 방향을 향해 질주하고 있다. 그리고 이러한 변화의 충격이 가시기도 전에 사회와 문화의 전반에는 새로운 또 다른 물결이 끊임없이 몰려오고 있으며, 이들은 이미 우리의 삶에 지속적인 변화를 요구하고 있다.

미래교회

이러한 사회의 급속한 변화 가운데 교회 또한 무풍지대일 수는 없다. 교회는
이미 맹렬한 변화의 물결 속에서 생존을 위한 힘겨운 항해를 지속하고 있다.
한국 교회가 가고 있는 항로를 앞서 간 서구의 교회들은 오래전 이미 높은 파
도에 휩쓸려 가벼렸거나, 아니면 요동치는 파도 속에서 가까스로 균형을 잡으
면서 선체를 유지하고 있다. 미래교회학자 레너드 스윗(Leonard Sweet)은 교회
의 변화를 역사적으로 분석하면서 네 단계의 변화과정을 이야기하였다.[10] 첫
번째 단계는 선교적 교회(Mission Church)이다. 교회는 누가 뭐라 해도 복음을
전하기 위한 선교의 공동체로 세워진 그리스도의 몸이다. 선교는 예수 그리스
도의 대위임이며,[11] 교회의 존재이유이다. 그래서 초대교회는 '우리의 구세주
예수 그리스도'의 희랍어 표기 중 앞글자를 따서 '익투스'(Ictus), 즉 물고기를
상징으로 삼고, 물고기가 아닌 사람을 낚는 공동체로서의 정체성을 확고히 갖
고 있었다. 때문에 예수 그리스도의 제자들이 행한 모든 사역은 복음전파에
집중되어 있었고, 바울의 전도여행도 교회가 선교를 위해 전력질주해야 함을
몸소 실천한 것이라고 할 수 있다.

그 후 서기 313년 콘스탄티누스 황제의 밀라노 칙령으로 기독교는 로마에서
합법적이며, 공식적인 종교가 되었다. 이때부터 교회는 카타콤이라는 지하 동
굴에서 나와 건물을 세우고, 제도를 확립하면서 목회적 교회(Ministry Church)의
모습을 갖추기 시작했다. 그리고 중세를 거치면서 교회는 예배와 예전, 신학
과 교리의 꽃을 피우면서, 이성의 암흑기로 여겨지는 시기에 화려한 빛을 발
하면서 성장했다. 그러는 동안 교회가 존재이유로 삼았던 선교의 열정은 식어
가고 복음의 횃불은 알프스를 넘어 로키산맥을 향해 옮겨지고 있었다. 역사가

증명하듯이 운동(movement)은 곧 제도(institution)가 되고, 제도화된 운동은 다시 그 열정을 회복하지 못하곤 했다. 이를 증명이라도 하듯이 유럽을 떠나 대서양을 건넌 복음의 불씨는 미 대륙에 상륙하고 그곳에서 선교적 교회의 역사가 다시 시작되었다. 그러나 20세기에 접어들면서 미 대륙의 교회 또한 안타깝게도 유럽 교회의 전철을 따라 목회적 교회가 되어 버렸고, 또 다시 복음의 불씨는 히말라야산맥을 향해 움직이고 있다.

목회적 교회가 선교적 정체성을 회복하지 못했을 때 처하게 되는 다음 단계는 바로 유지적 교회(Maintenance Church)이다. 유지적 교회란 건물과 제도를 지키기에 급급한 교회를 말한다. 현재 유럽과 미주의 많은 교회들은 유지적 교회가 되어 생존을 위한 힘겨운 사투를 벌이고 있다. 서구의 주류 교회를 가보라. 젊은이들은 찾아보기 어렵고, 평생을 지켜 온 교회를 지키기 위해 고군분투하는 노인들의 모습만 볼 수 있다. 오래 전 내가 미연합감리교회에서 안수를 받고 파송받았던 미국인 교회의 모습이 지금도 생생하다. 30명 남짓 주일예배에 참석한 사람들은 대부분 은퇴한 노인들이었다. 그들의 평균연령은 70세에 가까웠다. 매달 열리는 운영위원회의 안건은 거의 교회건물의 유지에 관한 것이었고, 선교와 목회에 관한 논의는 사치에 불과할 정도였다. 그리고 1년이 지난 후 지방감리사가 주재하는 구역회에서 성도 수의 증감을 보고하면서, 교인의 수에 변동이 없었던 것에 대하여 감리사는 담임목사인 나에게 칭찬을 아끼지 않았다. 유지(maintenance)가 곧 성공적 사역으로 여겨졌던 것이다. 그러나 유지는 결코 성공이 될 수 없다. 왜냐하면 현상유지는 성장으로 가는 길이 아니기 때문이다.

유지적 교회의 다음 기착지는 박물관 교회(Museum Church)가 될 수밖에 없다.

오늘날 유럽의 교회를 보면 교회는 예배의 장소가 아니라 관광의 대상이 되어 버렸다. 과거에 찬란했던 영광의 순간을 담고 있는 아름다운 건축물만이 남아 있고, 정작 교회의 본질인 성도는 그 자리에 없는 것이 현재 박물관이 되어 버린 유럽 교회의 모습이다. 2008년 종교개혁일에 독일 비텐베르크에서 열린 'Re-formation 2008' 컨퍼런스에 초대되어 마틴 루터가 95개 조항을 붙였던 교회를 찾아갔던 적이 있다. 교회를 가득 메운 사람들의 모습을 보고 의심의 여지없이 종교개혁일을 기념하는 예배가 열릴 것을 기대했다. 그러나 그것은 나만의 생각이었다. 그곳에 모인 사람들은 음악회를 즐기기 위해 왔던 것이었다. 그리고 거리를 가득 메운 행렬은 여느 축제의 현장에서 볼 수 있듯이 행사와 놀이에 흥을 돋우고 있었다. 루터의 거리는 종교개혁의 열정이 아니라, 관광지로서 역사적 유물을 전시하고 기념품을 파는 장소로 변해 버린 것이다. 이는 먼 나라의 이야기가 아니다. 언제 우리의 교회가 유지적 교회가 되고, 또 박물관 교회가 될지 아무도 모르는 일이다. 필경 선교적 교회의 본질을 되찾지 못한다면 이러한 결과를 맞이하는 것은 단지 시간문제일 뿐일 것이다.

그러나 지금 절망할 필요는 없다. 사막 한가운데에서 장미꽃을 피우듯이 서구 교회 내에서 새롭게 출현하는 교회들(emerging churches)이 간간히 희망의 소식을 전해 오고 있다. 건물과 제도의 유혹을 벗어 던지고 교회의 생명은 예수 그리스도의 복음을 전파하는 곳에서 다시 소생한다는 확신을 가진 사람들에 의해 희망의 불씨가 다시 피어오르고 있다. 물론 이러한 노력들은 교회가 시도하는 생명 연장의 절박한 몸부림일지도 모른다. 사실 오늘날 선교적 교회의 불꽃은 히말라야산맥을 향해 피어나면서 아시아 대륙을 불사르고 있는 것을 부인할 수 없다. 어찌 보면 중국, 인도네시아, 그리고 아프리카에서 일어나는 교회의 폭발적 성장은 선교적 교회가 바로 교회의 본질이며, 교회다운 교회가 되는 유일한 길임을 입증해 주는 것이 아닐까.

미래교회는 멀티미디어 기술이 가득 찬 예배나, 사이버 교회의 등장과 같은 문명적 변화에 대한 이야기가 아니다. 미래교회는 본질의 회복을 위한 '기억'(remembrance)에 관한 이야기가 되어야 한다. 즉 마이클 프로스트(Michael Frost)와 앨런 허쉬(Alan Hirsch)가 말하는 "다시 찾아야 할 예수"가 미래교회의 목적지인 것이다.[12) 수년 전 선교지에 세운 교회의 봉헌식을 위해 네팔을 방문한 적이 있다. 나는 봉헌식의 설교를 부탁받았다. 숙소였던 수도 카트만두에서 교회까지는 두 시간여를 차로 달려야 갈 수 있는 곳이었다. 당시 네팔의 정치적 상황은 몹시 불안하였고, 길가에서는 종종 검문이 이루어졌다. 길게 늘어선 검문의 행렬 속에서 시간을 지체하다 보니 봉헌식이 열리는 교회에 예정보다 네 시간이나 늦게 도착했다. 놀라운 사실은 우리 일행을 기다리던 200여 명의 교인들이 한 사람도 자리를 뜨지 않고 네 시간 동안 찬송과 기도를 하고 있었다는 것이다. 식사도 거르면서 우리를 기다렸던 성도들을 생각해 나는 10분 만에 설교를 마쳤다. 그러나 성도들의 반응은 내가 기대했던 것이 아니었다. 내 뒤로 이웃 교회의 목사가 나와 축사를 했다. 그런데 그는 성경말씀을 가지고 예수 그리스도를 외치면서 1시간 넘게 축사를 했다. 성도들은 아멘과 할렐루야를 외치면서 축사에 큰 은혜를 받고 있었다. 나는 그저 부끄러울 뿐이었다. 그리고 생각했다. 우리가 그들에게 복음을 전하고 있지만, 우리의 교회가 그들의 미래가 되어야 하는가, 아니면 그들의 교회가 우리의 미래가 되어야 하는가? 그리고 마태복음의 말씀을 떠올렸다. "그러나 먼저 된 자로서 나중 되고 나중 된 자로서 먼저 될 자가 많으니라."[13)

미래교육

2009년 7월 15일부터 17일까지 열린 유엔미래포럼 각국 대표회의에서는 "미래사회의 변화" 특별히 "사이버세상-세컨드라이프(www.secondlife.com)에로의 이주"[14] 에 관한 주제를 가지고 토론이 열렸다. 이 포럼에서 교육 분야의 미래를 전망하면서 2015년 이후 대부분의 학교에서는 세컨드라이프나 놀리지가든(Knowledge garden) 등과 같은 포털들이 제공하는 새로운 가상현실로의 이주가 이루어질 것이라고 예측했다.[15] 물론 정보혁명과 인터넷의 세계화를 맞이하면서 교육의 미래에 대해 전망할 때 등장하는 이 같은 이야기는 그리 놀라운 것은 아니다. 그러나 이러한 현상이 아무리 보편화된다고 하더라도 역시 국지적이고 개별적인 형태로 나타날 것으로 보인다. 왜냐하면 앞서 언급하였듯이 미래의 상대성이 여전히 작용할 것이고, 정보의 부익부 빈익빈 현상은 하루아침에 해결될 문제가 아니기 때문이다. 그럼에도 불구하고 이러한 미래를 준비해야 하는 것은 피할 수 없는 교육의 과제가 될 것임에는 틀림이 없다.

여기에서 간과해서는 안 될 문제가 있다. 과연 기술의 발달이 교육의 진보를 보장해 주느냐는 것이다. 이 질문에 답을 하기 위해 우리는 교육과 학습을 구별해 볼 필요가 있다. 대부분의 기술적 발달은 학습의 방법과 기회에 획기적인 변화를 가져다주었다. 언제 어디에서든지 누구나 다양한 정보를 학습할 수 있는 가능성이 열린 것은 사실이다. 때문에 많은 교육전문가들은 제도로서의 학교의 쇠퇴를 예견하고, 학습자 개인이 주도적 역할을 하는 학습의 방법을 개발해야 한다고 주장하고 있다.[16] 사실 인터넷 지식검색을 통해 - 그 지식의 정확성은 또 다른 문제이지만 - 제한 없는 학습이 이루어지고 있다고 해야 할 것이다. 그리고 이러한 학습은 상호소통을 통하여 "집단지성"[17]을 이끌어 내

는 역할도 하고 있다. 그러나 이러한 학습활동을 교육과 동일시할 수 있는가
는 매우 중요한 질문으로 여겨진다. 물론 이것이 교육이 이루어지는 하나의
과정에서 발생하는 현상이기는 하지만 교육이라는 종합적이고 복잡한 형성
과정 그 자체라고 보기는 어렵다.

만일 우리가 학습의 미래를 전망하는 것이 아니라, 교육의 미래를 전망해야 한
다면 보다 더 본질적인 교육의 문제를 숙고해야 한다. 때문에 우리는 무엇을
위해, 왜, 누가 교육을 할 것이냐는 질문을 미래교육의 전망을 위한 질문으로
먼저 물어야 하는 것이다. 이것은 한 공동체의 정체성에 관한 문제가 될 것이
며, 공동체가 지향하는 궁극적 목표와 가치 그리고 의미의 문제가 될 것이다.[18]

이러한 의미에서 미래교육은 기술의 발전이 지속되면 될수록, 인간의 소외 즉
가치와 의미의 상실에 대한 문제에 더욱 관심을 가지게 될 것이다. 지식의 진
보(the advancement of knowledge)와 지식의 전달(the diffusion of knowledge)에 몰두
했던 교육[19]은 지식의 의미와 가치의 문제(the meaning and values of knowledge)
에 눈을 돌리게 될 것이며, 더 나아가 지식의 구현(the embodiment of knowledge)
이 교육의 핵심적 과제가 될 것이다. 물론 이러한 미래는 저절로 다가오는 것
이 결코 아니다. 이는 교육의 본질에 대한 철저한 반성을 시도하는 이들에 의
해 지속적으로 추구되고 실현 될 것이다.

여기에서 지식의 구현이라는 문제에 대해 좀 더 언급해 보자. 이 문제는 사실
교육에 있어서 매우 오래된 질문이라고 할 수 있다. 앎과 삶의 문제, 즉 아는
것을 삶 속에 실천하는 문제는 지극히 당연하면서도 매우 어려운 문제로 여겨
져 왔다. 오늘날 정보의 양이 많아지면서 아는 것에 대한 지평은 넓어졌지만,

개인과 사회에서 발견되는 앎과 삶의 괴리는 정보의 증가가 곧 교육의 성공이 아님을 일깨워 주고 있다. 그래서 많은 교육학자와 교육자들이 이 둘 사이의 간격을 좁히기 위해 다양한 교육방법의 개발을 시도해 온 것이다.[20] 이러한 노력은 미래교육에서도 지속될 것으로 보인다.

그렇다면 이 문제에 대해 하나의 역발상을 제시해 보면 어떨까. 말하자면 삶을 아는 교육으로의 전환을 시도해 보는 것이다. 이는 행동하고 학습하는 방식을 말한다. 즉 실천하고 이해하는 것으로 학습의 과정을 역으로 수행하는 것이다. 물론 이때 많은 시행착오가 발생할 것이라는 것은 쉽게 예상해 볼 수 있다. 그러나 우리 삶의 대부분은 학습된 내용의 실천이기보다는 예기치 않게 마주친 문제들을 몸으로 직접 경험하면서 깨닫게 된다. 그렇다면 삶의 현장에서 선지식을 갖지 않고 직관/통찰/상상력을 가지고 직접 경험하고, 그것을 공동의 선과 유익을 위한 학습으로 이끌어 내는 것도 하나의 교육적 미래가 될 수 있을 것이라고 생각한다.

또 한 가지 고려해 볼 수 있는 것은 교육공동체 간의 협력/교류/소통의 확장일 것이다. 현재 우리나라는 공교육과 사교육 사이의 괴리를 놓고 교육정책가들과 교육시행자들 사이에서 끊임없는 갈등을 겪고있다. 한편에서는 공교육을 살리기 위해 사교육을 정책적으로 축소시켜야 한다는 입장을 내세우고, 또 다른 한편에서는 사교육은 공교육 실패의 부산물이라는 주장을 펴고 있다. 과연 이 둘 사이의 제로섬 게임은 끝이 없는 싸움이 될 것인가? 진정 공교육과 사교육 사이의 창조적 협력/교류/소통의 가능성은 결코 없는 것인가? 혹은 제3, 제4의 교육공동체가 등장하여 또 다른 해결의 실마리를 제공할 수도 있지 않은가? 물론 여기에서 쉬운 해답을 얻어내기는 불가능할지 모른다. 그러나 지금까지의 문제가 경쟁/대립/갈등에서 비롯된 것이라면 협력/교류/소통을 통한 융합/통합/조화(Fusion, Convergence or Consilience/Integration/Harmony)를 한 방편으로 생각해 보는 것도 교육의 미래가 될 수 있을 것으로 보인다.[21]

미래-교육-목회

이제 미래와 교육과 목회는 창조적 역동성 속에서 새로운 관계를 정립해야 할 시점에 와있다. 한마디로 요약하자면 미래는 우리의 미래가 아니라 하나님의 미래로 재설정되어야 하며, 교육은 학습의 기술이 아니라 실천의 삶을 사는 하나님의 공동체로서의 정체성 회복이 되어야 한다. 그리고 목회는 하나님의 선교를 향해 재정향 되어야 한다. 따라서 미래교회는 하나님의 교회로, 교육적 목회는 하나님의 선교를 실행하는 것으로 다시 정의해야 한다.

그렇다면 미래교회가 어떻게 하나님의 교회로서의 모습을 되찾을 수 있을까? 이 질문의 답을 찾기위해 선교학자 앨런 허쉬(Alan Hirsch)의 이야기를 들을 필요가 있다. 그의 저서 *The Forgotten Ways: Reactivating the Missional Church*에 의하면 서기 100년까지 지구상에는 단지 25,000명의 기독교인들만이 존재했다고 한다. 그런데 서기 310년 콘스탄틴 시대에 이르러 그 숫자는 2천만 명으로 급격히 증가했다. 도대체 어떻게 이런 일이 있을 수 있는가? 불과 200년 사이에 한낱 보잘것없었던 신앙운동이 어떻게 로마제국에서 가장 영향력 있는 종교적 세력이 될 수 있었냐는 것이다. 허쉬는 초대교회로 눈을 돌렸다. 그리고 초대교회는 어떤면에서 오늘날의 교회와 다르며, 그동안 우리는 무엇을 잊었고, 또 무엇을 회복해야 하는가를 질문한다. 그리고 그는 중국 교회의 예를 들고 있다. 주지하듯이 수많은 선교사들이 중국으로 파송되었다. 그러나 교회건물은 몰수당했고, 교회지도자들은 투옥되었으며 사형에 처해졌다. 그럼에도 불구하고 교회는 양적으로 성장하여 6천만 명의 기독교인들을 만들어 냈다. 허쉬는 박해가 기독교인들로 하여금 무엇이 본질이고 무엇이 비본질인가를 보게 하는 역할을 한다고 했다. 즉 박해를 이겨내고 복음을 전하면서 교회의 본질을 지켜 온 것은 그들이 예수 그리스도를 신앙의 대상으로서가 아니라 자신들이 따라야 할 '주(主)'로서 믿었기 때문이라는 것이다. [22]

이렇듯 미래교회는 새로운 테크놀로지, 새로운 프로그램, 새로운 교리를 통해서가 아니라 바로 예수 그리스도의 삶과 말씀을 따르는 하나님의 교회가 될 때 생명력을 얻게 되는 것이다. 예수 그리스도를 따르는 것은 그가 계신 곳, 즉 그의 뜻을 향해 걸음을 내딛는 것이다. 그리고 그리스도를 따르는 삶은 곧 증인의 삶이다. 성경이 밝히 말하고 있듯이 "오직 성령이 너희에게 임하시면 너희가 권능을 받고 예루살렘과 온 유대와 사마리아와 땅 끝까지 이르러 내 증인이 되리라" [23]는 것이 미래교회의 본질인 것이다.

예수 그리스도를 미래교회의 본질로 삼는다면 증인의 삶은 본질 중의 본질이 된다. 예수께서 세례 요한으로부터 세례를 받고 공생애를 시작하실 때 첫 번째로 하신 사역은 바로 복음의 전파였다. 마가복음 1:15에 보면 "이르시되 때가 찼고 하나님의 나라가 가까이 왔으니 회개하고 복음을 믿으라 하시더라"라는 말씀이 예수님의 사역의 시작을 알리는 첫 마디였다. 그리고 예수님의 3D 사역이 펼쳐진다. 첫째는 제자를 삼으시는 것(Make Disciples)이었다.

갈릴리 해변으로 지나가시다가 시몬과 그 형제 안드레가 바다에 그물 던지는 것을 보시니 그들은 어부라 예수께서 이르시되 나를 따라오라 내가 너희로 사람을 낚는 어부가 되게 하리라 하시니 곧 그물을 버려두고 따르니라 조금 더 가시다가 세베대의 아들 야고보와 그 형제 요한을 보시니 그들도 배에 있어 그물을 깁는데 곧 부르시니 그 아버지 세베대를 품꾼들과 함께 배에 버려두고 예수를 따라가니라 [24]

이것이 노방전도의 시초가 아니고 그 무엇이겠는가. 사실 동서고금을 막론하고 스승이 제자를 찾아 나선 예는 그 어디에서도 찾아보기 어렵다. 그리고 더욱 특별한 것은 모든 스승이 자신의 가르침을 따르라고 했지만 예수 그리스도는 '자신'을 따르라고 하셨다. 왜냐하면 자신 스스로가 "길이요 진리요 생명"[25]이시기 때문이었던 것이다.

두 번째 사역은 귀신을 내쫓는 일(Cast Demons)이었다. 이 사건은 예수님께서 회당에서 가르치시는 동안 벌어진 일이었다. 예수님은 가르침과 영혼을 돌보는 일은 구별된 사역이 아니라는 것을 분명히 보여 주셨다. 다시 말해 가르침은 지적영역뿐만 아니라 영적영역을 포함한 총체적이며 실천적인 사역이라는 것을 알려 주신 것이다.

그들이 가버나움에 들어가니라 예수께서 곧 안식일에 회당에 들어가 가르치시매 뭇 사람이 그의 교훈에 놀라니 이는 그가 가르치시는 것이 권위 있는 자와 같고 서기관들과 같지 아니함일러라 마침 그들의 회당에 더러운 귀신 들린 사람이 있어 소리 질러 이르되 나사렛 예수여 우리가 당신과 무슨 상관이 있나이까 우리를 멸하러 왔나이까 나는 당신이 누구인 줄 아노니 하나님의 거룩한 자니이다 예수께서 꾸짖어 이르시되 잠잠하고 그 사람에게서 나오라 하시니 더러운 귀신이 그 사람에게 경련을 일으키고

큰 소리를 지르며 나오는지라 [26]

영혼의 변화가 없는 교회는 예수 그리스도의 교회가 될 수 없다. 복음은 생명을 살리되 온전히 살리는 능력의 원천이 된다. 때문에 미래교회는 하나님의 능력을 증거하고 실천하는 교회가 되어야 한다.

세 번째 사역은 병자를 고치시는 것(Heal the Diseases)이었다. 인간의 영혼과 함께 육체의 질고를 풀어주시는 것이 바로 예수 그리스도의 복음이었다. 즉 그리스도의 복음은 전인적 변화를 일으키는 생명의 자원이 되는 것이다.

> 회당에서 나와 곧 야고보와 요한과 함께 시몬과 안드레의 집에 들어가시니 시몬의 장모가 열병으로 누워 있는지라 사람들이 곧 그 여자에 대하여 예수께 여짜온대 나아가사 그 손을 잡아 일으키시니 열병이 떠나고 여자가 그들에게 수종드니라[27]

이후에도 예수님께서는 많은 병자들을 고쳐주셨다. 이는 바로 말뿐인 복음이 아니라 행동하는 복음이 예수 그리스도의 본질이라는 것을 일러 주는 것이다. 이렇듯 예수 그리스도의 3D 복음은 미래교회가 어떻게 복음의 증인이 되어야 할 것인가를 분명하게 제시해 준다. 그리고 바로 이것이 하나님의 교회로서 미래교회가 가야 할 방향이 되는 것이다. 구원의 위급성, 귀신과 질병의 사슬에 묶인 절체절명(絶體絶命)의 상황이 마치 복음을 위한 박해의 순간처럼 하나님의 교회가 생명력을 되찾는 역설적 기회가 되는 것이다.

이렇게 하나님의 교회는 하나님의 공동체를 회복하는 교육과 하나님의 선교를 되찾는 목회를 아우르면서 '미래교회를 위한 교육적 목회'를 가능하게 하는 기초가 될 것이다. 어찌 보면 이 말은 '하나님의 교회를 위한 공동체의 실천적 선교'라고 해야 할지도 모른다. 그러나 미래-교육-목회의 진정한 회복을 위해서 표현의 대체보다는 의미의 변화를 모색하기 위해 미래교회와 교육적 목회라는 용어를 사용하고자 한다.

* * * * *

본서에서는 새로운 교육-목회의 유전자를 발견하고, 새로운 교육-목회의 매트릭스를 찾으며, 새로운 교육-목회의 르네상스를 기대해 보는 논의를 전개할 것이다. 이를 위해 특별히 세 학자들의 이론을 토대로 삼을 것이다. 첫 번째 유전자에 관해서는 미래교회학자인 레너드 스윗의 MRI(Missional, Relational, Incarnation Church) 이론을 기초로 삼을 것이며, 두 번째는 커뮤니케이션을 통해 사회변동을 연구한 M. 렉스 밀러(M. Rex Miller)의 매트릭스 이론을 통해 논의를 전개하고, 마지막으로 선교 리더십의 전문가 레지 맥닐(Reggie McNeal)의 선교적 르네상스 이론을 가지고 미래교회를 위한 교육목회의 실천적 제안을 제시해 볼 것이다. 이 세 학자들의 구성을 보면 스윗은 학교현장에서, 밀러는 사회현장에서, 맥닐은 교회현장에서 각각의 독특한 시각을 제공하고 있다. 이들을 통해 미래교회의 교육적 목회를 입체적으로 조망을 해 보면서 '하나님의 교회를 위한 공동체의 실천적 선교'의 실마리를 풀어나가고자 한다.

> 교회는 항상 예수 그리스도에게로 닻을 던져야 한다. 태초에 말씀으로 계셨던 예수 그리스도, 구세주로 이 땅에 오셨던 예수 그리스도, 하나님의 백성들의 소망으로 다시 오실 예수 그리스도. 방법과 전략, 프로그램의 홍수 속에서 교회가 좌초되지 않으려면 바로 이 예수 그리스도를 향해 닻을 던지고, 그 닻을 끌어당기면서 약속의 땅으로 전진해야 할 것이다.
>
> – 레너드 스윗, 국민일보 해외석학칼럼, 2009년 1월 17일

✳ 각주

1) http://en.wikipedia.org/wiki/Futurology (2010년 2월 9일 접속).

2) http://ko.wikipedia.org/wiki/%EB%AF%B8%EB%9E%98 (2010년 2월 9일 접속).

3) 이러한 연유에서 많은 미래학자가 역사학자였다는 사실에 주목할 필요가 있다.

4) "2012년 지구 멸망설은 중앙아메리카에서 문명을 이루었던 마야인들이 남긴 예언에 기초를 두고 있다. 5천여 년 전인 B.C. 3114년 8월 12일의 마야 달력을 보면 "2012년 12월 23일 지구는 종말을 맞이한다."라는 글귀가 담겨 있다고 한다. 그러나 2009년 11월 9일 NASA는 이날 '지구를 향해 돌진하는 행성 X는 없다.'라며 (충돌이 사실이라면) 천문학자들이 적어도 지난 10년 동안 사실을 파악했음은 물론이고, 지금쯤이면 맨눈으로도 행성을 관찰할 수 있을 것이라고 말했다. 또한 NASA는 지구에 접근하고 있는 에리스(Eris)라는 행성이 있긴 하지만 명왕성 정도의 크기에 불과하며, 지구로부터 반경 64억 킬로미터 이내에 접근하지 않을 것이라고 설명했다. 지구가 거대 행성과 마지막으로 충돌한 것은 6천5백 만 년 전으로 당시 공룡이 멸종했다. 또한 NASA는 2012년에 끝나는 마야 달력은 또 다른 주기가 시작됨을 의미할 뿐이라고 설명했다. 자기장의 변화에 대해서는 '양극의 역전은 향후 수백 년 안에 일어날 가능성이 거의 없으며 일어난다 해도 지구에 큰 해를 끼치지 않는다.'라고 밝혔다." "2012년 지구 멸망설, 근거 없다." (한국일보 2009년 11월 11일).

5) 마가복음 13:32.

6) 히브리서 11:1.

7) Daniel Bell, *Coming of Post-Industrial Society: A Venture in Social Forecasting* (New York: Basic Books, 1973), 339-68.

8) Alvin Toffler, *The Third Wave* (New York: Bantam Books, 1980).

9) Manuel Castells, *The Rise of the Network Society: The Information Age: Economy, Society, and Culture* Volume I (Malden, MA: Blackwell Publishing, 1996); Manuel Castells, *The Power of Identity: The Information Age: Economy, Society and Culture* Volume II (Malden, MA: Blackwell Publishing, 1997); Manuel Castells, *End of Millennium: The Information Age: Economy, Society and Culture* Volume III (Malden, MA: Blackwell Publishing, 1998).

10) http://www.soultsunami.com/section8.html (2010년 2월 9일 접속).

11) "예수께서 나아와 말씀하여 이르시되 하늘과 땅의 모든 권세를 내게 주셨으니 그러므로 너희는 가서 모든 민족을 제자로 삼아 아버지와 아들과 성령의 이름으로 세례를 베풀고 내가 너희에게 분부한 모든 것을 가르쳐 지키게 하라 볼지어다. 내가 세상 끝 날까지 너희와 항상 함께 있으리라 하시니라." (마태복음 28:18-20).

12) Michael Frost and Alan Hirsch, *ReJesus: A Wild Messiah for a Missional Church* (Peabody, MA: Hendrickson Publisher, 2009).

13) 마태복음 19:30.

14) "《세컨드 라이프》(영어: Second Life, SL, 세라)는 린든 랩이 개발한 인터넷 기반의 가상 세계로 2003년에 시작되었다. 세컨드 라이프 뷰어라는 클라이언트 프로그램을 통해 이용자(거주자)는 다른 아바타와 상호 작용할 수 있고, 보편적인 메타버스의 모습과 결합한 소셜 네트워크 서비스를 제공받는다. 거주자는 다른 거주자들을 만나고 개인이나 그룹 활동에 참가하며, 가상 자산과 서비스를 창조하고 다른 이와 거래할 수 있다. 세컨드 라이프는 사이버펑크 문학 운동과 닐 스티븐슨의 소설 《스노우 크래시》에서 영향을 받은 가상 세계들 중 하나이다. 린든 랩이 선언한 목표는 스티븐슨이 묘사한 메타버스와 같은 세계를 창조하는 것이다. 사람들이 교류하고, 놀면서 사업을 하고 한 편으로는 교감하는, 이용자가 정의하는 세계이다." http://enc.daum.net/dic100/contents.do?query1=10XX106166 (2010년 2월 10일 접속).

15) http://unfuture.org/?p=6634 (2010년 2월 10일 접속).

16) Lawrence Arthur Cremin, *Popular Education and Its Discontents: The Inglis and Burton Lectures, Harvard Graduate School of Education* (New York: HarperCollins Publishers, 1990).

17) Jose Fadul, "Collective Learning: Applying Distributed Cognition for Collective Intelligence" *International Journal of Learning* (Melbourne, 2009) 16 (4): 211-220.

18) Parker Palmer, *The Courage to Teach: Exploring the Inner Landscape of a Teacher's Life* (San Francisco: Jossey-Bass, Inc., 1998).

19) Douglas Sloan, *Faith and Knowledge: Mainline Protestantism and American Higher Education* (Louisville, KY: Westminster John Knox Press, 1994).

20) Michael Polanyi, *Personal Knowledge: Towards a Post-Critical Philosophy* (Chicago: University of Chicago Press, 1974).

21) Henry Jenkins, *Convergence Culture: Where Old and New Media Collide* (New York: New York University Press, 2006).

22) Alan Hirsch, *The Forgotten Ways: Reactivating the Missional Church* (Grand Rapids: Brazos Press, 2007), 27.

23) 사도행전 1:8.

24) 마가복음 1:16-20.

25) 요한복음 14:6.

26) 마가복음 1:21-26.

27) 마가복음 1:29-31.

Future·Education·Ministry

새로운 교육-목회
유전자

2
선교적 교회

M: 사도적 (One APOSTOLIC-Unum Apostolicum Ecclesiam)

사도적(Apostolic)이라는 말은 선교적 언어이다. 우리는 사랑의 사명을 위해 "보내졌다". 영어에서 사도적은 희랍어 아포스텔레인(apostellein)에서 유래되었다. 이 말은 "보내심을 받음"이라는 뜻을 가지고 있다. 사도적은 '보내심을 받은'이라는 말이다. 라틴어에서 보내심을 받음이라는 말은 미수스(missus)이다. 우리는 '선교'의 사명을 받은 자들인 것이다. '사도적'이된다는 것은 거룩하고/사랑이 가득 찬 '선교'에 '부름을 받았다'는 뜻이다.[28]

유전자(DNA)는 우리의 정체성을 밝혀주는 의학적 인자이다. 그렇다면 교회의 정체성을 밝혀 줄 유전자는 무엇일까? 레너드 스윗은 자기공명영상(Magnetic Resonance Imaging)의 첫 글자를 가지고 교회의 유전자를 찾아내고 있다. 그 첫 번째 유전자가 바로 선교적 교회(Missional Church)이다.

앞서 언급하였듯이 교회는 선교를 위한 증인공동체이다. 그리고 예수 그리스도의 공생애는 하나님 나라의 선포와 함께 제자들을 전도(선교)하시는 것으로 시작되고 하나님의 나라를 약속해 주시면서 십자가 위에서의 전도(선교)로 마감되었다. 특별히 예수님께서 친히 전도를 하셨다는 것은 교회와 크리스천 모두가 주목해야 할 사실이다. 이는 교회의 목회와 크리스천의 사역을 위한 목표와 방향을 설정하는 데 중요한 근거가 되는 것이다.

예수님께서 제자를 삼으시고 그들을 가르치신 것은 자신을 따르는 추종세력을 만들거나, 그들을 훌륭한 인격을 가진 사람들로 성장시키기 위한 것이 아니셨다. 목적은 단 한 가지 그들을 복음의 전도자가 되도록 가르치신 것이다. 그래서 제자들에게 "사람을 낚는 어부"가 되게 하시겠다고 말씀하시면서 자신의 뜻을 분명히 밝히셨다.[29] 그러므로 제자화 훈련은 곧 전도자 훈련인 셈이다.

여기서 간과해서는 안 될 것이 있다. 그것은 전도가 단순히 교인의 숫자를 늘리는 데 있는 것이 아니라는 사실이다. 예수님과 그의 제자들이 첫 번째 교회라고 한다면 그 교회의 교인은 고작 12명에 불과했다. 그러면 전도는 무엇을 위한 것인가? 전도를 통해 교회가 성장하는 것이 아니라 크리스천의 수가 늘어나는 것이다. 다시 말해 선교의 유전자를 물려받은 크리스천의 수가 증가되는 것이 바로 전도의 결과이다. 혹자는 크리스천의 숫자가 늘어나는 것과 교인의 수가 늘어나는 것에 어떤 차이가 있느냐고 물을지도 모른다. 여기에는 아주 큰 차이가 있다. 물론 교회에 모여 든 사람들이 모두 전도자가 되었다면 둘 사이에는 아무런 차이도 존재하지 않는다. 그러나 안타깝게도 현실을 그렇지 않다. 예수님께서 갈릴리 해변에서 무리들에게 복음을 전하실 때 그들은 예수님의 교회의 교인이 아니었다. 그들은 복음을 전해 받은 사람들이고, 그 중에 몇은 예수님을 따르는 제자가 되었다. 지금 우리의 교회에 모여든 사람들이 단순한 무리들인가 아니면 예수 그리스도의 참 제자인가? 바로 이것이 우리가 물어야 할 가장 본질적 질문이다.

이 질문에 대해 좋은 교훈을 주는 한 실례가 있다. 이 에피소드는 '윌로우크릭 회개'(Willow Creek Repent)라고 불리우면서 최근까지 전 세계의 교회에 상당한 영향을 주고, 새로운 교회의 모형으로 여겨져 온 윌로우크릭 커뮤니티 교회(Willow Creek Community Church)에서 발생했다. 시카고 외곽에 위치한 윌로우크릭 커뮤니티 교회는 미국 내에서 가장 영향력이 있는 복음주의 교회 중 하나이다. 나도 몇 년 전 이 교회를 방문했을 때 그들의 창조적 목회와 예배, 다양한 프로그램에 감동을 받은 적이 있다. 이 교회는 소위 '구도자를 위한 교회'(seeker-sensitive church)의 모형으로 많은 성도를 모았고, 많은 교회와 목회자들에게 큰 영향을 끼쳐왔다.

윌로우크릭 교회는 회사의 형태로 크고, 실용적이며, 종합적인 교회가 되고자 하는 비전을 품어 왔다. 이러한 비전은 제임스 트윗첼(James Twitchell)의 저서 *Shopping for God* [30]에 나오는 기업경영방식에서 영향을 받은 것이었다. 담임목사인 빌 하이벨스(Bill Hybels)는 "우리의 사업은 무엇인가?" "누가 우리의 소비자인가?" "소비자들은 무엇을 가치 있게 생각하는가?"라는 질문에 답을 하는 것을 목회의 중요한 과제로 여겨왔다.

그러나 2007년 빌 하이벨스는 "우리의 목회가 잘못 되었었다."라고 고백을 했다. 그의 고백은 2004년부터 진행해 온 연구의 결과물이었다고 했다. 이 연구는 윌로우크릭 교회의 프로그램과 활동들이 성도들의 영적성장에 실제적으로 어떠한 영향을 끼쳤는가에 대한 것이었다. 출판된 결과물 *Reveal: Where Are You?* [31]를 보고 빌 하이벨스는 큰 충격에 빠졌다. 이 연구의 결과는 "교회 활동에 참여하는 숫자의 증가가 곧 그들을 그리스도의 제자로 만드는 것이 아니었다. 그리고 이것은 그들이 하나님을 더욱 사랑하거나 이웃을 더욱 사랑하는 것과 연결되지 못했다.["]32)라는 것이었다.

같은 해 열린 리더십 서밋(The Leadership Summit)에서 빌 하이벨스 목사는

> 성도들이 영적으로 성장하고 발전하리라고 진정으로 생각해 왔던 일에
> 우리는 수백 억 달러를 투자해 왔다. 그러나 연구의 결과가 나왔을 때 이
> 것들이 성도들에게 큰 도움이 되지 못했음을 알게 되었다. 오히려 성도들
> 이 간절히 원하고 있는 일에는 돈도 사람도 투자하지 못했다.33)

그리고 그는 고백했다.

> 우리는 잘못을 저질렀다. 우리가 반드시 했어야만 했던 일은 사람들이 믿
> 음을 갖고 크리스천이 되었을 때 '스스로 성장하는 성도'(self feeders)가
> 되도록 책임감을 갖게 했어야 했다. 우리는 성도들이 예배 가운데 성경을
> 읽고, 스스로 적극적인 영적 삶을 살도록 가르쳤어야 했다. 다시 말해 영
> 적 성장은 잘 짜인 교회의 프로그램에 의존하는 것이 아니라 기도와 말씀,
> 이웃과 세상과의 관계를 통한 근본적 방법을 통해서 이루어지는 것이었
> 다. 아이러니컬하게도 이러한 훈련은 수백억 달러의 기자재나 수백 명의
> 스태프가 없이도 가능한 일이었다.34)

그의 고백 이후 윌로우크릭 교회가 진정으로 변화했는가에 대해서는 여러 가지
견해가 있다. 그 결과는 좀 더 시간을 두고 지켜보아야 할 것이다. 그러나 빌 하
이벨스의 고백은 윌로우크릭 교회의 목회형태를 무조건 따라갔던 많은 교회와
목회자들에게 큰 시사점을 던져 주었다. 성도를 참 제자 즉 예수 그리스도의 복
음을 전하는 자들로 만들지 못하고, 그저 수동적인 예배의 구경꾼으로 전락시
킨 것은 교회가 선교적 유전자를 망각했을 때 일어날 수밖에 없는 결과이다. 예

수 그리스도를 믿는 사람들이 모여드는 곳(gathering)이 교회이다. 그러나 모임의 목적은 예수 그리스도의 복음을 전하기 위해 흩어지는 데 있다(scattering).[35]

교회는 선교를 위해 세상으로 '가는' 사람들의 공동체이다. 그래서 레너드 스윗은 "하나님은 행동(motion), 운동(movement), 선교(mission)의 하나님이시다."[36]라고 하면서 하나님의 말씀 중 대부분은 '가라'는 명령과 연결되어 있음을 지적했다. 그리고 이는 복음서에 나타나는 수많은 은유들이 여행과 관련되어 있음과 무관치 않다고 했다. 한두 차례의 선교여행 또는 비전트립으로 교회가 밖으로 나가는 선교적 사명을 다했다고 말할 수 없다. 그래서 스윗은 "우리는 더 이상 선교여행이 필요한 것이 아니라 삶 전체가 선교여행이 되는 선교의 사람들이 더 필요하다."[37]라고 역설하고 있다.

다시 예수님의 사역으로 눈을 돌려보자. 복음서에 나오는 예수님의 이야기는 대부분 '밖'에서 이루어졌다. 산(mountain)과 광야(desert)와 물가(waters)에서 말씀이 선포된 것처럼 교회는 처음부터 건물 안에 갇혀진 공동체가 아니라 세상 밖에서 항상 움직이는 공동체였다. 그래서 스윗은 크리스천들은 본래부터 '길의 사람들'이었으며, 언제나 '길의 사람들'이어야 한다고 지적한다.

> 초기 기독교를 일컬은 최초의 표현은 무엇인가? 길(The Way)이었다. 기독교인들이 안디옥에서 '크리스천'이라고 불리기 전, 그들은 '길의 사람들'(People of the Way)이라고 불렸다. 순례자들은 집을 떠나, 먼 길을 가며, 길가에서 버려진 사람들을 위해 멈추고 '주를 향한 길에 충성을 다하는 사람들'이다.[38]

길을 떠난다는 것, 길 가운데에서 지낸다는 것은 어렵고 두려운 일이다. 그러나 바로 이 길에서 내가 아닌 하나님을 전적으로 의지할 수 있는 믿음이 형성되는 것이다. 몇 년 전 성지순례차 중동의 한 국가를 방문했을 때의 일이다. 마침 그곳에 나의 제자이며, 내가 소속해 있는 교회에서 파송한 한 여자 선교사가 있었다. 서른을 훌쩍 넘긴 나이에도 독신으로 그리스도의 복음을 전하기 위해 무슬림의 국가에서 사역을 하고 있었다. 그 선교사의 말에 의하면 그 나라 전 인구의 7%만이 기독교인이라고 한다. 그곳에서는 기독교의 복음을 전하는 것이 불법이라고 했다. 오직 기독교인 가정에서 태어난 아이들만이 기독교인이 된다고 했다. 물론 무슬림이 기독교로 개종을 할 수 있지만, 이 경우 상당한 기득권을 포기해야 하는 시련이 있다고 했다. 또 반대로 기독교인이 무슬림으로 개종을 했을 경우에는 많은 혜택이 주어진다고 했다. 그래서 그의 선교의 방향은 어려운 환경에 처해 있는 사람들을 돌봐주고, 학생들에게는 공부를 가르쳐 주면서 확실한 신뢰를 얻어 복음을 전할 수 있을 때까지 기다리는 것이라고 했다.

나는 성지순례 여행에 함께했던 동료들로부터 그들이 한국에서 가져온 라면, 고추장, 과자 등을 모으고, 내가 가지고 있는 비상금을 포함해 선교헌금을 모아 그 선교사에게 전해 주었다. 그리고 나의 일행이 그곳을 떠나는 날 그 선교사가 우리를 찾아와 인사를 나누었다. 인사를 마치고 우리 일행이 타고 갈 버스를 뒤로하고 돌아가는 그 선교사의 모습을 보면서 나는 가슴으로부터 나오는 뜨거운 눈물을 흘릴 수밖에 없었다. 무엇이 그 선교사로 하여금 길 가운데서 청춘을 바치고 있게 하는 것인가? 여느 젊은이들처럼 따스한 가정과 소박한 행복을 위해 살 수도 있었을 텐데. 그러나 그 이유는 단 한 가지였다. 그 선교사는 자신의 심령에 타오르는 선교적 유전자의 빛을 바라보면서, 오직 하나님만이 주실 수 있는 믿음과 소망을 가지고 충성을 다 하고 있었던 것이었다.

과연 우리는 선교적 유전자의 빛을 보고 있는가? 우리의 교회는 선교적 유전자의 인도를 따라 헌신과 순교의 삶을 살고 있는가? 교회/목회/교육의 목표가 무엇인가? 바로 이 선교사와 같이 '길의 사람들'을 만들어내는 것이 교회/목회/교육의 목표가 아닐까.

> 신앙의 여정은 정의 그대로 어디로 가는지 모르는 길을 가는 것이다. 때로는 그 길은 곧고 좁다. 때로는 '끝이 없는 길'이고, 혹은 '거룩한 길'이며 '높은 길'이기도 하다. 때로 하나님은 우리로 하여금 광야를 맴돌도록 하신다. 돌고 도는 길은 단순한 믿음이 아니라 신앙에 있어서 더욱 중요한 신뢰의 문제를 일깨워 준다. 우리의 조상들이 즐겨 부른 찬송가처럼 "그가 이끄시는 곳으로 나는 따라 가리라."라고 [고백하며 가는 길이 바로 신앙의 여정이다].[39]

사실 선교적 유전자(DNA)라는 용어를 먼저 사용한 사람은 알란 허쉬이다. 때문에 선교적 유전자에 대해 좀 더 살펴보기 위해서는 앞서 언급했던 허쉬의 이야기로 돌아갈 필요가 있다. 허쉬는 호주 멜버른 남부에서 선교적 교회의 실현을 위해 사역을 한 적이 있다. 여기에 참여한 교회들은 사람들과 관계형성을 먼저 하고, 그리고 교회를 세우는 방법을 택했다. 이들 중 몇 교회는 놀라운 성장을 했지만, 또한 몇 교회는 그렇지 못했다. 그러나 성공적이었던 교회들 중에서도 얼마 후 중산층 교인들이 대형교회로 이동하면서, 종국에는 마약 중독자와 같은 소외계층만 남는 현상이 발생했다. 그리고 나머지 95%에 해당하는 복음주의 교회들도 전통적인 목회방식으로 동일 계층을 위한 목회를 하고 있었다. 그렇다면 소수 계층이 아닌 다수가 속해 있는 계층을 전도하기 위해서는 어떻게 해야 하는가? 사람들을 모여들게 하는 교회란 상업주의에 부응하여 사람들의 관심을 끄는 방법밖에 없는가? 이것이 허쉬가 물은 질문이었다.[40]

허쉬는 교회의 역사를 연구하면서 새로운 형태의 교회가 필요함을 실감했다. 허쉬는 아무리 적은 수의 사람이 모여 있다고 해도 그들 자신의 교회라는 자신감을 갖도록 했다. 물론 허쉬는 전통적인 방식의 목회든 현대적인 방식의 목회든 그 어느 것도 잘못되었거나, 목적에 어긋난 목회를 하고 있다고 비판하지는 않았다. 단지 예수 그리스도가 누구인지를 모르는 사람들에게 그리스도의 복음을 전하기 위한 선교적 목적을 달성하기 위해 스스로가 변해야 한다는 것을 역설한 것이다.

허쉬가 내놓은 방안은 첫째, 유인적 교회(Attractional Churches)가 아닌 선교적 공동체를 만들라는 것이었다. 즉 이는 선교가 끌어들이는 것이 아니라 내보는 것이라는 단순한 사실에 근거한다. 그리고 자신들이 있는 곳을 떠나 우리가 있는 곳으로 오라는 것이 아니라, 그들 가운데에서 그리스도를 발견하도록 하는 것이다. 여기에서 그는 APEST 리더십—사도(Apostles), 예언자(Prophets), 전도자(Evangelists), 목자(Shepherds), 그리고 선생(Teachers)을 제시했다. 사실 전형적인 교회들은 목자와 선생의 역할만을 강조해 왔다. 그러나 이제는 APE, 즉 사도와 예언자와, 전도자가 새로운 일을 시작해야 한다는 것이다. 이 역할들을 조금 더 분명히 설명한 것은 에디 깁스(Eddie Gibbs)와 라이언 볼거(Ryan K. Bolger)였다. 이들은 선교적 교회의 특징을 다음의 9가지로 요약했다.

- 예수님과 우선적으로 하나가 되기
- 세속의 현장을 변화시키기
- 공동체로서 살아가기
- 낯선 이들을 환영하기
- 관대한 마음으로 섬기기
- 생산자로서 참여하기

- 피조물로서 창조에 함께하기
- 한 지체로서 이끌기
- "하나님의 뜻을 이루소서."라고 기도하기[41]

두 번째 방안은 가정기반(Family based)이 아닌 운동(Movements)을 일으키라는 것이다. 허쉬는 전통적 교회들이 급속히 번지는 운동에 민감하지 못한 부분을 지적했다. 현재 미국 교회의 경우에 새로운 건물이나, 예산, 전문가를 만들어 내는 것은 결코 쉬운 일이 아니다. 미 남침례교의 경우만 보더라도 96%이상이 새로운 교회를 개척하는 데 난색을 표하고 있다. 그래서 허쉬는 사실상 오늘날은 작고, 이동성이 있으며, 혁신적이고, 분산적 리더십이 사도들의 활동을 위한 최적의 조건이라고 말한다. 이 말은 크리스천 자신이 교회가 되어 선교의 현장으로 뛰어들어가 새로운 역사를 만들어야 한다는 것을 의미한다.

허쉬는 운동의 성격을 설명하면서 선교학자 하워드 쉬나이더(Howard Snyder)의 조언을 다음과 같이 요약하였다.

1. 갱신을 갈구하라(거룩한 불만).
2. 성령의 역사를 새롭게 강조하라.
3. 제도적-카리스마적 긴장을 가져라(과거의 시스템은 문제가 있다).
4. 교차문화/인종적 공동체를 소망하라.
5. 비전통적이고 비안수자의 리더십을 추구하라
   (지위가 아닌 영적 권위를 세우고, 운동에는 여성이 더욱 활동적이다).
6. 빈자를 위해 사역하라(운동은 사회의 외곽에서 먼저 시작된다).
7. 에너지와 다이나믹스를 가져라(사람들을 사역에 포함시키는 능력).[42]

그리고 제도화가 어떻게 운동의 불꽃을 꺼뜨릴 수 있는지에 대해 데이비드 K.

허스트(David K. Hurst)의 지적을 제시했다.

> 1. 선교가 전략이 될 때
> 2. 역할이 과업이 될 때
> 3. 팀이 구조가 될 때
> 4. 네트워크가 조직이 될 때
> 5. 성과의 인정이 성과의 보상이 될 때[43]

이러한 허쉬의 제안과 지적은 교회의 선교적 유전자 회복에 매우 중요한 요소들이 아닐 수 없다.

세 번째로 허쉬가 제시하는 방안은 제도가 아닌 네트워크를 만들라는 것이다. 이는 제도나 조직 대신 관계적 네트워크를 만들어야 한다는 것이다. 물리학자들의 '생명조직이론'에 의하면 기존 질서의 통제/유지 대신 변화의 추구가 생명의 원리라는 사실을 알 수 있다. 즉 생존의 능력은 적응하고 변화하는 능력을 말하는 것이다.

비자(VISA)를 설립한 디 혹(Dee Hock)은 제도 대신 네트워크 모델을 선호했다고 한다. "분명히 이해되고 설명되며 함께 공유된 목적과 원칙은 건강한 조직의 유전적 신호이다. 당신과 함께 목적과 원칙이 공유되면 명령과 통제는 필요 없다. 사람들은 그 목적과 원칙에 따라 어떻게 행동해야 하는지를 알고 있다. 그리고 그들은 수천 가지의 상상을 초월한 창조적 방법으로 그 일을 해낼 것이다. 그러면 그 조직은 생동적이고 살아있는 믿음의 공동체가 될 것이다."라고 했다.[44] 그러면서 디 혹(Dee Hock)은 네트워크를 발전시키는 방법을 다음과 같이 요약했다.

1. 변화하는 조건에 적응하고 반응하도록 하라.

2. 공정성, 자율성, 개인적 기회를 증진시켜라.

3. 관리구조는 권력을 분배하고 가능한 가장 낮은 단계까지 이르도록 하라.

4. 관리구조는 명령의 사슬이 아니다. 이것은 동등한 대화, 숙고, 협력의 구조이다.[45]

그리고 네 번째로 공동체(Community)가 아닌 커뮤니타스(Communitas)를 만들라고 했다. 허쉬는 "우리"라는 개념이 "공동체를 위한 나, 그리고 세계를 위한 공동체"에서 "나를 위한 공동체"로 변해 버렸다고 한다. 또한 그에 의하면 소비주의에 몰입된 중산층의 사고방식은 안녕과 안전, 특별히 자녀들을 위한 일에 집착되어 있다. 그리고 이러한 사고방식은 편안함과 편리함에 몰입되어 있다. 그래서 그는 빅터 터너(Victor Turner)가 말하는 리미날리티(liminality)가 커뮤니타스를 만드는 데 필수적이라고 했다. 리미날리티라는 말은 어떤 사건이나 행위의 발단의 조건이 위기의 상황을 극복했을 때에만 생기는 공동체의 깊이를 의미한다.[46] 리미날리티의 상황에서 커뮤니타스가 발견되는데 이는 재난구호나 단기선교, 공동체 활동에서 일어난다고 한다. 그래서 교회는 항상 예수 그리스도의 사역을 마칠 때까지 위기의 상황에 놓여 있어야 한다는 것이다. 그러나 많은 교회가 예수 그리스도를 위한 위험에 처하기보다는, 지나치게 바쁜 소비주의의 생활에서 회복을 얻고자 영혼의 안식처만을 찾는 안타까운 모습을 보이고 있다는 것이다.

이에 대하여 허쉬는 자신이 사도적 진정성(Apostolic Genius)이라고 부른 선교적 유전자(mDNA)를 회복하기 위한 6가지 요소를 제시하였다.

1. 모든 인간 삶의 영역을 포함시키면서 유대교 일신주의에 기초한 그리

스도의 주되심에 대한 충성심

2. 신앙을 이해하기 위해 행동중심학습과 인지기반학습을 연결한 제자화
에 대한 충성심

3. '밖으로 나가' '함께하는' 선교적–성육신적 자극에 대한 충성심

4. 지체로 나누어져 있는 에베소서 4:7, 11-12[47]의 5중 목회에 기초한 사
도적 환경에 대한 충성심

5. 공동체에 대한 유기체적–체제적 이해에 대한 깊은 이해

6. 단순한 공동체가 아닌 커뮤니타스를 만드는 것에 대한 충성심과 위험
과 도전을 요구하는 공동체에 대한 충성심

그러면 이제 선교적 유전자를 가지고 '길의 사람들'이 되기 위해 우리의 여정
에 어떠한 조건이 필요한가를 살펴볼 필요가 있다. 이에 대해 레너드 스윗은
여정의 신학(a theology of journey)이 선교적 교회의 근간을 이루어야 한다고 역
설한다. 그가 말하는 여정의 신학은 세 가지 요소를 담고 있다. 그것은 환대
(hospitality), 정직성(honesty), 고향(home)이다.[48]

첫 번째로 선교적 공동체는 낯선 이들과 소외된 자들에게 '환대'를 베푸는 일
을 우선적으로 해야 한다.[49] 선교의 대상을 발견하는 것은 우리 '안'에서는 불
가능하다. 왜냐하면 선교의 대상은 우리 '밖'에 있기 때문이다. 나와 다른, 나
보다 열악한 환경에 있는 사람들이 우리가 만나야 할 '밖'의 사람들이다. '밖'
의 조건은 정치적, 사회적, 경제적, 문화적, 정신적 영역에서 모두 발견될 수
있다. 제1세계이건 제3세계이건 구원의 복음에 낯설고, 이 복음에서 소외된
자들이 우리가 '환대'를 베풀어야 할 영적 친구들이다.

레너드 스윗은 환대의 조건과 환경에 대한 좋은 시사점들을 커피점에서 발견

할 수 있다는 흥미로운 주장을 한다. 전제는 이렇다. 그는 많은 크리스천과 교회들이 의미 있는 방식으로 사람들과 관계를 맺지 못하기 때문에 하나님과 함께 삶 속에서 경험할 수 있는 따뜻함과 풍성함을 놓치고 있다고 한다.[50] 다시 커피 이야기로 돌아와서 그에 의하면 커피는 사회적 윤활유라고 한다. 그리고 커피점에서 하는 것처럼 누군가에게 자리에 앉아 무엇을 마시겠느냐고 묻는 것이 바로 '환대'의 시작이라고 한다. 예수님에게도 음식은 매우 중요한 것이었다. 왜냐하면 음식 또한 사회적 윤활유가 되기 때문이다.

> 환대에는 음식이 필요하다. 그리고 음식은 하나님의 풍성함과 함께 하나님의 풍성한 본성을 기념하는 희생적 삶의 방식이다. 음식은 공동의 식탁, 음식의 나눔, 식탁예절, 식탁에서의 대화를 뜻한다. 일상에 있어서 음식과 음식의 예전의 중요성은 좀처럼 가벼이 여길 수 없다.[51]

사실 음식은 목회와 교육에 있어서도 중요한 의미를 지닌다. 그 중에서도 가장 으뜸은 성만찬일 것이다. 주의 식탁으로의 초대는 예수 그리스도의 몸에 참여함으로 그리스도와 하나가 되고, 떡을 나눔으로 식탁에 함께하는 이들이 하나의 공동체가 된다.[52] 성만찬의 초대는 하나님께서 베푸시는 최고 환대이며, 교회가 실천해야 할 환대의 최상의 모범이 되는 것이다.

음식을 나눈다는 것은 삶을 나누는 것이다. 예수 그리스도께서 자신의 살과 피를 우리를 위해 아낌없이 나누셨듯이, 우리도 우리의 삶에 있어서 가장 중요한 것을 나누는 삶을 살아야 한다. 그렇다면 환대는 목회와 교육에 있어서 하나의 프로그램으로 그칠 것이 아니라 목회와 교육 그 자체가 되어야 할 것이다. 그리고 환대는 결국 전도(선교)의 출발이 되기 때문에 전도(선교)는 우리의 삶을 나누는 것이 되어야 한다는 점을 기억해야 한다.

두 번째, 여정의 신학은 '정직성'[53]을 동반한다. 여기에서 말하는 정직성은 겸손한 자세로 상대를 높이고 자신을 낮추는 데서 시작된다.[54] 특별히 선교적 유전자에서 요구되는 모습은 말씀을 나누는 과정, 즉 가르치고 배우는 과정에 초점을 맞춘다. 여기서 정직성이란 우리가 비록 말씀을 나누고 있지만 말씀의 주인은 우리가 아닌 예수 그리스도이시며, 우리는 이 말씀의 증인일 뿐이라는 생각을 드러내는 태도를 말한다.

많은 경우 선교적 노력에 있어서 실패를 경험하는 이유는 복음을 전하고 가르치는 자들의 우월의식에 기인한다. 이는 이스라엘 백성이 스스로를 '선민', '우수한 민족'이라고 여겼던 것과 유사하다. 선민이란 하나님의 뜻에 의해 선택된 민족일 뿐 이것이 곧 가장 뛰어난 민족이라는 의미가 아님에도 그들은 그러한 의식을 가지고 교만의 실수를 범하게 된 것이다. 이러한 과오가 복음전도자들에게서 반복될 때 복음전도는 부정적인 결과를 낳을 수밖에 없는 것이다.

때문에 우리는 우리 자신이 복음전도에 부족한 자들임을 항상 인식하고 하나님의 도움을 구해야 한다. 그리고 복음을 전해 받는 사람들을 통해서 하나님의 역사가 일어날 수 있다는 가능성에도 주목해야 한다. 즉 이 말은 전도(선교)는 하나님의 전도(선교)가 되어야 하며, 절대로 우리의 전도(선교)가 되어서는 안 된다는 것이다. 그래서 선교학자 데이비드 보쉬(David Bosch)는 "우리의 선교는 스스로의 생명을 갖지 않는다. 오직 하나님의 손 안에 있을 때만 진정한 선교라 할 수 있다. 선교의 시작은 오직 하나님으로부터 출발된 것이다."[55]라고 했다. 이를 목회와 교육의 측면에서 조명해 보면 매우 중요한 실마리를 찾아볼 수 있다. 선교적 유전자가 활동할 때 어떠한 소통이 이루어져야 할 것인가? 레너드 스윗은 이 문제가 교육적 방법과도 밀접한 관계가 있다고 지적했다. 다시 말해 이는 교육에 있어서 오래된 질문인 교육은 과연 주입(putting-in)인가 유발(drawing-out)인가 하는 문제이다. 브라질의 교육학자 파울로 프레이리는 "은행 적립식 교육"(the banking concept of education)을 통해 수동적 역할을 하는 학생은 지식의 저장소가 되어 학습 후 필요에 따라 그 지식을 적출하는 방식을 택한다고 했다.[56] 이 개념에는 지식은 지식을 가지고 있는 사람이 아무것도 모르는 사람에게 지식을 채워 준다는 생각이 잠재되어 있다.[57]

반면 최근 출판된 *New Keywords: A Revised Vocabulary of Culture and Society*에서 제네비브 로이드(Genevieve Lloyd)는 교육의 의미를 라틴어에 기원을 둔 'education'을 통해 두 가지 측면을 살펴볼 수 있다고 했다. 첫째는 한 개인에게 이미 내재된 능력을 "끌어내는 것"(drawing out)이고, 둘째는 사회적 맥락 속에서 개인을 인도하는 형태로 이해되는 "이끌어 내는 것"(leading forth)이라고 한다.[58] 전자는 개인적 측면을 후자는 사회적 측면을 강조한 것으로, 둘 모두 학습자의 주체적 성향을 중시한 것으로 볼 수 있다.

이 문제에 대해 스윗은 "교육은 주입(putting-in)인가, 유발(drawing-out)인가, 혹은 양육(raising-up)인가?"라고 물으면서 "최근의 교육이론에 의하면 학습을 위한 최상의 방법은 교육적 경험을 위해 몰입적 환경 개발을 통한 공조된 몰입(orchestrated immersion)이다."[59]라고 했다. 왜 그는 공조된 몰입을 제시하고 있는가? 여기에는 선교적 유전자가 복음을 전하는 사람뿐만 아니라 복음을 듣는 사람에게도 주어질 수 있다는 "선재적 은총"의 개념을 내포하고 있다고 할 수 있다. 선재적 은총이란 토마스 오든(Thomas Oden)이 설명한 대로 "한 개인이 구원의 은혜에 참여할 수 있도록 하는 것이다. 그러한 의지를 주심으로 그 은혜에 응답하는 회복된 능력을 통해 개인은 칭의의 조건을 얻을 수 있는 자유롭고, 활동적이며 능동적인 참여자가 될 수 있다."[60]라는 것이다. 때문에 선교적 유전자의 활동을 위해 여정의 신학은 우리에게 겸손한 '정직성'을 요구하는 것이다.

세 번째, 여정의 신학의 지향점은 '고향'이다.[61] 레너드 스윗은 우리의 고향은 예수 그리스도가 계신 곳이라고 했다.

> 인생의 여정은 고향으로 가는 여행이다. 이 여정은 우리로 하여금 하나님과 함께하는 여행을 위해 정직하고, 겸손하며, 훌륭하게 준비된 모습으로 삶을 바라보는 창을 가지고 더욱 정결하고, 폭넓은 시야를 얻어 고향으로 향하게 한다. 예수님께서는 제자들에게 마지막 말씀을 남기시면서 "나는 아버지로부터 왔다 … 그리고 아버지께로 간다."라고 하셨다. [그러므로] 인생은 아버지께로 가는 여정이다.[62]

사실상 신앙의 여정에 있어서 이보다 더 중요한 목적은 없다고 해도 과언이 아닐 것이다. 즉 교회/목회/교육의 목적은 하나님 아버지께로 돌아가는 것이다. 인격적 성숙, 사회의 정의는 이 여정 속에서 '과정적 과제'이지 '목표'가 아니다. 일부 '이멀징 교회'(emerging church)[63]의 목회자들 중에서 '이멀전트 리더'(emergent leaders)로 불리는 사람들은 하나님의 나라, 곧 천국보다는 이 땅에서의 삶이 더욱 중요하다고 주장하기도 한다. 물론 그들이 그 같은 주장을 하게 된 배경에는 그럴만한 이유가 있다. 소위 복음주의라 불리는 교회들이 오랫동안 사회정의보다는 개인구원에 지나친 강조점을 두면서 신앙과 삶을 이원론적으로 보는 경향을 가져왔다. 이러한 태도를 반성하면서 일단의 복음주의자들이 사회적 복음의 중요성을 과도하게 강조하게 된 것이다. 그러나 그들의 문제점은 첫째 개인적 복음과 사회적 정의가 서로 조화를 이룰 수 있는 가능성을 간과하고 있다는 사실이다. 예수님께서는 병든 자들을 고치시고, 소외된 자들을 돌보시면서 사회적 부조리의 결과적 현상에 대해 큰 관심을 가지셨다. 그러나 열심당원들이 주장한 것과 같이 체제의 전복에는 응하지 않으셨다. 물론 예수님께서는 하나님의 나라가 이 땅에 이루어지는 것을 원하셨다. 그러나 그것은 상태적 개념, 즉 하나님의 주권이 편만한 것이었지, 형태적 개념으로 정치체제를 의미했던 것은 아니었다.

둘째로 이멀전 교회의 과오는 목적과 과정이 전도되어 있다는 사실이다. 신앙의 분명한 목적은 하늘에 있는 하나님 나라를 향해 가는 것이다. 그 과정 속에 이 땅에서도 이루어져야 하는 하나님의 나라가 있는 것이다. 여정의 신학에서는 과정도 중요하지만 역시 목적지가 마지막 궁극적 종착지가 되는 것이다. 아무리 과정이 중요하다고 해도, 목적지를 포기하면서 과정만을 위해 갈 수 없는 것이 바로 여정이다. 예수님의 제자들이 예수님의 뜻을 깨닫지 못하고 과정적 목표에 몰두하고 있을 때, 예수님께서는 분명히 이를 거부하셨던 것을 기억해야 한다.

*****

선교의 유전자를 가지고 '환대'의 마음으로 삶을 나누고, '정직성'을 가지고 가르치고 배우며, '고향'을 향해 믿음의 여정을 가는 것, 바로 이것이 교육과 목회의 우선적 과제일 것이다.

✻ 각주

28) Leonard Sweet, *So Beautiful: Divine Design for Life and the Church* (Colorado Springs; David C. Cook, 2009), 31.

29) "갈릴리 해변에 다니시다가 두 형제 곧 베드로라 하는 시몬과 그 형제 안드레가 바다에 그물 던지는 것을 보시니 그들은 어부라 말씀하시되 나를 따라오라 내가 너희로 사람을 낚는 어부가 되게 하리라 하시니" (마태복음 4:18-19).

30) James B. Twitchell, *Shopping for God: How Christianity Went from In Your Heart to In Your Face* (New York: Simon and Schuster, 2007).

31) Greg L. Hawkins and Cally Parkinson, *Reveal Where Are You?* (South Barrington, IL: Willow Creek Association, 2007).

32) http://www.christianity.com/11560219/page2 (2010년 2월 11일 접속). 빌 하이벨스 목사의 고백을 유튜브를 통해서 직접 들을 수 있다. http://www.youtube.com /watch?v=8Zrj1HfxVMQ&feature=channel (2010년 2월 11일 접속).

33) http://www.willownet.com/wca_prodsb.asp?invtid=PR30725&f=x (2010년 2월 11일 접속).

34) Ibid.

35) Edward H. Hammett and Loren Mead, *Gathered and Scattered Church: Equipping Believers for the 21st Century* (Macon, GA: Smyth & Helwys Publishing, Inc., 2005).

36) Sweet, So Beautiful, 55.

37) Ibid., 60.

38) Ibid., 71.

39) Ibid., 73.

40) Hirsch, *The Forgotten Ways*, 10-15.

41) Eddie Gibbs and Ryan K. Bolger, *Emerging Churches: Creating Community in Postmodern Cultures* (Grand Rapids, MI: Baker Academic, 2005), 112.

42) Hirsch, *The Forgotten Ways*, 193.

43) Ibid., 194-95.

44) Ibid., 202.

45) Ibid., 203.

46) Victor Witter Turner, *Ritual Process: Structure and Anti-Structure* (New York: Aldine, 1969).

47) 에베소서 4:7, 11-12 "우리 각 사람에게 그리스도의 선물의 분량대로 은혜를 주셨나니……. (7절) 그가 어떤 사람은 사도로, 어떤 사람은 선지자로, 어떤 사람은 복음 전하는 자로, 어떤 사람은 목사와 교사로 삼으셨으니 이는 성도를 온전하게 하여 봉사의 일을 하게 하며 그리스도의 몸을 세우려 하심이라"(11-12절).

48) Sweet, *So Beautiful*, 76.

49) Ibid.

50) Leonard Sweet, *The Gospel According to Starbucks: Living with a Grande Passion* (Colorado Springs: WaterBrook Press, 2007).

51) Sweet, *So Beautiful*, 77.

52) John Mark Hicks, *Come to the Table: Revisioning the Lord's Supper* (Albilene, TX: Leefwood Publishers, 2008).

53) Sweet, *So Beautiful*, 81.

54) 사실 이러한 모습(케노시스)은 예수 그리스도께서 자신을 낮추고 비우신 것에서 그 원형을 찾을 수 있다. "오히려 자기를 비워 종의 형체를 가지사 사람들과 같이 되셨고…"(빌립보서 2:7).

55) David Bosch, *Transforming Mission: Paradigm Shifts in Theology of Mission* (New York: Orbis Books, 1991), 390.

56) Paulo Freire, *Pedagogy of the Oppressed* (New York: Continuum, , 1970, 2007), 46. 참고. Paulo Freire, *The Politics of Education. Culture, Power, and Liberation* (Massachusetts: Bergin & Garvey Publishers, Inc., 1985); bell hooks, *Teaching to Transgress, Education as the Practice of Freedom* (New York and London: Routledge, 1994).

57) Ibid., 58.

58) Genevieve Lloyd, "Education", in *New Keywords: A Revised Vocabulary of Culture and Society*, Tony Bennett, Lawrence Grossberg and Meaghan Morris, eds., (Oxford: Blackwell Publishers, 2005), 97 ff.

59) Sweet, *So Beautiful*, 83. '공조된 몰입'은 어린이들이 주제에 질문을 가지고 완전히 몰입될 수 있는 것을 말한다. 이러한 상황이 일어날 수 있는 여러 가지 방안이 제시되고 있다. 그러나 일반적으로 주제는 흥미와 접근성이 있어야 한다. … 몰입은 공조되어야 하고, 잘 구성된 의미를 지니고, 발전적이며, 교사의 통제 하에 있어야 한다. Alan Pritchard, *Ways of Learning: Learning Theories and Learning Styles in the Classroom* (New York: Routledge, 2009), 97.

60) Thomas Oden, *John Wesley's Scriptural Christianity* (Grand Rapids: Zondervan, 1994), 243.

61) Sweet, *So Beautiful*, 88.

62) Ibid., 88.

63) Robert Webber, John Burke, Dan Kimball, Doug Pagitt, Karen M. Ward, and Mark Driscoll, *Listening to the Beliefs of Emerging Churches: Five Perspectives* (Grand Rapids Zondervan, 2007).

3

관계적 교회

R: 거룩함 (One HOLY: Unum Sanctum Ecclesiam)

거룩함(Holy)은 관계적 언어이다. 우리는 사랑의 사역을 위해 '부름'을 받았다. 거룩함에로의 부름은 예수님께서 사랑하신 것 같이 사랑하고 세상에 그리고 세상을 위한 선물이 되는 관계로의 부름을 말한다. 고립된 신앙이란 존재하지 않는다. 오직 관계적 신앙만이 있을 뿐이다.[64]

관계적 유전자를 논의하기에 앞서 교회는 오랫동안 명제적 교회(Propositional Church)의 올무에 빠져 있었음을 자각해야만 한다. 명제적 교회란 교리와 원칙을 보존하고, 가르치며, 수호하는 것을 가장 중요한 과제로 여기는 교회를 말한다. 물론 교회가 소중하게 생각하는 명제들에 오류가 있다는 것을 뜻하는 것은 아니다. 여기서 강조하고자 하는 것은 교회의 '명제적 진리'를 어떻게 다루느냐는 문제이다. 말하자면 신앙이 이 명제적 진리를 하나의 대상으로 간주하고 있는지, 아니면 명제적 진리의 주체와 진정한 관계를 맺고 있는지를 묻는 것이 더욱 근본적인 질문이 될 것이라는 말이다.

레너드 스윗은 "실재의 궁극적 형태는 물질이 아니라 관계이다."[65]라고 했다. 그러면서 "예수님에게는 개인으로서의 인간이란 존재하지 않고, 오직 관계로서의 인간만이 존재한다."[66]고 했다. 스윗은 한 학생으로부터 받은 "무엇을 믿는냐?"라는 질문에 "내가 믿는 것은 중요하지 않다. … 가장 중요한 한 가지는 내가 누구에게 속해 있느냐는 것이다."[67]라고 답했다고 한다. 이는 신앙의 문제는 "무엇을 믿느냐."가 아니라 "누구를 따르느냐."에 있다는 것이다. 그렇다면 우리의 고백도 달라져야 한다. "나는 예수 그리스도를 믿는다."에서 "나는 예수 그리스도를 따른다."로 말이다.

사실상 근대시대는 이성에 근거한 합리성에 기초하여 사고하고 행동했던 시기였다. 이러한 환경 속에서 진리에 대한 명제적 접근은 상당한 설득력을 가질 수 있었다. 그러나 근대 이후의 지적, 사회적 상황은 코페르니쿠스적 전환을 맞이했다. 특별히 오늘날의 정보혁명은 그 어느 때보다 관계적 사회를 만들어 내고 있다. 스윗이 지적하듯이 문자전송(text messages), 트위트 스트림스(Tweetstreams), 팟캐스트(podcasts), 플리커(Flickr), 마이스페이스(MySpace), 페이스북(Facebook), 유튜브(YouTube), 비트토렌트(Bit Torrent), 비보(Bebo) 등으로 대표되는 소셜 네트워크는 이전 그 어느 시대에도 볼 수 없었던 사회적 환경을 만들어 냈다.[68] 이러한 변화는 교회에게 어떠한 메시지를 전해 주는 것일까? 스윗은 이 질문에 대해 다음과 같이 대답한다.

> 세계가 점점 더 연결되면 될수록 기독교가 명제적 무력함에서 벗어나는 것이 더욱 중요해진다. 우리는 명제적 사역(proposition business)에서 물러서고 사람을 위한 사역(people business)에 몰두해야 한다. 이제는 신앙의 관계적 근육을 느슨하게 하고 '유일한 연결자' [예수 그리스도]가 신학적 연구에 기계실이 되어 관계로서의 개인이 배의 선원이 되는 관계적 신학을 세워야 한다.[69]

이러한 관계의 문화 속에서 소셜 네트워크가 어떻게 크리스천의 삶에 영향을 주는가에 대해 레너드 스윗은 최근 〈트위터 신학〉이라는 짧은 에세이를 자신의 홈페이지에 영어와 한글로 게재했다. 다음은 트위터 신학의 전문이다.

트위터 신학(Twitter Theology)[70]
: 트위터가 나를 더 나은 예수 그리스도의 제자가 되도록
돕는 5가지 방법 (번역: 김영래)

내가 트위터를 시작한 지는 1년이 못 된다. 그러나 트위터는 내 삶을 이미 변화시켜 버렸다.

트위터는 설립된 지 2년 남짓 되었고 고작해야 50여 명 정도의 직원에 이렇다 할 사업계획도 없는 회사이다. 너무나 자주 '폭주고래'('fail whale' 트위터들의 수가 이 사이트의 용량을 초과했을 때 나타나는 사인)의 아이콘이 나타나는 미덥지 않고 신뢰가 가지 않는 이 사이트는 아주 빠르게 성장했다. 당신이 트위터를 이용할 때 우리 선조들이 T-자동차의 크랭크를 돌려 엔진을 켤 때 느낀 동일한 감정을 느낄 것이다.

그러나 나는 트위터가 없는 삶을 상상할 수 없다. 트위터의 가치에 대해 말하자면 커뮤니케이션 혁명에 있어서 트위터의 역할(이는 내가 예배에서 트위터를 변호하게 해준다) 또는 전 세계에서 일어나는 정치적 혁명(예를 들자면 이란)에 끼친 영향을 언급할 수 있다. 그러나 나는 좀 더 개인적 차원의 이야기를 하고 싶다. 트위터는 나를 더 나은 예수님의 제자로 만들어준다. 왜냐하면 부분적으로 트위터는 미래목회를 위한 나의 실험실이 되기 때문이다. 그 이유는 다음과 같다.

(1) 친교

트위터는 오직 두 가지 범주만 가진다: 당신이 따르는 사람들과, 당신을 따르는 사람들로. 트위터의 범주적 필수조건은 리더십이 아니라 팔로워십(followership)이다.

예수님의 범주는 '리더'이시다. 나의 근본적 범주는 '따르는 자'이다. 비록 예수님이 나를 앞줄로 부르셨을 때에도 나는 여전히 '뒤에서' 이끌 뿐이다. 지난 50년 동안 교회는 신약성경에서 단 한 번도 찾기 어려운 단어(리더)에 도취되어 왔고, 수백 번 발견되는 단어('매디테스' 또는 '따르는 사람', '제자')를 무시해 왔다. 트위터는 매일 누구를 따르며, 누가 나를 따르는가를 통해 모든 것이 리더십이 아니라 팔로워십에 의해 흥하고 쇠한다는 것을 일깨워 준다. '크리스천'이라는 이름('작은 예수')은 안디옥 교회의 교인들에게 주어진 명칭(사도행전 11:26)으로 사람들이 그들 안에서 그들이 따르는 그리스도를 보았기 때문이었다고 한다.

바울은 "내가 그리스도를 따른 것처럼 나를 따르라."라고 했다. 트위터의 팔로워십 윤리에서 나는 지속적으로 현실을 더욱 예수님의 방식으로 재구성하고 있다. 더욱 은혜롭고, 더욱 용서하며, 더욱 사랑하고, 더욱 유머러스하게, 그리고 나를 '따르는 사람들'이 그리스도를 더욱 잘 따르도록 도와준다. 나는 끊임없이 격려하고, 풍성하게 하며, 감동을 주는 것을 찾는다. 나를 따르는 사람들이(tweets) 나의 글(tweaps)을 읽고 미소를 머금던지, 머리를 끄덕이면서 "예수 안에서 어찌 좋은 친구인지"라고 노래하길 원한다. 나 중심적으로 되지 않으려는 계속적인 싸움에서 트위터는 내가 다른 사람들에게 관심을 가지도록 돕는다.

세상의 것(또는 세상의 밖)이 아니라 세상 안에 있으라고 가르치신 분 때문에 우리가 물어야 할 질문은 "예수님께서 트위터를 하실까?"가 아니라 "예수님은 어떻게 트위터를 하실까?"이다. "무엇을 하고 계십니까?"(What are you doing?)라는 트위터 물음은 내 마음에서는 "하나님께서 무엇을 하고 계십니까?"와 "내가 어디에서 예수님을 봅니까?" 그리고 "내가 무엇에 주목하고 있습니까?"로 바뀌었다.

매일 새롭게 늘어나는 따르는 사람들의 목록과 잠재적으로 따르는 사람들의 무제한적 숫자는 매일 매일 내 인생에 있어서 가장 중요한 사람들은 아직 만나지 않았다는 것을 상기시켜 준다.

(2) 사운드 바이츠 댓 바이트 (Sound Bytes that Bite)

일상생활 속에서 이 말을 쓰고 있지 않다면 당신은 아마도 이 말의 뜻을 모르고 있을 것이다. 그리고 만일 140자 이내로 설명할 수 없다면 구글 세계와 연결된 방식으로 이야기를 하지 못하는 것이다. 선교사의 첫 번째 임무는 언어를 배우는 일이다. 구글 세계에서 로고 없는 로고스란 없다.

풍자만화나 진부한 표현의 전달에 대한 각종 경고에도 불구하고 역사상 가장 위대한 서적과 사상가들은 140자 이내로 그들의 사상을 정제시켰다. 사실상 결정적 한 문장이 세상을 바꾸어 놓곤 했다.

트위트에 있어서 예수님보다 더 훌륭하신 분은 없다. 예수님은 간결함과 즉각성을 가지고 사운드 바이트를 하시는 데 있어서 대가이셨다. 사실상 예수님은 복음을 명쾌하고, 기억에 남는 문장으로 복음을 트위터링하셨고, "내가 너희를 사랑한 것 같이 서로 사랑하라."라는 최상의 트위터로 복음을 표현하셨다. 그러나 나는 예수님을 따르는 사람들이 예수님께서 말씀하신 모든 것에 RT(ReTweet: 다시 트위트한다는 말로 다른 사람이 남긴 이야기를 또 다른 사람에게 전달하는 것)하라고 명하시는 말씀에 순종하고 있는지 의심스럽다.

(3) 외양 (Surface)

누군가에게 우물대고 주제의 겉을 핥는 말을 한다고 평한다면 잘한다는 뜻이 아닐 것이다. 트위터에서 가장 치명적인 비판은 멍하게 만듦과 지나친 진부함이다. 내가 오늘 아침 당신이 언제 칫솔질을 끝냈는지를 꼭 알 필요가 있는가? 또는 어떤 치약을 쓰는지 알 필요가 있는가? "포크를 똑바로 들고 뛰면 어떤 일이 생길까?"라는 글을 올려 포크로 코를 찌른 당신의 아이의 사진을 볼 필요가 꼭 있는가?

그러나 삶은 단지 깊이에 관한 문제만이 아니다. 삶은 또한 외양에 관한 문제이기도 하다. 나는 내 생의 대부분을 깊이를 탐구하는 직업으로 소일하는 학계에 있었다. 너무 깊이 들어가다 보니 많은 사람이 좀처럼 밖으로 나오지 못하기도 한다. 소통과 관계의 공간으로 나오면 평생을 깊이를 위해서만 시간을 보낸 사람들은 단지 자신에게만 이야기하고 지냈음을 깨닫게 된다. 작가와 화가들처럼 영혼을 위한 아주 민감한 지진계를 가지고 있는 사람들은 종종 삶의 피상성에서 반대방향으로 향하며, 자잘한 문제에 타협하거나 이를 즐기는 것을 거부한다. 이것이 많은 예술가와 시인들이 자살로 치닫지 않았을지라도 그들의 무분별한 자살적인 행동의 높은 발생률에 관한 나의 이론이다.

우리에게는 깊이의 신학과 함께 외양의 신학도 필요하다. '이상한 나라의 앨리스'가 "만일 깊이 파면 구덩이에 네가 빠질 수 있고, 우물 바닥에는 단지 당밀밖에 없기 때문에 깊이 파는 것은 모두 싫다."라고 말한 사실을 상기시켜 준다.[71] 깊이를 대신한 외양과 멀리 떨어져 트위트에 대해 살펴보면 나는 내 삶을 높은 차원에서 집중하고 있는 것을 발견한다. 매일 트위터로 이전에는 생각지 못했던 사실을 깨닫게 된다. 트위터는 새롭게 발견된 깊이로 빠져들게 하는 기회를 준다.

삶은 사소한 일들 투성이이다. 이 사소한 일들이 쌓이고, 트위터는 이 작은 것들에 대해 감사하게 만들며, 작고 단순한 것들을 소중하게 여기게 한다. '내가 트위터를 사랑하는 이유 50가지' 중 33번째는 '진지한 사람들이 사소한 일에 대한 진지한 생각을 하도록 하는 곳'이라는 사실이다. 《상처난 세상에서 아름다움을 찾아》(Finding Beauty in a Broken World, 2008)에서 테리 템페스트 윌리엄스(Terry Tempest Williams)는 "나는 진리란 오직 사물의 외양 아래서만 발견된다고 믿어왔다. … 그러나 변화가 일어났다. … 나는 지금 내 눈이 보는 것, 내 손가락이 만지는 것에 흥미를 느끼고 있다."[72]라고 했다.

좋은 삶은 깊이와 외양의 합주곡이다.

나에게 해 줄 수 있는 최고의 칭찬은? "스윗, 당신은 정말 멋지게 얄팍하군요."

(4) 글로벌 광장

이것이 처음부터 내가 트위터버스(twittervers)로 들어가는데 확신을 갖게 한 이유였다. 사회 미디어 전문가 애턴 린(Aaron Linne)은 나에게 트위터를 중세 마을 공터로 생각하도록 도전을 주었다. 우리가 만일 천 년 전에 살고 있다면, 우리의 삶은 마을의 광장 주변에서 벌어졌을 것이다. 하루 동안 우리는 물리적으로 서로 여러 번 마주치면서 "점심 어땠어?" "누구 일을 해 주고 있어?" "손에 들고 있는 거 뭐야?"라고 하면서 인사를 나눌 것이다. 무선 기술은 오늘날 개인적 소통의 다중성을 가능하게 하고 세상의 사람들을 연결해 주고 있다. 트위터는 새로운 글로벌 광장이 되었다.

예언가들이 비문을 드려다 보듯이 나는 트위터의 댓글을 읽는다. 트위터는 나를 다른 사람과 연결해 주고, 인기 있는 것, 관심을 끌고 있는 것, 소문, 새로운 글로벌 빌리지의 스타일을 알려 준다. 영턱스(Young Turks: 변화를 갈망하는 역동적인 젊은이들)들이 올드 기저스(Old Geezers: 괴짜 늙은 이들)가 되는 것보다 더 슬픈 일은 없다. 그리고 이런 일은 하룻밤 사이에 일어난다. 사실상 나는 내 자신을 트위터 교회의 '목사'로 생각하고 싶다. 마을 광장에서 하루를 지내는(글을 올리는) 동안 나의 교인들(나는 그들은 바나바 폭풍이라고 부른다)을 격려하는 방법을 찾고, 그들의 삶에서 긍정적이고 치유하는 에너지를 찾도록 도와준다.

사회적 미디어가 제시하는 질문은 쉽게 답해질 수 있는 것이다. 당신의 글로벌 광장에 사는 사람들이 우리의 글로벌 공동체를 대변합니까? 그렇지 않으면 단지 당신 자신을 비추는 거울에 불과합니까? 다른 인종, 계층, 대륙, 종교의 사람들 중 얼마나 많은 이들이 당신의 사회적 세계의 일부가 되고 있습니까?

(5) 사회적 고독

나는 마음으로는 은둔자이다. 트위터는 은둔자들을 위해 만들어졌다. 트위터는 어떤 것이나 어느 누구도 차단하지 않으면서 나 자신을 차단할 수 있게 해 준다. 트위터는 동시에 나 자신을 내어 주면서 결코 드러내지 않게 해 준다. 이것을 사회적 고독의 하나로 트위터 도피라고 불러도 좋을 것이다.

내 삶은 마치 역기와 같다. 사회적 측면의 엄청난 무게와 고독의 차원의 엄청난 무게 사이에, 그리고 그 사이에는 사회성과 고독을 잇는 손잡이 이외에는 아무것도 없는 역기처럼 말이다. 트위터는 사회 속에서 나의 고독을 실행하게 해 주고, 군중 속에서 익명이 되도록 해 준다.

이 다섯 가지 이유는 왜 모든 사회적 미디어(마이스페이스, 페이스북 등) 중에서 트위터가 가장 종교적인가를 설명해 준다.[73] 나에게 이 다섯 방법으로 트위터는 나의 삶을 바꾸어 놓았고 나를 더 나은 예수님의 팔로워로 만들어 주었다.

'관계'는 미래사회뿐만 아니라 미래교육목회에 있어도 키워드가 될 것이다. 사실 목회와 교육에 있어서 관계의 중요성은 아무리 강조해도 지나치지 않다. 한 주일학교 교사가 고백한 이야기를 들어보자. 이 교사가 봉사하고 있는 교회는 아파트가 밀집된 지역으로 초, 중, 고등학교 연령의 학생들이 많은 지역이었다. 이 교사의 교회와 인접한 곳에 성인출석 3,000-5,000명이 넘는 교회가 세 곳이나 있었다. 반면 이 교사의 교회는 성인출석이 1,500명 정도였다. 그러나 이 교사의 교회는 청년부를 포함한 주일학교의 출석이 900명에 달했다. 이 숫자는 주변 대형교회의 주일학교 학생 수의 두 배를 훨씬 넘는 것이었다. 건물과 시설과 같은 교회의 물리적 조건에서는 당연히 대형교회들이 우위를 차지하고 있었고, 프로그램이나 스태프들의 수준에서도 이 교사의 교회는 부족한 점이 많았다. 그런데 어째서 출석에 있어서는 예상 밖의 결과가 나온 것일까? 그 대답은 바로 '관계'였다. 이 교사의 교회는 시설이나 프로그램보다 교사와 어린이들 사이의 관계를 더욱 중요하게 생각한다고 했다. 교사가 어린이 한 사람 한 사람을 믿음 안에서 진심으로 사랑하고, 그것을 끊임없이 나누고, 이 관계를 지속해 왔다는 것이다. 즉 이 말은 어린이들은 좋은 시설이나 매력적인 프로그램에 잠시 끌릴 수는 있겠지만, 결국 그들의 내면에서 가장 필요로 하는 것은 바로 관계라는 것이다.

다시 말해 교육목회에 있어서 가장 핵심적인 요소는 교사와 학생들 사이의 관계이다. 교회학교에서 성공적인 목회를 하고 있는 교회들이 학년별 반 구성이 아니라 교사별 반 구성을 택하고 있다. 교사를 중심으로 반을 구성한다는 것은 학년에 상관없이 교사가 전도하고 양육하는 학생들이 바로 그 교사의 반이 되는 것을 말한다. 소위 '무학년제', 또는 '학년파괴'라고 불리는 방법으로 교사가 단순히 가르치는 사람이 아니라 전도하는 사람이며, 또 전도할 사람을 기르는 사람이라는 의식에서 출발한다.

이러한 접근은 19세기 미국의 전설적인 복음전도자 D. L. 무디(Dwight Lyman Moody, 1837-1899)의 신앙과 삶에서 근거를 찾아볼 수 있다. 무디는 1837년 2월 5일 뉴잉글랜드의 자그마한 농장에서 출생했다. 그의 아버지는 알코올 중독자였다고 한다. 그의 아버지는 무디가 4살 때 41세의 나이로 사망했다. 그의 어머니 베씨(Betsy)는 당시 36세였고, 무디의 아버지가 죽은 뒤 한 달 후 쌍둥이 동생을 출산했다. 이렇게 해서 무디의 어머니는 9명의 자녀를 기르는 과부가 되었다. 혼자의 몸으로 그 많은 식구를 돌보는 것은 그리 쉬운 일이 아니었다. 끼니를 거르기가 일수였고, 차디찬 방에서 잠든 밤이 하루 이틀이 아니었다고 한다. 그러면서도 무디의 어머니는 하나님을 섬기며 기도하는 모습을 잃지 않았다고 한다. 항상 아이들에게 성경을 읽어 주고, 아이들을 교회로 데려갔다고 한다.

무디는 6학년까지밖에 학교를 다니지 못했다. 그리고 17세가 되었을 때 삼촌을 따라 구둣가게에서 일하기 위해 보스턴으로 갔다. 주위에서 교회에 나가자는 이야기를 했지만 그는 교회에 흥미를 가지지 못했다. 주일학교에서 가르치는 성경에도 관심이 없었다. 그의 주일학교 선생님이었던 에드워드 킴벌(Edward Kimball)은 무디에게 성경을 주었지만 무디는 성경에서 말씀을 찾을 줄도 몰랐다고 한다. 반 학생들이 무디를 보고 비웃을 때 킴벌 선생님은 친절하게 무디를 도와주었다. 그 때부터 무디는 킴벌 선생님을 존경하게 되었고, 선생님께서 전해 주는 말씀에 귀를 기울이기 시작했다. 그리고 성경에도 흥미를 갖게 되었다.

킴벌 선생님은 무디에게 예수님을 진심을 믿으라고 이야기했고, 무디는 선생님의 말씀을 겸손히 따랐다고 한다. 며칠 후 킴벌 선생님은 무디가 일하는 구둣가게를 찾아가 구두를 포장하고 있는 무디에게 "드와잇, 예수님께서 너를 얼마나 사랑하시는지 아니?"라고 말했다. 그때 무디는 무릎을 꿇고 예수님을 자신의 구세주로 모셔드렸다고 한다. 후에 무디는 이 경험을 이같이 표현했다. "나는 새로운 세상에 온 것 같았다. 새소리는 달콤했고, 햇빛은 밝았으며, 나는 그러한 평온을 평생 느껴 본 적이 없었다." 이 일이 일어난 것은 1855년 4월 21일이었다. 그리고 무디는 자신이 출석하던 교회의 교인으로 등록하려고 했다. 그 교회 목사님은 무디에게 성경에 대해 질문을 했다. 그러나 무디는 성경에 대해 아는 것이 없어 답을 할 수가 없었다. 그래서 1년 동안 성경을 공부하고 그 다음 해 정식으로 교인이 될 수 있었다.

1856년 무디는 또 다른 삼촌의 구둣가게에 일자리를 얻어 시카고로 이사했다. 그곳에서 자신처럼 집에서 멀리 떠나와 고향을 그리워하는 많은 어린이를 알게 되었다. 그래서 성전의 네 의자를 맡아 놓고 그들을 교회로 데려왔다. 그리고 주일학교에서 봉사할 수 있는 자리가 없는지 교회에 물었다. 그러나 빈자리가 없다는 대답을 들었다. 혹자는 이 사건에 대하여 무디가 주일학교 교사가 되고자 했으나, 그의 학식과 배경을 고려한 다른 아이들의 부모들이 이에 반대해 교사가 되지 못했다고 한다. 무디와 교인 사이에서 고민을 하던 목사님은 그를 교사로 임명하고 아이들은 배정해 주지 않았다고 한다. 어쨌든 무디는 그가 아이들을 전도해 오면 자신의 반을 만들 수 있을 것이라 생각 했다. 그래서 시내로 나가 거리에서 방황하는 18명의 아이들을 교회로 데려와 자신의 반을 만들었다. 무디는 이 날이 자신의 생애에서 가장 행복한 날이었으며, 자신의 평생사명을 발견한 날이라고 했다.

무디는 어린이들을 매우 사랑했다. 1858년 무디는 자신의 주일학교를 버려진 트럭에서 시작했다. 그 후 비워진 술집으로 장소를 옮겼다. 주일 아침 일찍 청소를 하고 예배 준비를 하였다. 어린이들에게 피자를 나누어 주고, 소풍을 가며, 조랑말을 태워 주면서 그들의 관심을 끌었다. 그리고 주일학교에 나오는 아이들에게 새 옷을 사주었다. 그러면서 아이들이 점점 변해가는 모습에 감격했다고 한다. 그는 어린이들의 집을 방문하고, 아이들의 어머니들에게 아버지들이 술을 끊도록 도우라고 이야기했다. 한 번은 한 어린이의 집을 방문하여 그 집에 있는 술병을 들고 거리로 나와 하수구에 술을 버렸다고 한다. 그리고 그날 오후 그 아이를 교회로 데리러 왔을 때, 몇 명의 남자들이 무디를 기다리고 있다가 성을 내면서 무디를 때리려고 했다. 그러자 무디는 그들 앞에 무릎을 꿇고 기도를 했다고 한다. 무디가 기도를 하면 할수록 그들은 더욱 분을 내고 있었다. 한참 뒤 일어났을 때 무디는 그들이 자신의 손을 잡고 "당신은 우리보다 나은 사람입니다."라고 하는 말을 들었다. 그 후 주일학교 어린이들이 교회에 예배를 드리러 올 때 그들의 부모들도 함께 교회에 나왔다고 한다. 그렇게 해서 무디가 전도한 교인들이 더욱 늘어나게 되었다.

그가 23세가 되었을 때 주일학교 선생님 가운데 한 명이 병들어 교사직을 할 수 없게 되었다. 그러자 무디는 그 선생님의 반에 있는 여자 아이들의 구원에 대해 걱정을 하게 되었다. 그래서 무디는 이 아이들의 집을 일일이 방문해 눈물로 그들에게 구원을 받도록 호소했다고 한다. 그리고 그 아이들이 모두 구원을 받게 되었다. 무디는 이 일이 자신의 생에 있어서 가장 기억에 남는 일이라고 했다. 이 일로 해서 무디는 자신의 일을 정리하고 전도자로서의 삶을 살기로 결심했다. 이때부터 무디는 시카고에서 유명한 사람이 되었다고 한다. 사람들은 무디가 아이들을 전도하는 모습을 흉내 내면서 그를 놀림거리로 여

겼다고 한다. 신문에서는 그에 관한 기사를 다루면서 "미친 무디"(Crazy Moody)
라는 별명을 붙여주기까지 했다고 한다.

그럼에도 불구하고 무디는 최소한 하루에 한 사람에게라도 예수 그리스도를
전하지 않으면 잠자리에 들지 않겠다고 결심했다. 하루는 밤 10시가 되었는데
그날에는 한 사람에게도 복음을 전하지 않았다는 사실을 깨닫고 거리로 뛰어
나갔다고 한다. 그때 가로등에 기대 있는 한 사람을 보고 구원을 받았느냐고
묻자 그 사람은 화를 내면서 지나가던 다른 어른에게 이 사람이 자신을 괴롭
힌다고 이야기했다. 그러자 그 어른은 너무 지나치게 하지 말라고 무디를 나
무랐다고 한다. 그리고 나서 세 달이 지난 뒤 어느 날 밤 누군가 문을 두드리
는 소리를 듣고 문을 열어보니 놀랍게도 그 사람이 찾아와 용서를 구하고 구
원을 받았다고 한다. 1860년 11월 25일에는 에이브러햄 링컨 대통령이 무디
의 주일학교를 방문해 하나님과 어린이들을 위한 사랑과 노고에 감사했다고
한다.[74] 무디의 일화는 여기서 그치지 않는다. 그러나 한 가지 분명한 사실은
그의 사역의 핵심은 그리스도에 대한 사랑을 '관계'를 통해서 나누고 전했다는
것이다.

관계는 사랑을 통해 형성된다. 스윗은 "하나님의 사랑은 우리의 명제나 신앙
의 내용 속에 있는 것이 아니라, 사랑의 대상과 사랑의 방법에 나타나는 우리
의 관계와 행동 속에 존재한다. 예수님은 우리를 명제적 습득이 아니라 성례
전적 관계 속으로 우리를 초대한다."[75]라고 했다. 다시 말해 관계 형성의 핵
심에는 '사랑'이 동반되어야 한다는 것이다. 가장 고귀한 사랑은 존재 자체를
내어 줄 때 완성된다. 스윗은 그리스도의 사랑이 다른 종교와 구별되는 점을
다음과 같이 설명한다. "코란에 나오는 이슬람의 다섯 기둥, 불교의 사성제(네

가지 고귀한 진리), 토라에 기록된 유대교의 십계명, 바가바드기타에 나오는 힌두
교의 18가지 원리, 논어의 사서에 나오는 449가지 유교의 가르침"[76]은 위대
한 명제일 뿐이다. 그러나 예수 그리스도는 가르침이 아닌 자신을 내어 주었
고 자신과의 관계를 원하셨다고 했다.

> 예수님의 요구는 '선생'보다 더 높은 것이며, 유대교의 성자 전통에 나오
> 는 어떤 사람보다도 고상한 것이다. 예수님은 구세주이다. 예수님은 주님
> 이시다. 예수님은 하나님의 계시이며 삼위일체의 관계 속에 계신다. 예수
> 님은 우리에게 글이나, 조직이나, 구조나, 형상을 남기지 않으셨다. 예수
> 님은 우리에게 한 가지를 남기셨는데 그것은 바로 육신의 형태로 치유와
> 사랑의 이야기를 나누는 공동체에 주신 그 자신이었다.[77]

> 진리는 원리가 아니라 개인이다. 기독교는 이념이 아니다. 기독교는 철학
> 이 아니다. 기독교는 관계이다. 진리가 명제가 아닌 개인으로 정의된 이야
> 기를 가진 관계이다. 성경적 공동체는 예수님 이외에 그 어떤 '지도자'나
> '지정된 사람'에게 의존하지 않는다. 오직 관계에 의지할 뿐이다.[78]

우리는 예수님의 가르침을 믿는 사람들이 아니라, 예수님을 믿는 사람들이다.
우리의 교육과 목회도 예수님의 가르침을 따르게 할 것이 아니라, 예수님을
따르게 해야 하는 것이다. 혹자는 예수님의 가르침이 곧 예수님이 아니냐고
반문할지 모른다. 그렇다 예수님의 가르침과 예수님은 별개의 것이 아니다.
그러나 문제는 가르침을 알고 이해하는 것에 교육과 목회가 머물러 있을 때,
우리는 부지불식 중 예수님의 가르침과 예수님을 분리시켜 버리는 오류를 범
하게 되는 것이다. 그렇다면 어째서 우리는 아는 것과 행동하는 것에 괴리를
만들어 내는 것일까? 그것은 바로 '관계'의 부재 때문이다. 예절에 대해 강의

를 들었다고 해 보자. 어떤 행동이 바른 예절이며, 어떤 행동이 그릇된 것인지를 알고 익히게 되었다. 그러나 배우고 익힌 것을 실행에 옮길 대상 즉 관계가 없다면 이 배움은 지적유희에 지나지 않게 된다.

자연적 교회성장의 창시자 크리스천 슈왈츠(Christian Schwarz)는 크리스토프 솔크(Christoph Schalk)와 함께 전 세계 32개국 1천 개 이상의 성장하는 교회를 연구한 〈자연적 교회성장을 위한 가이드〉(Implementa-tion Guide to Natural Church Development)에서 건강한 교회는 8가지 특징을 가지고 성장하고 있다고 말했다. 그것은 1) 힘을 불어넣어 주는 리더십(Empowering Leadership), 2) 은사중심 사역(Gift-oriented Ministry), 3) 열정적인 영성(Passionate Spirituality), 4) 기능적인 조직(Functional Structures), 5) 영감을 불어넣는 예배(Inspiring Worship Service), 6) 소그룹 사역(Holistic Small Group), 7) 필요지향적인 전도(Need-Oriented Evangel-ism), 8) 사랑의 인간관계(Loving Relationship)들이라는 것이다. 그 가운데 특별히 성장하는 교회는 그렇지 못한 교회들에 비해 '사랑지수'(love quotient)가 더 높다고 한다. 사랑을 드러내는 교회의 능력과 장기적 성장잠재력 사이에는 매우 중요한 관계가 있다는 것이다. 대부분 말로 소통하는 것에 의지하는 전도 프로그램보다 진실되고 실제적인 사랑은 더욱 효과적인 능력이 있다고 한다. 사람들은 크리스천들이 사랑에 대해 이야기하는 것보다 사랑이 어떻게 실천되는지를 경험하기 원한다. 사랑이 결핍된 곳에서 교회의 부흥은 심각히 위협받는다고 한다. [79]

목회와 교육에 있어서 사랑의 관계가 얼마나 중요한지를 깨달은 것은 나의 목회를 통해서였다. 내가 처음 목회를 했던 곳은 미국 뉴저지 주 한 조그만 도시의 미국인 교회였다. 목회학석사(M.Div) 과정을 갓 마치고, 미국에 온 지 4년

만에 파송을 받은 터라 나의 언어적 능력과 문화적 이해력은 매우 부족한 상태였다. 나름대로 열심히 설교를 하고 성경공부를 인도하였지만, 무언가 보이지 않는 벽이 나와 성도들 사이에 있는 것을 느낄 수 있었다. 성경공부에 참여하는 성도의 수는 점점 줄어들었고, 성경공부 자체를 그만두어야 할 지경에 이르게 되었다.

나는 모든 문제의 원인을 나의 언어적 능력의 부족에 있다고 생각했다. 그래서 떠올린 방법이 일대일 성경공부였다. 나와 성도 한 사람이 마주앉아서 이야기를 나누면서 성경공부를 하다 보면 나의 부족한 언어능력도 향상시킬 수 있을 것이고, 상대방도 조금 더 주도적으로 성경공부에 임할 것이라고 생각했다. 결과는 나의 기대 이상이었다. 일대일로 만나서 성경공부를 하면서 성경뿐만 아니라 상대방이 안고 있는 삶의 여러 가지 문제들에 대해 알 수 있었고, 그러면서 목회자와 성도 사이의 신뢰가 쌓이게 된 것이다.

J라는 성을 가진 부부의 경우이다. 이들은 안정된 직장을 가지고 성장한 한 아들을 둔 행복한 가정이었다. 최소한 외적으로는 그렇게 보였다. 그런데 일대일로 만나 개인적인 이야기를 나누면서 이들에게 아들이 하나 더 있었고, 그 아들은 그가 고등학교 시절 자살했다는 사실을 알게 되었다. 그들은 먼저 간 아들을 생각하면서 교회에서 봉사도 열심히 하고, 자신과 비슷한 아픔을 가진 사람들에 대한 돌봄에 주저하지 않았다. 나는 이들과 성경공부를 하면서 '부활'에 대한 주제를 자주 다루었다. 한 번은 예수님께서 십자가에서 부활하셨듯이, 우리도 그의 부활에 함께 참여할 수 있으며, "왜 산 자를 죽은 자 가운데서 찾느냐?"[80]라는 말씀을 이야기해 주었다. 그러자 그들은 눈물을 흘리면서 하나님의 말씀이 이렇게 큰 위로와 감동을 주는지 몰랐다고 했다. 이렇게 그

들과 나 사이에 이해와 사랑의 관계가 형성된 후 내가 설교를 준비할 때나, 성경을 가르칠 때 조금 더 친밀한 접근을 할 수 있음을 깨닫게 되었다.

또 한 가지 예는 청소년들을 위한 '입교교육'(Confirmation Class)의 경우이다. 내가 목회한 미연합감리교회는 12세 이상 18세 이하의 청소년을 대상으로 입교교육을 하도록 되어있다. 이 교육은 반드시 담임목사가 직접 가르쳐야 한다. 나의 교회에서는 부활절에 입교식과 세례식을 하기로 정하고 13주의 프로그램을 계획했다. 교단에서 출판한 입교교육 교재는 기독교의 기본적 교리와 교회의 역할에 대하여 설명하는 것으로 구성되어 있었다. 그리고 교육은 매주 토요일 오후에 2시간씩 하는 것으로 했다.[81]

여기에서 잠시 입교교육에 대한 미국교인들의 인식에 대해 설명할 필요가 있을 것 같다. 미국교인들은 자녀들의 입교식을 종교적 의미의 성인식으로 생각한다. 유대인들의 경우, 랍비들의 전승에 따라 아이들이 13세가 되면 '바 미쯔바'(Bar or Bat Mitzvah)라는 성인식을 하는 전통을 가지고 있다. 바 미쯔바는 '계약의 아들', '가르침의 아들'이라는 뜻으로 성인식을 마친 유대의 청소년들은 하나님의 계명을 지킬 의무를 지니게 된다. 이 말은 성인식 이전에는 자녀의 아버지가 계명을 지키지 않은 자녀를 대신하여 책임을 지게 되어 있었다는 것이다.[82] 미국 개신교의 경우 입교교육을 마치 주일학교의 졸업식으로 여기는 경향이 많이 있다. 즉 입교교육을 마치면 주일학교는 물론 교회에 출석을 하지 않아도 된다는 생각을 갖는 사람들이 있다. 그래서 교회의 다른 프로그램에는 소극적인 부모나 학생들도 입교교육만큼은 빠지지 않고 참석한다. 하지만 매우 형식적인 태도로 교육에 임한다는 것은 부인할 수 없다.

나는 형식적이고 하나의 통과의례가 되어 버린 입교교육을 어떻게 바꾸며, 교회교육의 졸업이 아니라 새로운 시작으로 만들 수 있을까 고민했다. 그러나 뾰족한 해답을 얻을 수 없었다. 그래서 첫 번 수업에서 나의 고민을 솔직히 학생들에게 털어놓았다. 처음 그들은 당황한 표정을 지으면서, "목사님, 우리와 함께 놀면서 친해지면 어떨까요?"라고 말했다. 나는 그들의 제안에 동의하고 그들과 함께 새로운 커리큘럼, 사실상 함께 놀 계획을 짰다. 놀이공원, 게임 아케이드, 동물원, 박물관, 미술관, 영화관 등 학생들이 가고 싶은 곳을 가는 것으로 필드트립(field trip) 커리큘럼을 만들었다. 그러자 학생들은 이전에는 볼 수 없었던 흥분과 열기를 띄기 시작했다. 그리고 한 학생은 입교교육 교재는 한 사람씩 프레젠테이션하는 방식으로 준비해 와서 트립을 마친 후 식사를 나누면서 공부하면 어떻겠느냐는 제안을 했다. 나는 흔쾌히 그들의 제안을 받아들이고, 칭찬과 격려를 해 주었다.

13주의 입교교육은 가르치는 사람이나 배우는 사람 모두 잊을 수 없는 경험이 되었다. 서로 더없이 가까워질 수 있는 기회를 가질 수 있었고, 학습의 효과는 학습에 대한 관심과 열정이 있을 때 증가된다는 당연한 사실을 다시 한번 확인하는 계기가 되었다. 의심의 여지없이 목회와 교육에 있어서 '관계형성'(Relationship Building)은 매우 중요한 역할을 한다. 때문에 관계의 유전자는 바로 교회가 어느 때보다 지금 더욱 활성화시켜야 하는 요소인 것이다.

✳ 각주

64) Sweet, *So Beautiful*, 30.

65) Ibid., 95.

66) Ibid.

67) Ibid.

68) Ibid., 98.

69) Ibid., 99.

70) 이 자료는 미출판 에세이로 레너드 스윗 교수의 홈페이지에서 찾아볼 수 있다. 한국어 번역은 본서의 저자가 하였다.
http://www.leonardsweet.com/article_details.php?id=55 (2010년 2월 15일 접속).

71) Lewis Carroll, *Alice in Wonderland* (New York: Random House Children's Books, 2009).

72) Tom Wylie, *The Bloomsbury Review* (January/February 2009)에서 재인용.

73) Beth Snyder Bulik, "What Your Favorite Social Net Says about You,"*Advertising Age* 13 (July 2009), 6.

74) William R. Moody, *Life of D. L. Moody* (Murfreesboro, TN: Sword of the Lord, 2004); Stanley Gundry, *Love Them In: The Life and Theology of D L Moody* (Chicago: The Moody Bible Institute of Chicago, 1976, 1999).
http://en.wikipedia.org/wiki/Dwight_L._Moody (2010년 2월 16일 접속).

75) Sweet, *So Beautiful*, 110.

76) Ibid., 125.

77) Ibid., 128.

78) Ibid.

79) http://www.ncd-international.org/public (2010년 2월 17일 접속).

80) 누가복음 24:1-6.

81) John O. Gooch, *Claiming the Name: A Theological and Practical Overview of Confirmation* (Nashville: Abingdon Press, 2000).

82) Ivan G. Marcus, *The Jewish Life Cycle: Rites of Passage from Biblical Times to the Modern Age* (Seattle and London: University of Washington Press, 2004), 105.

4
성육신적 교회

I: 공교회적 (One CATHOLIC: Unum Catholicum Ecclesiam)

공교회적(Catholic)은 성육신적 언어이다. 우리는 밖으로 나가도록 부름을 받았다. 에클레시아(ecclesia)의 본질적 의미는 "이 세상에서 하나님의 우주적 역사와 선교를 구현하기 위해 (선교적 그리고 관계적 성향과 함께) 밖으로 나가도록 부름을 받았다."라는 뜻이다. 전 세계 인구의 34퍼센트가 크리스천이라면 공교회로서 전 세계 기독교가 가지는 가장 놀라운 사실은 무엇인가? 그것은 다양성이다. 공교회적이라는 말은 보편적이며 서로 다르다는 의미이다.[83]

성육신(Incarnation)은 기독교 신학에서 가장 핵심적인 내용이지만, 또한 가장 이해하기 어려운 것이기도 하다. 그러나 사실은 성육신을 이해의 대상이 아니라 믿음의 대상으로 받아들이는 데에서 신앙의 여정은 시작된다. 그래서 여기에서는 성육신에 대한 신학적 설명보다는 성육신적 유전자가 가지는 성향에 초점을 맞추고자 한다. 이러한 의미에서 레너드 스윗은 "성육신이라는 말은 예수님 안에서 하나님의 자화상을 묘사하는 한 방법으로 우리에게 가장 익숙하다."[84]라고 했다. 사실 성육신적 유전자는 예수 그리스도를 통해서 하나님께서 인간이 되신 은혜의 사건에서 발생된 것이다.

이 유전자는 선교적 유전자와 관계적 유전자가 연합할 때 완성되는 성향을 가지고 있다. 스윗은 그가 즐겨 사용하는 요한 바오로 2세의 "두 개의 폐" 비유를 가지고 이 두 유전자의 관계를 설명한다. 그에 의하면 "선교적 그리고 관계적 [성향]은 교회의 두 폐이다. 한 폐가 선교적 성향(하나님의 능력)의 숨을 내쉬면, 다른 폐는 관계적 성향(하나님의 임재)의 숨을 쉰다. 그러면 육체는 생기를 얻으며 그리스도의 부활한 성육신적 삶의 숨이 내뿜어진다."[85]라고 했다. 이 말은 성육신적 삶은 선교적 삶과 관계적 삶이 없이는 결코 완성될 수 없다는 것이다. 이를 통해 우리는 예수님께서 인간의 모습으로 오신 이유와 목적이 무엇인지를 분명히 알게 된다. 즉 예수님은 우리에게 구원의 복음을 전하시기 위해, 우리와 관계를 맺으시고, 그러면서 자신의 삶이 우리에게 이식되고 또 번식되기를 원하셨던 것이다. 그렇다면 과연 교회는 지금 예수님의 성육신적 삶을 진정으로 살고 있는가? 이것은 일회적 답변으로는 충족시킬 수 없는 질문이다. 우리의 삶이 지속되는 한 매 순간, 끊임없이 물어야 하는 신앙여정의 질문인 것이다. 앤드류 누젠트(Andrew Nugent)는 이를 다음과 같이 요약했다.

> 성육신은 … 하나의 연대기적 사건이 아니라 예수 그리스도의 삶의 이야기를 만들어나가는 일련의 사건들 속에 하나이다. 이것은 비밀의 멜로디이며 그의 잉태에서부터 죽음에 이르기까지, 베들레헴에서 아기의 울음으로부터 골고다 언덕에서 아버지께 자신의 영을 맡기는 마지막 절규에까지 이르는 그리스도의 삶의 모든 사건들을 통해 이어진 황금의 줄이다.[86]

다시 말해 스윗의 표현대로 "하나님께서 이 땅에서 자신을 드러내시기 위해 한 차례, 한 장소에서 성육신하셨을 뿐만 아니라, 복음은 모든 문화 속에서 [하나님의] 계획에 의해 성육신되고 있다."[87]는 것이다.

그러면 성육신적 유전자는 어떻게 표출되어야 하는가? 이는 하나님의 아들이신 예수님께서 인간이 되셨다는 것에서부터 추론해볼 수 있다. 이는 즉 하늘이 땅이 되고, 성(聖)이 속(俗)이 되는 것을 뜻한다. 그러나 이때 신성의 본질이 사라지는 것은 결코 아니다. 오히려 인성의 요소를 온전히 갖게 되는 것이다. 이를 스윗은 다음과 같이 설명한다.

> '성육신적' 방법은 또한 '비유'라 불리는 예수님께서 좋아하시던 가르침의 방법에서 찾아볼 수 있다. … 비유(하늘의 의미들을 가지고 땅의 이야기를 만든)에서 놀라운 것은 이들이 종교적 연관성은 없지만 심오한 예전적 능력을 가진 '세속적' 또는 '세상적' 이야기들이었다는 것이다. 추상적 사상과 개념을 살과 피의 이야기로 구체화시키는 것은 사상의 줄거리가 문화와 연결된 이야기를 만들고 … 이는 우리의 방어기제를 넘어서는 성육신적 도구가 되고 진리를 찾을 수 있는 공간을 열어준다. 예수님의 비유 사용은 성육신의 실천이셨다.[88]

이렇듯 기독교는 성육신적이어야 하며, 크리스천은 성육신적 삶을 살아야 한다. 그러나 때로 성육신적 삶을 살지 못한 까닭에 기독교는 비판을 받기도 한다. 그 중 하나는 소위 '제국주의적 선교'[89]라는 것이다. 이는 서구의 교회들이 비서구권에 선교를 하면서 자신들의 정치, 사회, 문화적 가치를 우월하게 생각하고, 선교지의 고유성을 희생시키면서 자신들의 가치를 이식하려고 한 것이다. 최근 한국 교회가 선교에 전력하면서 1세기 전 서구 선교사들의 전철을 유사하게 밟고 있다는 지적을 받기도 한다. 그러나 이러한 비판에 대해 역사적 관점에서 분명히 해야 할 문제가 있다. 대부분의 경우 선교사들이 선교지로 정하는 곳은 경제적으로 열악한 지역이다. 그러다 보니 선교사들은 자연스럽게 선교대상자들을 돕는 입장에 서게 된다. 이때 선교사들은 자신들에게

익숙한 방식의 삶을 전해 주게 되는 것이다. 이것은 선교대상자들의 문화를
무시했다고 보기보다는 선교사들이 가능한 용이한 방법으로 도움을 전달하
려고 했다고 보는 것이 좀 더 공정한 평가가 아닐까 생각한다. 물론 보다 엄격
한 잣대를 갖다 대자면 선교사들은 선교지의 문화를 학습하고 그들을 위해 진
정한 도움을 주려고 했어야 한다. 그러나 이러한 요구가 초기 선교사들에게
지나친 것일 수 있다. 인간은 실수를 통해서 학습을 한다. 때문에 결과적인 측
면에서 선교사들이 선교지의 고유성을 존중하지 못했던 것은 반성의 문제이
지 비난의 문제는 아닐 것이다.

어찌 보면 제국주의적 선교라는 낙인을 스스로 찍고 선교에 주저하는 모습은
복음전도라는 지상명령에 대한 본질에서 벗어난 태도라고 하지 않을 수 없다.
이에 대해 스윗은 기독교의 본질에 대한 오해가 이러한 비생산적인 논의를 불
러왔다고 했다. 그의 주장에 의하면 기독교는 본질적으로 상황에 적응하는 능
력을 가진 '맥락적'(contextual) 종교라고 한다.

> 기독교는 본래부터 식민지주의적이거나 제국주의적이 아니라 맥락적
> (contextual)[90]이다. 모든 문화는 새로운 형태의 기독교, 새로운 방식의 인
> 간을 탄생시키고, 이러면서 그리스도의 지체를 '완전한 모습'으로 세워나
> 간다. 내용의 해석에 있어서 문화적 형태를 지닌다는 말은 이슬람이나 유
> 대교 또는 다른 종교전통에서는 찾아볼 수 없는 것이다. 사실상 기독교는
> 창시자의 언어로 말하지 않는 유일한 종교이다.[91]

맥락적이라는 말이 '상황적'이라는 단어와 혼동될 때 성육신적 유전자는 상대
주의 또는 혼합주의의 함정에 빠지기 쉬워진다. 제국주의적 신학/선교라는
비판에 막연한 죄의식을 느끼기 시작하면 복음의 전도는 뛰어넘기 어려운 벽

에 가로막히게 된다. 더 나아가 예수 그리스도의 대위임의 정당성조차 의심하게 되는 절체절명의 위기에 봉착하게 된다. 스윗은 이 문제에 대해 분명한 입장을 취하고 있다.

> '교차문화주의'(cross-culturalists)와 '상황신학'(contextual theology)에 대하여 타당한 우려 중의 하나는 혼합주의(syncretism)이다. 상황적 지역적 신학을 함으로 상황에 맞추기 위해 복음의 근간을 무너뜨릴 가능성이 있다. 물론 지나치게 상황적이 될 때를 말한다. 물론 이것은 가능성 이상의 것이다. 문화적 환경에서 일어나는 변화들에 응답하면서 신앙을 이해하는 데에는 제한이 있다. 그러나 복음의 근간이 무너지는 한계는 우리의 고지식하고, 거만하며, 문화적으로 생색을 내는 사람들이 생각하는 것보다 더 먼 곳에 있다.[92]

그래서 레너드 스윗은 성육신의 유전자를 가지고 성육신적 혁신을 위해 다음의 세 가지 요소가 필요하다고 했다. 첫째, "지역을 이해하는 '맥락적 지능'(contextual intelligence)이 있어야 하며, 그 특별한 맥락에서 하나님의 지문을 발견할 줄 알아야 한다."[93]라는 것이다. 스윗이 말하는 "맥락적 지능"이란 "다른 안목을 가지고, 익숙하지 않은 것을 들으며, 낯선 것을 배우고, 다른 방식으로 이해하는 능력"[94]을 뜻한다. 둘째는 "위치[지역]가 중요할지 모른다. 그러나 시기가 절대적인 역할을 한다."[95]라는 것이다. 예수님께서 우리에게 가장 적절한 때를 찾아 우리가 그의 말씀을 듣고 깨달을 수 있는 시기까지 기다려 주신다. 셋째, 스윗은 "구조는 중요하고, 구조는 피할 길이 없으며, 필수불가결의 요소이다. [동시에] 여기에는 구조적으로 결함이 있을 가능성이 존재한다."[96]라고 지적했다. 이 말은 어떠한 형태의 맥락적 접근일지라도 그것은 복음의 전파를 위한 성육신적 노력이 되어야 한다는 말이다.

이와 함께 성육신적 유전자의 또 하나의 중요한 측면은 우리의 삶이 예수 그리스도의 향기를 내는 실천적 구현이어야 한다는 것이다. 우리는 하나님의 형상으로 지음을 받은 피조물로서 하나님께서 인간이 되셨듯이, 우리보다 낮은 이들의 삶 속으로 들어가 성육신하는 삶을 실천해야 한다. 오래전 미국의 펜실베이니아 주의 한 교회에서 이러한 성육신적 유전자를 목회와 교육에 실현하려는 시도가 있었다. 이 교회에서는 중 · 고등학생들을 중심으로 매주 토요일 저소득층의 사람들이 사는 곳을 찾아가 그들의 집에 페인트를 칠해 주었다. 처음에는 주민들이 경계를 하면서 이들의 제안에 선뜻 응하지 않았다. 그러나 한 집씩, 그리고 한 블록씩 밝은 색의 페인트로 자신들이 살고 있는 지역이 변하는 것을 보고, 그들이 서서히 마음에 문을 열었다. 학생들의 입장에서는 교회 안에서 성경공부를 하는 것보다 밖에 나와서 활동하는 것이 처음엔 재미있게만 느껴졌다. 그러나 시간이 지나면서 학생과 주민들 모두 예상하지 못했던 변화를 체험했다. 학생들은 자신보다 열악한 조건에서 사는 사람들의 모습을 보면서 자신의 삶에 감사하게 되었고, 이웃을 이해하는 마음의 창이 열리게 된 것이다. 그리고 주민들의 입장에서는 교회와 크리스천이 말이 아닌 행동으로 무엇인가를 전하고 있다는 사실에 감동하게 된 것이다. 성육신적인 삶은 결코 복잡한 신학적 문제가 아니다. 어찌 보면 우리의 삶의 작은 부분에서 실행에 옮기고 확인될 수 있는 것이다. 이러한 성육신의 유전자를 교회와 목회는 결코 간과해서는 안 된다.[97]

레너드 스윗은 특별한 크리스천의 삶을 살기 위한 세 가지 방법이 있다고 했다. "첫째는 예수님을 닮아가는 것이고, 둘째는 예수님의 가르침을 따르는 것이고, 셋째는 예수님의 삶과, 영과, 임재를 나누기 시작하면서 그리스도와 관계를 맺는 것"이라고 했다."[98] 그리고 그는 요한1서 4장 15절의 "누구든지 예수를 하나님의 아들이라 시인하면 하나님이 그의 안에 거하시고 그도 하나님 안에 거하느니라"라는 말씀이 이를 명확히 밝혀 준다고 했다.

그러나 스윗은 "우리는 단순히 예수님을 흉내 내는 사람들이 아니라 우리가 살고 있는 세상 속에서 예수님을 심고 예수님을 해석하는 사람들이 되어야 한다."[99]고 했다. 좀 더 그의 이야기를 들어보자면 "우리는 메시아를 모사하기 위해 부름을 받은 것이 아니라, 이 세상에서 그리스도를 드러내기 위해 부름을 받았다. … 예수님은 쉽게 흉내 낼 수 없는 분이시다. 그러나 우리는 그를 심을 수 있다. 우리는 그의 씨앗을 심고 그의 임재와 능력과 기쁨을 우리가 사는 이 세상에서 풍성히 거둘 수 있다"[100]는 것이다.

성육신적 유전자의 중심에는 바로 예수 그리스도가 있다. 2009년 미국 교계에 핫이슈가 되었던 중요한 선언이 있었다. 그것은 레너드 스윗과 프랭크 바이올라(Frank Viola)가 함께 작성한 '예수 선언'(Jesus Manifesto)이다. 이 선언문은 성육신적 유전자의 핵심인 예수 그리스도의 중심성을 회복하려는 매우 중요한 선언이다. 이미 서구 교회에서 많은 사람들이 교회에 대해서는 부정적이지만 예수 그리스도에 대해서는 긍정적이라는 고백을 하고 있다. 이러한 상황에서 교회가 예수 그리스도를 다시 찾으려는 노력을 하려는 것은 매우 의미 있는 변화이다. 21세기의 키워드는 '예수 그리스도'가 될 것이다. 왜냐하면 교회와 신학은 그 정당성을 얻었다 잃기도 하지만, 예수 그리스도는 어제나 오늘이나 영원토록 동일한 구원자이시기 때문이다. 스윗과 바이올라가 선언문을 작성하고 바로 나에게 원문을 보내주었고 한국어로 번역해 주길 부탁했다. 나는 선언문을 번역하면서 성육신적 유전자의 핵심이 바로 이 안에 들어있음을 확인했고 그로인해 가슴이 뜨거워지는 것을 느낄수 있었다. 아래는 내가 번역한 선언문의 전문이다.

예수 그리스도의 주권 회복을 위한 대헌장[101]
A Magna Carta for Restoring the Supremacy of Jesus Christ

21세기 교회를 위한 예수 선언
A Jesus Manifesto for the 21st Century Church

- 레너드 스윗(Leonard Sweet), 프랭크 바이올라(Frank Viola)

(번역: 김영래)

크리스천들은 복음을 그리스도가 아닌 다른 많은 여러 가지 것으로 바꾸어 놓았다.

예수 그리스도는 모든 것을 한데 모으고, 그것들에게 중요성과 현실성, 그리고 의미를 주는 구심력(the gravitational pull)이시다. 그리스도가 없이는 모든 것은 가치를 상실한다. 그리스도가 없이는 모든 것들은 우주 안에서 떨어져나간 조각처럼 부유하게 된다.

모든 영적 진리, 가치, 덕, 은사의 구현이며 화륙이신 그리스도를 잊은 채 영적 진리, 가치, 덕, 은사를 강조하는 것은 가능하다.

진리, 가치, 덕, 또는 영적 은사를 추구하면서 생명력을 잃은 것을 얻을 수 있다.

그리스도를 구하고, 그리스도를 품으며, 그리스도를 알면, 생명이신 주님을 만날 수 있다. 주 안에 모든 진리와 가치와 덕과 은사가 생명력 있는 모습으로 존재한다. 아름다움은 우리를 사랑스럽고 사랑할 만한 존재로 만드시는 그리스도의 아름다움 안에서 의미를 가진다.

기독교는 무엇인가? 기독교는 바로 그리스도이시다. 그리고 그 이상도 그 이하도 아니다. 기독교는 이념이 아니다. 기독교는 철학이 아니다. 기독교는 한 개인에서 발견되는 아름다움, 참됨, 선함에 관한 '복된 소식'이다. 성경의 공동체는 그 개인에게 연결된 곳에서 세워지고 발견된다. 회심은 방향의 전환 그 이상으로 관계의 변화이다. 예수께서 사용하신 고대 히브리어 슈브(shubh) 또는 아람어 동의어에서 '회심'에로의 부름은 하나님을 먼 곳에서 바라보는 것이 아니라, 하나님께서 인간관계의 중심에 계시는 관계 속으로 들어오는 것이다.

이러한 의미에서 우리는 오늘날 교회 속에서 엄청난 단절을 감지한다. 그래서 다음과 같이 선언한다.

우리는 오늘날 교회가 앓고 있는 가장 심각한 질병은 예수 결핍 장애(JDD: Jesus Deficit Disorder)라고 믿는다. 개인으로서의 예수는 점점 더 정치적으로 부적절하게 여겨지며, 예수는 '정의', '하나님의 나라', '가치', 그리고 '리더십 원칙'의 언어로 대체되고 있다.

지금 이 시간 우리는 하나님께서 우리에게 주님이신 예수 그리스도의 우선성을 중심으로 품도록 부르시고 계심을 느끼는 것을 고백한다.

⑴ 크리스천의 삶의 중심과 둘레는 인격체이신 그리스도 이외의 그 어느 것도 아니다. 그에게 그리고 그에 관해 연결된 것을 포함한 모든 것은 그 무엇과도 견줄 수 없는 가치의 시각에서는 감추어져 버린다. 그리스도를 아는 것이 영생이다. 그리고 그를 심오하고, 깊게, 그리고 현실적으로 알 뿐만 아니라 그의 무한한 풍성함을 경험하는 것은 첫 크리스천들에게서와 마찬가지로 우리의 삶에 있어서 가장 중요한 추구의 대상이다. 하나님께서는 우리의 삶에 있어서 잘못된 것들을 고치시려는 것보다는 우리의 상처를 통해 우리를 발견하시고 우리에게 그리스

도를 주시려고 하신다.

(2) 예수 그리스도는 그의 가르치심과 분리할 수 없다. 아리스토텔레스는 제자들에게 "나의 가르침을 따르라."라고 했다. 소크라테스도 제자들에게 "나의 가르침을 따르라."라고 했다. 부처는 제자들에게 "나의 명상을 따르라."라고 했다. 공자는 제자들에게 "나의 말을 따르라."라고 했다. 모하메드는 제자들에게 "나의 고상한 기둥들을 따르라."라고 했다. 그러나 예수님께서는 제자들에게 "나를 따르라."라고 하셨다. 다른 모든 종교에서 추종자는 창시자와의 관계를 갖지 않고도 그의 가르침을 따를 수 있다. 예수 그리스도는 다르셨다. 예수님의 가르침은 예수님 자신과 분리할 수 없다. 예수 그리스도는 여전히 살아계시고, 그는 그의 가르침의 구현이시다. 그러므로 그리스도를 단순히 하나의 도덕적, 윤리적, 또는 사회적 가르침의 창시자로 취급하는 것은 심대한 오류이다. 주님이신 예수님과 그의 가르침은 하나이다. 매체와 메시지는 하나이다. 그리스도는 하나님의 나라와 산상수훈의 성육신이시다.

(3) 하늘과 땅에서 하나님의 위대한 선교와 영원한 목적은 개인으로서의 그리스도(머리)와 공동체로서의 그리스도(지체) 안에서 구현된다. 이 우주는 그리스도께서 모든 만물을 자신으로 채우시는 완전함의 마지막 목표를 향해 움직이고 있다. 그래서 진정으로 선교적이 된다는 것은 개인의 삶과 목회를 그리스도 위에 세우는 것을 의미한다. 그리스도는 하나님의 계획의 심장이며 혈관이다. 이 사실을 깨닫지 못하는 것은 핵심을 놓치는 것이며, 곧 모든 것을 놓치는 것이다.

(4) 예수님을 따르는 자가 된다는 것은 이식(implantation)과 첨가(impartation)에서처럼 모방하는 것이 아니다. 성육신(incarnation) - 하나님께서 아기의 형태와 인간적 접촉으로 우리와 연결되셨다는 뜻 - 은 기독교의 가장 놀라운 교리이다. 성육신은 '이전에도 계셨고 장차 오실'

주님께서 지금 우리와 함께하시며 우리 안에서 우리를 통해서 그의 부활의 삶을 살고 계시면서 일거에 그리고 지속적으로 일어나는 사건이다. 성육신은 단지 예수님에게만 적용되는 것이 아니라 우리 모두에게 적용된다. 물론 동일한 성례전적 방식으로는 아니지만 그래도 근접하게 말이다. 우리에게 우리의 삶에서 그리스도가 '실제'가 되도록 하나님의 '영'이 주어졌다. 베드로가 말했듯이 우리는 '하나님의 본성에 참여자'가 되었다(베드로전서 1:16). 그렇다면 이토록 위대한 진리 앞에서 우리는 장난감과 자질구레한 놀잇감을 구할 수 있는가? 어찌 우리는 보잘것없는 은사를 탐하면서 종교적, 영적인 것들을 바랄 수 있는가? 우리는 전능자의 불과 선물로 주신 신적 삶에 의해 하늘에서부터 감동을 받았다. 하나님 아들의 부활의 삶으로 우리의 생명은 사망을 이겼다. 어찌 우리가 열정을 가지지 않을 수 있는가?

질문을 하자면, 주님의 놀라운 삶의 엔진 또는 가속페달은 무엇인가? 주님의 외적 삶의 곧은 뿌리 또는 원류는 무엇인가? 그것은 다름이 아니라 예수님 안에 내주하시는 아버지셨다. 하나님 아버지께서 하신 것은 예수님께 하신 것이고, 예수님께서 하신 것은 당신과 나에게 하시는 것이다. 예수님은 우리 안에 내주하시는 분이시고 우리는 예수님 자신의 삶과 아버지와의 관계를 함께 나눈다. 크리스천들에게 예수님을 닮도록 강요하는 것과 이식된 그리스도를 전하는 방법을 배우는 것 사이에는 거대한 차이의 바다가 존재한다. 전자는 단지 실패와 좌절로 끝나게 된다. 후자는 삶의 관문이며 우리의 삶과 죽음의 기쁨이 된다. 우리는 바울이 "그리스도가 내 안에 산다."라고 한 말에 동의한다. 그리스도 안에서 우리는 살고, 숨 쉬며 존재한다. "예수님이라면 어떻게 하셨을까?"라고 묻는 것은 기독교가 아니다. 기독교는 "그리스도가 나와 우리를 통해서 무엇을 하실까? 그리고 예수님은 그것을 어떻게 하실까?"를 물어야 한다. 예수님을 따른다는 것은 '믿고 순종'(응답)하며, 성령의 능력을 통해 그가 내주하시는 삶을 사는 것을 의미한다.

(5) '역사적 예수'는 '신앙의 그리스도'와 단절될 수 없다. 갈릴리 해변을 걸으셨던 예수님은 오늘날 교회 안에 내주하시는 분과 동일한 분이다. 마가복음의 예수님과 바울의 골로새서의 놀랍고, 모든 것을 품으시는 우주적 그리스도 사이에 단절은 없다. 1세기에 사셨던 그리스도는 시간 이전에 존재하셨다. 그는 또한 시간 이후에도 존재한다. 그는 알파요 오메가이시며, 시작이고 나중이시고, A이며 Z이시며, 동시에 모든 것이 되신다. 그는 미래에 계시고, 동시에 세상의 마지막에 계시며 모든 하나님의 자녀들 속에 내주하신다. 이 역설적 진리를 품지 못할 때 터무니없는 문제를 만들어 내왔고 하나님의 백성의 눈에서 그리스도의 위대함을 축소시켜 왔다.

(6) 그리스도의 '목적'과 그리스도의 인격을 혼동할 수 있다. 초대교회가 "예수님은 주님이시다."라고 했을 때 그들이 "예수님이 나의 핵심 가치"라고 말한 것이 아니다. 예수님은 하나의 목적이 아니다. 그는 알려지고, 사랑받으며, 경험되고, 경외받으시며, 구현되시는 실재하고 살아계신 분이다. 그의 목적과 사명에 초점을 맞추는 것은 그에게 초점을 맞추고, 따르는 것과 동일한 것이 아니다. 그의 거부할 수 없는 아름다움과 깊이를 헤아릴 수 없는 사랑에 사로잡혀 기뻐 뛰는 마음으로 그를 섬기는 것에 반하여 예수를 섬기는 '신'으로 섬기는 것이 모두 가능하다. 예수님은 우리로 하여금 하나님에 대하여 관계로, 모든 관계의 하나님으로 다르게 생각하도록 이끄신다.

(7) 예수 그리스도는 사회운동가도 도덕철학자도 아니다. 그를 그러한 방식으로 이해하는 것은 그의 영광을 저버리는 일이며, 그의 탁월성을 희석시키는 것이다. 그리스도와 분리된 정의는 죽은 것이다. 지옥의 문을 흔들 수 있는 유일한 무기는 정의의 외침이 아니라 예수의 이름이다. 예수 그리스도는 정의, 평화, 성결, 공의의 구현이시다. 그는 모든 영적인 것들의 통합이시며, 우주의 '기이한 끌개'(the strange attractor)

이시다. 예수님이 추상적 개념이 되었을 때 신앙은 재생산하는 능력을 상실한다. 예수님은 악한 사람을 선하게 만드시기 위해 이 땅에 오신 것이 아니다. 그는 죽은 자를 살리시기 위해 오셨다.

⑻ 예수님에 관한 학문적 지식 또는 신학과 살아계신 그리스도 자신에 대한 인격적 지식을 혼동할 가능성이 있다. 이 둘 사이는 천억 개의 은하수 사이만큼 멀리 떨어져 있다. 그리스도의 완전성은 인간의 뇌만 가지고는 결코 접근할 수 없다. 기독교 신앙은 합리적이 되려고 한다. 그러나 또한 궁극적 신비에 이르려고 하기도 한다. 커다란 머리로 인한 문제의 해결은 커다란 마음에 있다.

예수님은 제자들에게 조직신학을 공부하기 위한 노트를 남겨 놓으시지 않으신다. 그는 제자들에게 숨결과 몸을 남겨 주신다.

예수님은 제자들에게 하나님과 타인을 사랑하기 위한 일관되고 분명한 신앙체계를 남겨 놓지 않으신다. 예수님은 제자들에게 어루만질 상처와 치유의 손길을 남기신다.

예수님은 제자들에게 지적 신앙이나 '기독교적 세계관'을 남겨 놓지 않으신다. 그는 제자들에게 관계적 신앙을 남기신다.

크리스천들은 책을 따르지 않는다. 크리스천들은 한 사람을 따른다. 그리고 '성경'이라 불리는 신적 영감으로 쓰인 책은 우리로 하여금 그 사람을 따르도록 가장 잘 도와준다. 기록된 말씀은 생명의 말씀으로 우리를 인도해 준다. 예수님은 "모든 성경은 나를 증거한다."라고 스스로 말씀하셨다. 성경은 목적지가 아니다. 이것은 하늘의 북극성 같은 그리스도를 가리켜 주는 나침반이다.

성경은 삶을 위한 계획이나 청사진을 제공하지 않는다. '복음'은 일단의 새로운 법칙이나, 일단의 윤리적 명령, 또는 새롭고 개선된 계획이 아니다. '복음'은 사도신경에 나타난 한 개인의 삶에 관한 이야기이다. 신앙의 신비는 "그리스도가 죽으셨다. 그리스도가 다시 살아나셨다. 그리스도가 다시 오신다."라는 말씀을 선포한다. 기독교의 의미는 복잡한 신학적 교리에 대한 충성에서 얻어지는 것이 아니다. 사랑은 삶을 부나 건강이나 그 다른 어떤 것이 아닌 하나님이 사랑이시라고 가르치신 예수님을 따르면서 얻어지는 세상을 사는 한 방식인 열정적 사랑으로부터 얻어진다.

(9) 오직 예수님만이 교회의 중심에 있는 무의미를 꿰뚫고 변화시키실 수 있다. 예수 그리스도는 그의 교회와 분리될 수 없다. 예수님이 자신의 신부와 구별이 되지만 분리되지는 않으신다. 사실상 교회는 이 땅에 있는 예수님 자신의 몸이다. 하나님께서 살아계신 그리스도 안에 모든 능력과 권세와 생명을 주시기로 선택하셨다. 그리고 그리스도 안에 계신 하나님은 오직 그의 교회 안에서 그리고 교회를 통해서 온전히 알려진다. 바울은 "하나님의 무한한 지혜는 그리스도이시며 이는 교회(에클레시아)를 통해 알려진다."라고 했다.

그러므로 크리스천의 삶은 개인적 추구가 아니다. 이는 협력의 여정이다. 그리스도를 알고 그에게 알려지는 것은 개인적 성찰이 아니다. 단독비행의 삶을 고집하는 사람들은 땅에 떨어져 깨어져 버릴 것이다. 따라서 그리스도와 교회는 밀접히 연합되어 있고 연결되어 있다. 하나님이 짝지어 주신 것을 사람이 나누지 못한다. 우리는 하나님과 함께하는 생명으로 지음을 받았다. 우리의 유일한 행복은 하나님과 함께하는 삶에서 찾아진다. 그리고 하나님께서도 이로써 기뻐하신다.

(10) "오, 이 예수가 누구인가?"라고 노래하는 세상에서 "오, 모든 것을 예수와 같이 되게 하자."라고 노래하는 교회는 "우리가 얼마나 예수를

사랑하는가!"라고 노래할 것이다.

예수님께서 죽음에서 부활하셨으므로 우리는 최소한 침대에서 일어나고, 소파와 의자에서 나와 이 세상에서 무언가를 하시고자 하는 예수님과 함께 우리 안에 있는 주님의 부활의 생명에 응답해야 한다. 우리는 이 땅을 피하는 것이 아니라 하나님의 기쁨과 목적을 향해 영적 비상(飛翔)을 하면서 이 땅에 우리의 발을 단단히 딛고 있어야 한다. 우리는 이 세상에 속하지 아니하며 주의 권리와 관심을 위해 이 땅에서 산다. 우리는 하나님의 에클레시아로서 집합적으로 이 세상 안에서 그리고 이 세상을 향한 그리스도이다.

하나님께서는 그리스도를 통해 그리고 그리스도를 위해 그리스도의 사람들을 이 땅 위에 두셨다. 십자가의 사람들. 하나님의 영원하신 열정에 사로잡힌 사람들은 하나님의 아들이 보이는 것과 보이지 않는 모든 것 위에 탁월하시고, 주권자이시며, 머리가 되심을 증거하도록 지음을 받았다. 사람들은 그의 영광스러운 아들의 얼굴에서 전능자의 손길을 발견한다. 오직 십자가에 달리신 그리스도를 알기 원하는 사람들은 그 이외의 모든 것을 내려놓는다. 그리스도의 깊음을 부여잡고, 그의 풍성함을 발견하며, 그의 생명을 만지고, 그의 사랑을 받는 사람은 사람들에게 알려진 그의 헤아릴 수 없는 모든 영광 안에서 그리스도를 안다.

이 선언문을 작성한 우리 두 사람은 경제학, 글로벌리즘, 정치에 관해서는 말할 것도 없이 교회론, 종말론, 구속론에 대해 서로 다른 견해를 가지고 있을 수 있다.

그러나 우리 두 사람의 최근 저작, 《영원에서 여기까지》(*From Eternity to Here*)와 《너무나 아름다움》(*So Beautiful*)에서 우리는 한 음색을 내었다. 이 저술들은 본 선언문이 된다. 이 두 책은 우리의 마음을 사로잡은 비전을 드러내며, 이것이 – "한 가지 아는 것"(요한복음 9:25) – 그리스도의 지체에게 전해지길 바라며, 이 한 가지가 우리 모두를 하나로 연합하게 하길 바란다.

예수 그리스도.
크리스천들은 기독교를 따르지 않는다.
크리스천들은 그리스도를 따른다.
크리스천들은 자신들을 설교하지 않는다.
크리스천들은 그리스도를 선포한다.
크리스천들은 사람들에게 핵심 가치를 지적하지 않는다.
크리스천들은 사람들에게 십자가를 가르쳐 준다.
크리스천들은 그리스도에 관하여 설교하지 않는다.
크리스천들은 그리스도를 설교한다.

300여 년 전 한 독일 목사가 찬송 중에 으뜸이 되는 한 찬송을 지었다.

나를 기쁘게 하고 감동케 하는
내가 아는 위대한 것을 당신께 아룁니다.
얼마나 큰 상급을 내가 받을까?

누구의 이름 안에서 내가 영광을 돌리나이까?
십자가에 달리신 예수 그리스도

나를 기쁘게 하고 감동케 하는
내가 아는 위대한 것을 당신께 아룁니다.
구원을 주시기 위해 돌아가신 그를 믿음으로

십자가에 달리신 예수 그리스도는
무덤에서 일어나 승리하셨다.

예수 그리스도, 십자가에 달리시고, 부활하시고, 보좌에 오르시고,
승리하시고, 살아계신 주님

주님은 우리가 추구하는 분이며, 우리의 열정이며,
우리의 생명이십니다.

아멘.

✳ 각주

83) Sweet, *So Beautiful*, 30.

84) Ibid., 162.

85) Ibid., 161-62.

86) Andrew Nugent, *The Slow-Release Miracle* (New York: Paulist, 2006), 19. Ibid., 164에서 재인용.

87) Ibid., 165.

88) Ibid., 167.

89) Tom Hiney, *On the Missionary Trail: A Journey through Polynesia, Asia, and Africa with the London Missionary Society* (New York: Atlantic Monthly Press, 2000); David Gilmour, *The Ruling Caste: Imperial Lives in the Victorian Raj* (New York: Farrar, Straus and Giroux, 2005), 101. 참고 Howard Taylor, *J. Hudson Taylor: God's Man in China* (Chicago: Moody Press, 1971).

90) 여기에서 "contextual"을 "상황적"으로 표현하지 않고 "맥락적"으로 번역한 것은 "상황신학"이 가져 온 오해를 피하기 위한 의도적 시도이다. 이는 상황적이라는 말은 다분히 상대주의적인 의미를 내포하는 반면 맥락적이라고 할 때는 전체를 통합적으로 고려한다는 의미를 가진다고 보기 때문이다.

91) Sweet, *So Beautiful*, 167.

92) Ibid., 181.

93) Ibid., 201.

94) Ibid.

95) Ibid., 202.

96) Ibid.

97) 앨런 허쉬는 성육신의 네 차원을 다음과 같이 설명한다.

1. 임재(Presence) 예수님 안에서 하나님께서 단순히 대리자가 아니라 참여자로 온전히 임재하신다.

2. 근접(Proximity) 예수님께서 '가까이' 우리와 함께 하신다.

3. 무력감(Powerlessness) '우리 중의 하나로' 예수님께서 자신을 비우신다(kenosis).

4. 선언(Proclámation) 복음의 말씀.

Hirsch, *The Forgotten Ways*, 132-34.

98) Ibid., 212.

99) Ibid.

100) Ibid.

101) http://www.leonardsweet.com/article_details.php?id=60 (2010년 2월 20일 접속). 이 웹페이지에 게재된 한국어 본문은 본서의 저자가 직접 번역한 것이다.

Future·Education·Ministry

새로운 교육-목회
매트릭스

5

신뢰의 연결 _ 나눔의 리더십

'밀레니엄 매트릭스'는 신학자/미래학자/커뮤니케이션 전문가인 M. 렉스 밀러(M. Rex Miller)의 저서 *The Millennium Matrix: Reclaiming the Past, Reframing the Future of the Church*[102]에서 소개된 용어이다. 밀러는 이 책을 통해 정보를 축적하고 분배하는 방식에 따라 세계관도 함께 변한다는 사실을 밝히고 있다. 그는 2천 년의 역사를 개괄하면서 예수 그리스도 시대의 구술문화, 구텐베르크 성경의 인쇄시대, 텔레비전을 통한 방송의 시대, 그리고 새롭게 출현한 디지털 문화를 분석하면서 이러한 변화가 예배와 영성에 어떠한 영향을 주었는지를 설명하고 있다.

매트릭스(matrix)는 무엇을 뜻하는 말인가? 이 말은 라틴어의 자궁과 모체를 뜻하는 말에서 유래된 것으로 '형태, 기원, 주형, 행렬, 회로'라는 뜻으로 사용되고 있다. 최근에는 《매트릭스》라는 영화를 통해 현실과 가상의 구분이 불가능한 세계를 일컫는 의미로 소통되기도 한다. 그러나 여기에서는 매트릭스를 미래를 향해 가는 목회와 교육의 가능성을 품는 현실과 가상의 틀로 이해하고 논의를 진행하고자 한다.

밀러가 택한 연구방법은 네 가지 커뮤니케이션 방식의 변화를 역사적 맥락에서 살펴보는 것이었다. 구체적으로 그는 1) 구술(고대부터 1500년까지), 2) 인쇄(1500년-1950년까지), 3) 방송(1950년-2010년까지), 4) 디지털(2010년부터)로 구분하면서[103] 새로운 밀레니엄은 디지털적 패러다임이 지배하는 시대라고 말하고 '상호성'(interactivity), '연계성'(connection), '투명성'(transparency)이라는 특성을 가진다고 했다. 그는 이를 바탕으로 새로운 종류의 리더십, 활발히 성장하는 공동체 의식, 새롭게 출현하는 융합적 교회의 조직과 문화가 사회의 도덕적 생태적 시스템을 복원시킬 것이라고 했다.[104]

이제 본 장에서부터 7장까지 밀러의 견해를 중심으로 디지털 시대의 새로운 교육—목회의 매트릭스를 찾아보려고 한다. 사실상 디지털 시대는 이미 우리의 삶에 거대한 지각변동을 일으키고 있다. 통화, 문자전송, 인터넷 검색, 음악—영상 기록, 재생, 전송 등 다양한 기능을 가진 스마트폰의 대중화, 전자책의 등장은 2010년 새해를 여는 전주곡이 되었다. 물론 앞으로 어떠한 기술적 발전이 더 이루어질지는 아무도 예측할 수 없다. 그러나 비록 기술발전의 미래를 미리 내다볼 수는 없을지라도 디지털 기술의 속성을 통해 이 시대가 가져올 사회/문화/의식의 변화의 경향을 추정해 보는 것은 가능한 일이 될 것이다.

밀러는 교회의 웹사이트를 통해서 그들의 교회가 문화적으로 어느 시대를 살고 있는지를 설명했다. 예를 들자면 그는 바티칸의 웹사이트는 고대 이미지들을 표면에 내세우면서 구술전통의 모습을 간직하고 있다고 했다. 한편 그가 지적하듯이 종교개혁에서 시작된 장로교, 감리교, 루터교, 침례교의 웹사이트를 보면 그들은 여전히 '내용'(contents)에 집착하는 인쇄문화의 흔적을 유지하고 있다. 다시 말해 이들의 웹사이트에는 그들의 신앙고백, 교회의 위치, 매일의 묵상, 목회자료, 프로그램 등이 소개되어 있다. 또 펠로우십 교회(the Fellowship Church), 윌로우크릭 교회(Willow Creek Community Church), 새들백 교회(Saddleback Church)와 같은 축제형 교회는 방송문화적 성격을 뚜렷이 드러낸다고 한다. 이들 교회의 웹사이트에는 행사, 모집, 활동 등 방송문화에서 볼 수 있는 것들로 가득 차 있다.[105]

그러나 밀러는 디지털 문화에 속한 교회들은 이전 문화의 교회들과는 전혀 다른 모습을 보여 준다고 했다. 그가 제시한 교회들은 우즈(Ooze), 칼레오 펠로우십(Kaleo Fellowship), 이멀전 빌리지(Emergent Village), 마스힐 교회(Mars Hill Church)였다. 이들 교회의 웹사이트들은 색과 그래픽에 있어서 이전 문화의 교회들과 달리 복잡하고 미묘한 느낌을 주고 있다. 이들은 다양한 심벌을 사용하면서 검색자들이 곧바로 몰입할 수 있는 오디오, 비디오 자료들을 많이 가지고 있다.[106]

그렇다면 디지털 환경 속에서 요구되는 새로운 리더십은 어떠한 모습일까? 바로 이 질문이 본 장의 주된 관심사이다. 리더십은 목회와 교육에 있어서 항상 중요한 역할을 해 왔다. 최근 섬김의 리더십(Servant Leadership)[107]이 대두되면서 상하 위계적 리더십의 한계가 지적되고 있다. 이러한 변화는 디지털 시대가 메시지를 보내는 송신자와 메시지를 받는 수신자 사이의 경계를 무너뜨리고, 그 관계조차 모호하게 만드는 복잡/복합성의 커뮤니케이션 환경을 만들고 있는 것에서 기인한다고 볼 수 있다.[108]

사실상 섬김과 리더십은 오랫동안 상반된 개념이었다. 디지털 시대 이전 합리

성과 효율성이 우선적 가치로 여겨졌을 때 리더는 구성원들의 섬김을 이끌어
내야 하는 임무를 가지고 있었다. 그것은 리더 한 사람의 섬김보다는 다수의
섬김을 유도해 내는 능력을 리더에게 요구했던 까닭이다.[109] 그러나 오늘날
사회문화적 복잡성과 복합성이 증대되면서 리더십 유형에 대한 변화가 요구
되고, 새로운 리더십에 대한 연구에 관심이 높아지고 있다. 여기에서 리더십
이론에 대해 간단히 개괄해 보면 다음과 같다.[110]

(1) '위인'이론("Great Man" Theories): 위인이론에 의하면 리더는 타고 나는 것이
라는 가정에서 시작한다. 이 이론에서 위대한 리더는 영웅적, 신화적, 운명적
으로 필요한 시기에 나타난 것으로 종종 묘사된다. 위인(Great Man)이라는 용
어에서 보듯이 리더는 남성적 능력을 가진 것으로 간주된다.

보통 카리스마를 가진 리더들은 남다른 비전과 추진력으로 공동체를 이끌어
간다. 공동체의 성원들은 그가 타고난 리더라는 데에 의심을 품지 않는다. 이
경우 공동체는 리더에게 절대적인 신뢰를 보내면서, 리더가 제시하는 공동체
의 목표에 매진하게 된다. 따라서 결과적인 측면에서 이러한 공동체는 짧은
시간에 큰 성과를 이루어 낼 수 있다.

특별히 한국 교회는 70년대와 80년대를 지나면서 몇몇 탁월한 목회자들의 지
도력을 보아왔다. 사실 그들의 리더십은 교육이나 학습을 통해서 이루어진 것
이 아니었다. 타고난 개인적 능력이 이들이 가진 리더십의 기반이 되었다. 그
리고 그들이 이루어 낸 결과는 대단한 것이었다. 때문에 세계 교회 역사상 유
래가 없는 교회의 성장을 이루어내는 데 이들의 역할이 절대적이었다고 해도
과언이 아닐 것이다.

(2) **특질이론**(Trait Theories): 위인이론에서와 같이 특질이론에서도 리더는 리더로서 적합한 특성을 타고 난다고 본다. 특별한 인성 또는 행동양식이 이런 유형의 리더들에게서 공통적으로 발견된다.

성공적인 리더들은 남들이 보지 못하는 것을 볼 수 있는 능력, 과감한 결정력, 강력한 추진력 등 특별한 능력을 가지고 있다. 이러한 능력 또한 학습을 통해 이루어진 것이라고 보기보다는 타고난 능력으로 보아야 할 것이다.

목회와 교육에 있어서 동일한 내용을 전달할 때 종합능력, 묘사능력, 설득력 등은 이들에게서 나타나는 공동된 특질이다. 이러한 특질을 가진 뛰어난 설교가, 교육자들이 동일한 내용을 다룸에 있어서도 다른 사람들과 구별되는 탁월한 능력을 보여 주곤 한다.

(3) **상황적응이론**(Contingency Theories): 상황적응이론은 주어진 상황에 가장 적응력이 뛰어난 리더십의 특정한 변수에 초점을 맞춘다. 이 이론에 의하면 모든 상황에 적합한 리더십이란 없다고 한다. 그래서 이 리더십의 성공여부는 리더십 유형, 구성원들의 성향, 그리고 상황적 측면과 같은 변수에 의존한다.

이는 리더십을 수행하는 데 있어서 특별한 영역에 뛰어난 능력을 보이는 리더가 있다는 것이다. 공동체의 구성원들의 특성과 다양한 요구에 각각 적합한 리더십이 등장할 때 그들의 리더십이 부각된다는 것이다.

이 이론에 의하면 설교자, 교육자, 상담가, 행정가, 기획자 등 목회와 교육에서 요구되는 특별한 상황에서 적합한 능력을 가진 리더들이 성공적인 리더십을 발휘한다. 오늘날 설교, 성경연구, 제자화, 전도, 찬양 등 다양화 되는 목회와 교육적 환경에서 그 필요성이 증대되고 있는 리더십의 유형이라고 할 수 있다.

(4) 상황이론(Situational Theories)：상황이론에 의하면 리더는 상황적 변수에 따라 가장 적합한 행동양식을 선택한다. 사실 다양한 유형의 리더십은 다양한 상황의 의사결정이 요구될 때 필요하다.

이는 적응력과 수용력이 뛰어난 리더에게서 나타나는 리더십의 유형이라고 할 수 있다. 공동체를 이끌어 나갈 때 항상 문제로 부각되는 전통의 유지(continuity)와 변화에 적응(change)이라는 과제는 리더들에게 큰 도전이 되어 왔다. 이때 유연성(flexibility)을 가지고 공동체를 상황에 적합하게 이끄는 능력이 바로 이러한 유형에서 나타나는 리더십이다.

세대 간의 차이가 더욱 증대되고, 또한 한 세대와 다음 세대의 간격이 좁아지고 있는 상황에서 목회와 교육을 위한 리더십은 그 어느 때보다 유연한 적응 능력을 요구한다. 최근 10여 년간 일어난 찬양집회의 등장은 전체적 문화가 이성에서 감성으로, 즉 이해에서 감정으로 이행하는 상황에서 일어난 현상이었다. 초기 많은 전통적 교회와 목회자들이 이러한 변화에 대하여 부정적 입장이었지만, 지금은 대부분의 교회가 이 변화의 상황을 수용하고 있다. 사실 교회의 역사를 보면 파이프오르간이 예배에 등장했을 때 전통적 목회자들은 지극히 세속적인 악기가 사용되어 저급한 대중음악의 멜로디가 찬송으로 불린다는 것을 받아들일 수가 없었다고 한다. 그러나 지금은 어떠한가? 오히려 파이프오르간과 19세기의 멜로디들이 전통적인 악기와 찬송으로 간주되고

있지 않은가. 이러한 것을 보면 상황적 적응력의 필요성은 쉽게 간과할 문제가 아니다.[111]

(5) 행동이론(Behavioral Theories) : 행동이론에 의하면 위대한 리더들은 태어나는 것이 아니라 만들어진다고 한다. 행동주의 심리학에 근거를 둔 이 이론은 리더들의 정신적 능력이나 내적 상태보다는 그들의 행동에 초점을 맞춘다. 이 이론에 의하면 교육과 관찰을 통해서 누구나 리더로 학습될 수 있다.

이 이론은 수많은 리더십 훈련의 근거를 제공하는 역할을 한다. 사실상 일반적으로 리더들에게 요구되는 요소들은 학습을 통해서 얻어지고, 이를 실행에 옮기면서 공동체를 위한 바람직한 리더들이 나올 수 있는 가능성이 있다.

목회와 교육에 있어서 리더십 교육은 리더의 양성뿐만 아니라, 리더십 전반에 대한 이해를 배양해줌으로 공동체의 목표성취에 기여할 수 있게 해 준다. 더욱이 중요한 요소는 성경적 리더십의 의미를 깨닫고, 예수님의 리더십 즉 섬김의 리더십을 학습함으로 신앙적 리더십의 본질을 몸소 실천할 수 있게 할 수 있는 계기가 되는 것이다.

(6) 참여이론(Participative Theories) : 참여적 리더십 이론에 의하면 이상적 리더십 유형은 다른 사람들의 의견을 참작하는 데 중점을 둔다. 이 유형의 리더들은 그룹성원들의 참여와 기여를 독려하고, 그룹성원들이 그룹을 위해 필요한 존재로 느끼고, 의사결정과정에 참여하도록 돕는다.

이는 최근에 주목을 받고 있는 리더십의 유형으로 공동체 성원의 참여를 이끌어 내는 것을 높이 평가한다. 사실상 리더십이란 오랫동안 공동체의 이상과 의견을 대리(representation)하는 것으로 이해되었다. 공동체의 대리자로서의 리더십은 정치에서 가장 쉽게 찾아볼 수 있다. 그러나 오늘날은 개개인이 자신의 의사를 표현할 수 있는 다양한 방법을 갖게 되었다. 그래서 정치인들조차 이들의 참여를 간과할 수 없게 되었다.

미래세대를 위한 목회와 교육에 있어서 '참여'는 매우 중요한 키워드이다. 물론 이들의 참여는 기성세대에게서 발견되는 책임을 지는 참여와는 구별되는 측면이 있기도 하다. 그러나 새로운 세대는 공동체 안에서 '구경꾼'(onlooker)이 되는 것을 원치 않는다. 그래서 예배와 교육의 현장에서도 과거 목회자가 담당하던 역할을 공유하는 것이 일반적 현상이 되고 있다. 때문에 리더들은 어떻게 적절히 리더십을 공유하고, 구성원과 함께 지도력을 발휘할 것인가를 염두에 두어야 한다.

(7) 경영이론(Management Theories): 상호교류이론(Transactional theories)이라고도 불리는 경영이론은 감독, 조직, 그룹의 성과에 초점을 맞춘다. 이 이론에 의하면 리더십은 상벌시스템에 기초한다. 경영이론은 직원들의 업무결과가 좋을 때 보상을 하고, 그렇지 못할 때 불이익을 주는 방식으로 운영된다.

이 유형은 과업의 성과가 즉시 나타나야 하며, 그 결과가 공동체의 유지에 지대한 영향을 미칠 필요가 있을 때 요구된다. 때문에 경영이론은 기업에서 가장 많이 적용되는 리더십 유형이 되고 있다. 사실 보상과 벌이 인간의 동기를 유발시키는 것은 주지의 사실이다.

그러나 목회와 교육에서는 직접적인 상벌보다는 상호성에 초점을 맞출 필요가 있다. 이러한 과정에서 구성원이 자신의 과업의 성취여부를 지속적으로 점검함으로 자기 발전을 이루어 낼 수 있는 기회를 얻게 될 수 있다.

(8) 관계이론(Relationship Theories): 관계이론은 변형이론(Transformational theories) 이라고도 부르며 리더와 구성원들 사이에 형성된 관계에 초점을 맞춘다. 리더들은 구성원들이 과업의 중요성과 공공의 이익을 깨닫도록 도우면서 그들에게 동기를 부여하고 영감을 준다. 변형적 리더들은 구성원들의 과업수행에 초점을 맞출 뿐만 아니라, 개개인이 자신의 잠재력을 키울 수 있도록 돕는다. 리더들은 높은 도덕적 윤리적 기준을 가지고 있다.

관계이론은 단순한 과업성취 이상의 가치를 추구하려는 데 목적을 둔다. 이를 통해 리더는 공동체 구성원이 스스로의 잠재력을 발견하고, 이를 신장시킬 수 있도록 돕는 역할을 수행한다.

목회와 교육에서 추구하는 궁극적 목표는 곧 개인의 '변형'이다. 때문에 리더들은 과업의 결과에만 관심을 둘 것이 아니라, 과업을 이루어나가는 과정에서 구성원 개개인의 숨겨진 소명과 은사를 발견하도록 격려하고, 그들의 성장과 성숙을 이끌어 내는 역할을 감당해야 한다.

사실상 이들 이론들은 각각의 다양한 상황 속에서 적절히 적용되어질 필요가 있다. 그리고 때로는 이론들 간의 융합을 통해서 더욱 바람직한 리더십을 이끌어 낼 수 있다는 측면도 간과해서는 안 될 것이다. 이러한 이해를 바탕으로 디지털 시대의 리더십에 관한 논의를 다시 진행해 보자. 밀러는 디지털 리더의 특성으로 '투명성, 접근성, 협동성'[112]을 강조했다. 그러면서 "디지털 리더들은 멘토들이며, 관계성의 밀접한 테두리 안에서 적극적으로 참여하는 사람들이다."[113]라고 했다. 이를 보면 위에서 살펴본 참여, 경영, 관계이론의 요소들이 함께 적용되고 있는 것을 볼 수 있다. 다시 말해 이는 역할분배의 패러다임에서 역할공유의 패러다임으로 리더십의 틀이 옮겨지고 있음을 말해준다.

이러한 사실은 목회와 교육에 있어서 매우 중요한 시사점을 던져준다. 전통적으로 목회의 현장은 성직자와 평신도 사이에 분명한 역할분배가 있어 왔다.[114] 구약성경의 전통에서부터 내려온 제사장의 역할을 담당한 성직자는 권위의 상징이었으며, 예수님께서 그의 제자들에게 부여한 사도직은 초대교회를 지나면서 사도권으로 발전하게 되었다. 이러한 틀에서 성직자들은 상당한 권위를 가지고 지도력을 발휘하게 되었다. 물론 종교개혁 당시 루터와 같은 종교개혁자들은 크리스천 모두가 제사장이 될 수 있다는 성경적 가르침을 통해 평신도들도 성직자를 통하지 않고 직접 하나님께 나아갈 수 있다고 주장했다.[115] 그러나 이러한 생각이 개인의 신앙적인 측면에서는 변화를 일으켰지만, 교회의 리더십에서는 큰 변화를 일으키지 못했다. 그리고 이 같은 위계적 리더십의 구조는 오늘날까지도 지속되어 오고 있다.

그렇다고 해서 위계적 리더십이 무조건 부정적인 것이거나, 시대적 흐름에 역행하는 것이라고 단정할 수는 없다. 왜냐하면 각 공동체의 상황이 다양하고, 각 공동체가 당면한 과제가 상이하기 때문에 상황과 과제에 적절한 리더십이 필요한 것이 당연한 것이다. 즉 리더십에서는 유형 자체의 문제보다는 리더십 유형과 공동체의 요구 사이의 조화가 가장 우선적으로 고려되어야 하는 것이다. 여기에서 선택된 '조화'는 다양성이 키워드가 되고 있는 오늘날 매우 주의

깊게 고려해야 할 개념이다. 근대사회는 '조화'라는 말보다는 '균형'이라는 말
을 선호했다. 균형은 다분히 기계적이고, 물량적 개념이다. 때문에 리더십의
분배에 있어서 단순한 수학적 분배는 문제의 해결책이 아니다. 오히려 우리는
리더십의 조화로운 공유를 필요로 한다. 마치 오케스트라의 다양한 악기들이
자신들의 음색을 자랑하면서 전체적인 하모니를 만들어 내는 것처럼 말이다.
이때 한 가지 물어야 하는 중요한 질문은 누가 지휘자인가 하는 것이다. 물론
교회가 연주하는 목회와 교육의 교향곡에서 최고의 지휘자는 예수님이시다.
그리고 최고의 지휘자의 뜻에 따라 주어진 역할을 하는 작은 지휘자들이 있는
것이다. 영어로 표현하자면 예수님은 대문자의 리더(Leader)가 될 것이고, 우
리는 사명을 부여받은 소문자의 리더들(leaders)이 될 것이다.

그러면 이제 밀러가 제시하는 리더들의 유형을 살펴보자. 첫 번째는 지지자
(Advocates)로서의 리더이다. 지지자로서의 리더는 구성원들의 능력을 인정하
고 격려하면서 그들의 지원자가 되어 주는 역할을 수행한다. 미래의 목회와
교육에 있어서 성도들의 은사를 찾아 주는 것은 성공적인 목회의 밑거름이 될
것이다. 목회자는 성도의 비전을 발견해 주고, 교육자는 피교육자의 꿈을 찾
아 주면서 그들의 뒤에서 강력한 지지자가 되어 줄 때 공동체는 더욱 건강한
모습으로 과업을 수행할 수 있게 될 것이다.

> 리더들은 원동력(prime movers)이 되기보다는 지지자와 촉진자가 된다.
> 그들은 집단적 잠재력을 발견하고 양성하는 능력을 가지고 있다. 그들은
> 자신들의 비전을 위해 일할 사람들을 찾으려는 생각에 이끌리지 않는다.
> 그들의 민감성은 남들과 다르다. 그들은 구성원 개인들을 연결시켜 주고,
> 특유의 표현을 발전시켜 주고, 이 능력이 성장하는 것을 지켜보면서 성취
> 감을 느낀다.[116]

둘째는 연속성과 맥락성의 창조자(Creators of Continuity and Context)로서의 리더이다. 오늘날과 같이 급격히 변화하는 사회문화적 상황 속에서는 '시대를 읽는 능력'이 그 어느 때보다 절실히 요구된다. "한 손에는 성경을 다른 한 손에는 신문을 들고 설교를 해야 한다."라는 한 신학자의 주장은 "한 손에는 성경을 다른 한 손에는 스마트폰을 들고 목회를 해야 한다."라는 말로 바뀌어야 할지 모른다. 이제는 이미 만들어진 지도를 따라가는 것이 아니라, 지도를 만들어 가면서 항해를 해야 하는 시대가 되었다. 정치, 경제, 사회, 문화, 오락, 스포츠 등등 사회문화의 제 분야는 목회와 교육의 관심 대상이 되어야 한다. 이를 위해 리더십에는 많은 리더를 필요로 한다. 그리고 권위의 상징이나 권위의 행사자로서의 리더가 아니라, 책임을 함께 나누는 리더들이 서로의 관점을 제공하면서 공동체의 유익을 도모해야 한다.

> 변화의 현실은 즉각적인 적응의 능력을 요구한다. 적응력은 리더들로 하여금 지속적으로 지평을 바라보게 하고, 계속적으로 변화하는 환경에 적응하게 하며, 현재의 현실에 적합한 구조와, 사명, 자원을 재구성하게 한다. 과거의 리더들은 잘 정의된 활동영역이 있고, 분명한 목표, 경생에 대해 결과를 유지하는 방법을 갖고 있었다. 오늘날 끊임없는 변화의 상황은 고속도로에서 운전하는 것이라기보다 북대서양을 항해하는 것과 더욱 유사하다.[117]

셋째는 협력(Collaboration)을 이끌어 내는 리더이다. 협력은 미래사회의 중요한 키워드 중의 하나이다. 교회 간에 흔히 보이는 경쟁의 관계는 결코 성경적이지도, 신앙적이지도 않다. 일반적으로 협력은 기업에서 가장 흔히 사용되는 개념이다. 어떤 문제가 발생했을 때 다양한 재능을 가진 사람들이 함께 모여 보다 효과적인 방법으로 최선의 결과를 도출해 내는 것을 협력이라고 부른다.

이러한 협력은 목회와 교육에 있어서 필수적으로 요구된다. 특별히 교육에 있어서는 더욱 그러하다. 왜냐하면 공교육이 경쟁을 교육의 목표로 삼을 때 교회는 경쟁이 아니라 협력이 사회를 발전시키고, 하나님의 나라를 확장하는 길임을 증명해 보여야 하기 때문이다.

> 계약관계(covenant relationship)에 있는 리더들은 일반적으로 서로 공유하지 않는 신뢰와 충성심을 가진다. 이는 협력의 긍정적 수준뿐만 아니라 다른 교회가 성도들을 유인하는 것으로부터 방어하는 보완의 기준을 제공한다. 계약관계는 구성원들이 자신 스스로 할 수 있는 것 이상의 것을 할 수 있는 능력의 네트워크를 발전시키는 가능성을 열어준다.[118]

넷째는 오픈소스 리더십(Open-Source Leadership)을 가진 리더이다.

> 동일한 지역에 있는 교회들은 쉽게 정보기술, 자원운영, 재정, 오디오/비디오 자재 등 기술적 자원을 공유할 수 있다. 교회들은 경쟁적 활동을 줄이기 위해 행사달력을 공유하고, 동시에 자신들의 행사를 이웃 교회들에게 개방할 수 있다. 봉사와 자선활동은 공동체의 협력 사업이 될 수 있고, 그렇게 되어야 한다. 가정에서 모이는 그룹들은 이 모임에 참석하기 위해 20-40분씩 차를 타고 오는 지역에 사는 사람들이 아니라 근처에 사는 사람들로 구성할 수 있다. 지역교회들은 공동 웹사이트를 운영하여 이러한 제안들은 발전시킬 수 있는 길을 모색해 볼 수 있을 것이다.[119]

이렇듯 오픈소스 리더십의 장점 중의 하나는 여러 공동체가 아이디어와 자원을 공유할 수 있는 것이다. 예를 들어 24시간 기도회를 운영하는 교회가 두 시간마다 찬양팀을 교체한다고 하자. 그러면 최소한 12팀의 찬양인도자들이 있어야 한다. 아무리 규모가 있는 교회라고 할지라도 12팀의 완성된 찬양팀을 모집해서 운영하는 것은 결코 쉬운 일이 아니다. 이때 오픈소스 리더십을 발휘하여 지역의 연주가들이 협력하는 개방적 운영방식을 선택할 수 있다. 또한 선교나 교육프로그램을 진행할 때 교회의 홈페이지나 SNS를 통해 외부의 도움과 참여를 요청해 볼 수 있다. 이렇게 하면 교회 안에서 미처 생각해보지 못했던 문제나 상황들에 대하여 준비하고 대처할 수 있는 것이다.

다섯 번째는 상호적이며 직접적인 리더십(Interactive and Hands-On Leadership)을 가진 리더이다. 미래의 교회와 목회는 공간적 제약성을 극복할 것이라는 것이 미래학자들의 전망이다. 즉 네트워크와 협력을 통해서 물리적인 숫자는 큰 의미를 지니지 못하게 될 것이다. 이렇게 되면 리더십은 공동체 성원들 사이에서 상호적 관계로 공유되어야 할 것이며, 그러면서 구성원들의 다양한 성향을 이해하고 그들에게 자유로운 공간을 제공하는 일에 몰두하게 될 것이다.

> 교회가 성장하면서 새로운 리더들은 야전 사령관이나 동기부여 연설가이기보다는 정원을 돌보는 사람처럼 행동하게 될 것이다. 새로운 리더들은 상호적 다이나믹스의 능력을 잘 이해하고 있다. 그들은 주도권의 복잡한 성격을 이해하고 성급함과 일방적인 행동의 부정적 결과에 대해 민감하다.[120]

여섯 번째는 복음을 전하는 자(Gospel Narrators)로서의 리더이다. 아마도 이 역할이 목회와 교육을 위한 리더가 수행해야 할 가장 중요한 요소일 것이다. 복음을 전하는 자로서의 역할이 교회와 교회의 지도자들에게 주어진 지상명령이기 때문에, '전달' 또는 '소통'은 리더에게 요구되는 최상의 임무이다. 앞서 살펴보았듯이 디지털 시대의 소통방식은 방송문화시대보다 더욱 복잡하고 다양하다. 또 말, 글, 이미지, 음악, 그리고 이것들의 종합이 디지털 시대의 언어라고 한다. 그러면서도 많은 사람들이 이들을 농축시킬 수 있는 방법으로 '이야기하기'(Story-telling)를 제시하는 것은 매우 흥미로운 현상이 아닐 수 없다. 왜냐하면 이는 가장 고대적인 방법이 가장 미래적인 방법이 될 수 있다는 것을 의미하기 때문이다. 어찌 보면 우리는 답을 찾기 위해 먼 길을 돌아오고 있는지 모른다. 다시 말해 우리는 고향, 즉 출발점을 향해, 즉 과거를 향해 가는 여정을 찾고 있는 것은 아닌가. [121)

> 새로운 리더들은 복음을 전하는 새로운 기술을 발달시키고 있다. 인쇄문화의 청중들은 메시지의 논리적 표현에 익숙하다. 방송문화의 청중들은 일화, 드라마, 간략한 슬로건을 좋아한다. 그러나 사람들이 디지털 현실의 복잡성을 경험하면 할수록 의미적 구조를 연구하고 이 의미들 속에서 다양한 것을 발견하는 것을 선호한다. 언설과 이야기, 이야기하기의 고대적 기술은 성장하고 있다. 이들은 목회자들이 보통 사용하는 예화와 같은 일화가 아니다. 이 이야기들은 이야기 자체로 독립적이며 초월적이고 광범위한 주제를 전달한다. [122)

디지털 시대의 리더십은 소수에서 다수로, 상하관계에서 상호관계로, 일방적 소통에서 다중적 소통으로 변화하는 추세를 보이고 있다. 이러한 변화는 기존 세대들에게는 위기를 가져올 수 있는 혼란의 요소로 여겨진다. 과연 그럴 것인가? 이 질문에 대답을 시도하기 위해 유익한 비유가 있다. 그것은 바로 요즘 많은 운전자가 사용하는 내비게이션(navigation) 기술에서 찾아진다.

> 내비게이션이 작동하려면 핵심장치인 '위성위치추적시스템'(GPS: Global Positioning System)이라 불리는 수신 장치가 있어야 한다. 현재 지구 상공에는 24개의 인공위성이 돌고 있다고 한다. 6개 궤도에 각각 4개의 위성은 12시간을 주기로 지구를 돌고 있는데 이것은 1970년대 말부터 미국이

군사적 목적으로 쏘아 올린 것이다. 2000년 미국은 GPS 위성의 사용을
민간에게 개방하여 이용할 수 있도록 하였다. 내비게이션이 작동하기 위
해서는 24개 위성 중 최소 3개만 있으면 되는데 이를 통해 오차범위 20-
100m의 위치정보를 얻을 수 있게 된다고 한다.[123]

즉, 내비게이션은 GPS(Global Positioning System: 위성위치추적시스템)로부터 신호를
받아 목적지를 찾아가게 도와주는 도구이다. 그렇다면 우리의 영적 GPS는 누
구인가? 그것은 성령이시다. 우리가 위치를 바꿀 때마다 신호를 보내 우리가
있는 곳의 좌표를 알려 주는 보혜사이신 것이다. 목적지는 어디인가? 그곳은
성경을 통해 하나님께서 계시해 주신 하나님의 나라이다. 그러면 우리 앞에
나타나는 방향지시표시는 바로 구세주 예수 그리스도를 바라보는 우리의 신
앙이 된다. 때로는 예수님을 바라보지 못하고 세상을 바라보면서 경로를 잃을
수도 있고, 성령의 음성을 제대로 듣지 못하면 잘못된 경로정보를 얻게 되기
도 한다. 그러므로 우리는 유일하신 우리의 리더 하나님의 뜻에 따라 성령이
보내주시는 신앙의 좌표에 의지하여 예수 그리스도의 길을 순종하면서 따라
가는 작은 리더들이 되어야 한다. 바로 이러한 내비게이션의 원리를 따라가는
리더십이 미래교회와 목회, 그리고 교육에 절실히 요구되는 것이다.

＊＊＊＊＊

이와 더불어 여기에서 하워드 슈나이더(Howard A. Snyder)와 다니엘 런연(Daniel
V. Runyon)의 에세이 〈교회가 직면한 10가지 중요한 추세〉 중 리더십에 관한
두 가지 주목할 만한 추세를 소개하고자 한다.[124]

* 성직자/평신도에서 목회자 공동체로 *

목회 리더십에 새로운 모델이 나타나고 있는 듯 보인다. 이 모델은 미래에 매우 다른 종류의 교회를 만들어 낼 것이다. 영적으로 성숙한 리더들로 이루어진 팀에 의해 이끌어지는 신약성경의 모형을 따라가는 교회들이 새로운 주목을 받고 있다. 다수의 리더십을 향한 오래된 경향과 신약성경에 나오는 목회의 '준비' 모델('equipping' model of pastoring)은 특별히 미국 밖에서 서서히 등장하고 있다. 아직 미국 내에서는 잘 드러나지 않지만 주목해 보아야 할 변화일 것이다.

준비모델은 에베소서 4:11-12에 기반을 두고 있다. 양육의 기본적 기능을 강조하면서 회중을 이끌게 되는데 성도 개개인은 지체 안에서 자신의 독특한 기능과 사역을 발견하고 신장시킨다. 이 모델은 문화적으로 실행 가능한 범위 안에서 수행된다. 이 모델의 주된 원칙은 (1) 다중 또는 팀 리더십, (2) 위계적 권위가 아니라 리더들 간에 상호적이고 동의를 통한 의사결정, (3) 성도들의 특별한 목회적 은사와 영적 능력을 활성화시키는 데 주된 초점을 두는 것이다.

만일 준비모델이 광범위하게 채택된다면, 예상되는 결과는 모든 성도가 제사장의 역할을 하는 것을 강조하게 되고 그것을 실천에 옮기게 될 것이다. 다른 방식의 목회자 교육 형태와 신학교의 커리큘럼, 그리고 목회와의 광범위한 유기적 연합이 이루어질 것이다.

* 남성중심 리더십에서 남성/여성 동반 리더십으로 *

지난 10여 년 동안 북미지역의 교회들은 역사적이며 아마도 되돌릴 수 없는 변화를 맞이하게 되었다. 이는 목회 지도자 중 여성들이 남성들보다 더 많아졌다는 사실이다. 1970년대 미국 목회자 중 단지 2퍼센트만이 여성이었다. 1984년에는 이 숫자는 두 배로 늘어 4퍼센트가 되었다. 작은 숫자였지만 매년 지속적으로 이 비율은 증가했다. 1972년부터 1980년까지 신학교에서 공부하는 여성의 숫자는 223퍼센트 증가했다. 같은 기간 남성의 숫자는 31퍼센트 증가에 그쳤다. 1990년에 이르러 미국의 여러 교파에서 안수를 받으려고 하는 신학생들 중 4분의 1 또는 그 이상이 여성이었다. (이 현상은 미국침례교, 루터란, 연합감리교회, 장로교, 성공회에서 나타났다.) 예측하기로는 2000년에는 대략 미국의 20에서 25퍼센트의 목회자들이 여성일 것이다. 다음 세기의 중반에 이르게 되면 50퍼센트에 이를 가능성이 있다.

여성들은 이미 많은 교회에서 안수 받은 목사 중 중요한 소수가 되고 있다. 1985년까지 그리스도 제자교회(Disciples of Christ)의 10퍼센트는 여성이었다. 같은 기간 연합그리스도의 교회(United Church of Christ)의 12퍼센트, 성공회(Episcopal Church)의 7퍼센트, 연합감리교회(United Methodists)의 5퍼센트, 장로교회(Presbyterians)의 6퍼센트가 여성 목회자였다. 오순절 교회의 경우 오순절 성결교회(Pentecostal Holiness Church)는 17퍼센트, 그리스도 하나님의 교회(Church of God in Christ)는 12퍼센트, 하나님의 성회(Assemblies of God)는 11퍼센트가 여성목회자의 비율이다. 3분의 1의 안수 받은 여성목사는 오순절 교회에서 발견되었다.

이러한 경향이 주는 의미는 다음과 같다:

목회자의 역할에 있어서 여성목회자들이 더욱 다양하고, 새로우며, 다른 관점, 광범한 리더십 스타일을 교회에 제공하게 될 것이며, 목회는 더욱 광범위해지고 더욱 유연성을 가지게 될 것이다.

교회에서 공동체, 비형식성, 양육에 대한 강조가 증가할 것이다. 신학적으로 교회의 리더십에서 있어서 여성은 세계와 교회의 유기적이며 생태학적인 모델을 향한 경향성을 증가시킬 것이다.

목회에 참여하는 여성이 늘어나는 것은 '평신도' 목회의 경향을 증대시키고, 모든 성도를 사역자로 준비시키게 될 것이다.

* * * * *

내가 진실로 진실로 너희에게 이르노니 문을 통하여 양의 우리에 들어가지 아니하고 다른 데로 넘어가는 자는 절도며 강도요 문으로 들어가는 이는 양의 목자라 문지기는 그를 위하여 문을 열고 양은 그의 음성을 듣나니 그가 자기 양의 이름을 각각 불러 인도하여 내느니라 자기 양을 다 내놓은 후에 앞서 가면 양들이 그의 음성을 아는 고로 따라오되 타인의 음성은 알지 못하는 고로 타인을 따르지 아니하고 도리어 도망하느니라 예수께서 이 비유로 그들에게 말씀하셨으나 그들은 그가 하신 말씀이 무엇인지 알지 못하니라 그러므로 예수께서 다시 이르시되 내가 진실로 진실로 너희에게 말하노니 나는 양의 문이라 나보다 먼저 온 자는 다 절도요 강도니 양들이 듣지 아니하였느니라 내가 문이니 누구든지 나로 말미암아 들어가면 구원을 받고 또는 들어가며 나오며 꼴을 얻으리라 도둑이 오는 것은 도둑질하고 죽이고 멸망시키려는 것뿐이요 내가 온 것은 양으로 생명을 얻게 하고 더 풍성히 얻게 하려는 것이라[25]

✱ 각주

102) M. Rex Miller, *The Millennium Matrix: Reclaiming the Past, Reframing the Future of the Church* (San Francisco: Jossey-Bass, 2004).

103) 커뮤니케이션 변화에 대한 연구는 Ivan Illich, Marshall McLuhan, Walter Ong, Neil Postman, Derrick de Kerckhove, Heidi Campbell과 같은 학자들에 의해 이미 시도된 바 있다.

104) Miller, *The Millennium Matrix*, 143.

105) Ibid., 150.

106) Ibid., 152.

107) Robert K. Greenleaf, *Servant Leadership: A Journey into the Nature of Ligitimate Power & Greatness* (New York: Paulist, 2002). "섬김의 리더십"은 로버트 K. 그린리프의 에세이 "The Servant as Leader"(1970)에서 처음 사용된 용어이다.

108) Don Tapscott, *Growing Up Digital: How the Net Generation is Changing Your World* (New York: McGrow-Hill, 2009).

109) James M. Kouzes and Barry Z. Posner, *The Leadership Challenge* (San Francisco: Jossey-Bass, 1987).

110) Peter G. Northouse, *Leadership: Theory and Practice Third Edition* (Thousand Oaks, CA: Sage Publications Inc., 2010).

111) H. M. Best, *Music Through the Eyes of Faith* (San Francisco: Harper, 1993); D. P. Hustad, *Jubilate II-Church Music in Worship and Renewal* (Carol Stream, IL: Hope Publishing, 1993); A. Wilson-Dickson, *The Story of Christian Music* (Batavia, IL.: Lion, 1992).

112) Miller, Millennium Matrix, 161.

113) Ibid., 162.

114) Walter Cardinal Kasper, *Leadership in the Church: How Traditional Roles Can Help Serve the Christian Community Today* (Chestnut Ridge, NY: The Crossroad Publishing Company, 2003).

115) 만인제사장설에 근거가 되는 성경구절은 베드로전서 2:9이다. "그러나 너희는 택하

신 족속이요 왕 같은 제사장들이요 거룩한 나라요 그의 소유가 된 백성이니 이는 너
희를 어두운 데서 불러내어 그의 기이한 빛에 들어가게 하신 이의 아름다운 덕을 선
포하게 하려 하심이라."

116) Miller, *The Millennium Matrix*, 162.

117) Ibid., 163.

118) Ibid., 167.

119) Ibid., 168.

120) Ibid.

121) Robert Webber, *Ancient-Future Evangelism: Making Your Church a Faith-Forming Community* (Grand Rapids: Baker Books, 2003).

122) Miller, *The Millennium Matrix*, 169.

123) http://en.wikipedia.org/wiki/Global_Positioning_System
(2010년 2월 22일 접속).

124) Howard A. Snyder and Daniel V. Runyon, "Ten Major Trends Facing the Church," *The International Bulletin of Missionary Research*, 11 (April 1987): 67-70.

125) 요한복음 10:1-10.

6

성장하는 생동적 관계 _ 공동체의 회복

새로운 교육–목회 매트릭스의 두 번째 요소는 공동체의 회복이다. 밀러는 이 문제의 심각성을 지적하면서 다음과 같은 상황인식을 보여 주었다.

> 우리는 역사상 시민사회가 최저점에 닿아 있고, 쇠퇴하고 있는 시기에 살고 있다. 그 원인 중 하나는 미약한 기독교 공동체에서 발견된다. 우리는 우리의 이웃에게서 빛과 소금을 빼내서 우리의 안전하고 비밀스럽게 봉인한 교회 속으로 가져왔다. 다음 세대들은 본능적으로 전방에 있기를 원한다. 그들은 행동이 일어나는 곳에 있기를 원한다. 교회는 한 세대 넘게 사회의 변방에서 활동을 해 왔고, 미약한 결과만을 얻고 있다. 우리에게는 사회적 참여의 법칙을 완전히 변화시킬 잠재력을 가진 새로운 도구로 무장된 새로운 세대가 있다. 오직 교회만이 점착력이 강한 연계된 공동체를 만들 수 있는 도구를 가지고 있다. 만일 우리가 단순히 문밖으로 나와 한 번에 한 이웃씩 의도적 공동체를 가진 사회를 재건하는 데 초점을 맞추려고 한다면 말이다. 우리가 지역교회를 위한 새로운 협동적이며 그리고 사회적으로 참여적인 새 술 부대를 갖지 않는 한 우리는 이 일을 할 수 없다.[126)]

이러한 밀러의 인식 기조에는 교회가 자신만의 공동체 형성과 유지에 집착하는 동안 보다 진정한 의미의 공동체는 위기를 맞이하게 되는 역설적 상황 진단이 담겨 있다. 이는 마치 급속히 진행되는 세계화의 물결 속에서 한 편으로는 지역주의가 강화되는 현상과 유사한 측면을 가지고 있다. 그러나 이러한 역사적 경험은 우리에게 세계화를 위한 지역화와 지역화를 위한 세계화라는 통시적 접근이 필요함을 암시해 주는 상황이라고 할 수 있지 않을까. 최소한 우리가 명심해야 하는 것은 어느 한 측면을 강조하는 것 자체가 문제라기보다는 상대적 측면을 간과하거나, 상대의 존재에 위협을 가하는 것이 바로 문제의 근원이라는 것을 직시해야 한다.[127]

그러면 이제 논의를 시작하기에 앞서 공동체의 정의에 대해 먼저 살펴보자. 일반적으로 사전적 정의에 의하면 공동체는 한 지역에서 살아가며 상호관계를 맺고 있는 일단의 사람들을 일컫는다. 즉 공동체란 동일한 지리적 환경을 공유하면서 공통된 가치와 사회적 점착성을 가지고 조직된 그룹을 의미하는 것이다. 공동체(community)라는 말은 라틴어 communitas(cum-함께, munus-선물)에서 나와 고전 불어 communité에서 유래되었다고 한다. 그리고 한편 인터넷에서의 공동체 개념은 더 이상 지역적 한계에 머물지 않고, 온라인상에서 형성되는 – 물리적 공간에 관계없이 – 동일한 관심을 공유하는 사람들의 모임을 뜻하기도 한다.[128]

그러나 최근 이곳저곳에서 공동체의 붕괴 또는 공동체 의식의 쇠퇴를 알리는 적신호가 나타나고 있다. 그 원인은 무엇일까? 간단히 말하자면 그것은 정치적, 경제적, 사회적, 인종적, 종교적 갈등 속에서 자신들의 공동체를 유지하기 위해 더 큰 의미의 공동체가 파괴되는 경우와, 개인주의(individualism)와 사유화(privatization)의 영향으로 공동의 이익보다는 자신의 유익을 먼저 생각하는 공동체 의식의 결여에서 야기되고 있다고 볼 수 있다.

이러한 상황 속에서 안타깝게도 교회는 긍정적인 역할보다는 부정적인 역할을 해왔다는 것이 대체적인 평가이다. 왜냐하면 이는 앞서 논의한 선교적, 관계적, 성육신적 유전자에 변형이 일어나 교회가 외부인들을 끌어들여 자기의 사람으로 만들기에 급급한 유인적(attractional) 교회가 되고, 교리와 입장의 보존을 신앙인양 오해한 명제적(propositional) 교회가 되며, 자신의 전통과 문화만을 이식시키려는 식민지적(colonial) 교회가 되어 왔기 때문이 아닐까.

그러면 이제 밀러가 제시하는 공동체에서의 '단절'(disconnect)의 원인을 살펴보자. 밀러가 단절의 원인을 추적하는 이유는 이 문제가 바로 교회 내부에서부터 시작되었다는 인식에서 출발한다. 즉, 교회가 자신만을 위한 축제에 만족하여 공동체를 위해 밖으로 나가는 노력을 게을리하면서, 교회는 원했든 원하지 않았든 공동체를 파괴하는 데 일조를 하게 된 셈이라는 것이다. 그래서 밀러는 "만일 우리가 제공하는 것이 공동체를 만들어 내는 연계를 위한 기회를 자극하고 제공하지 못한다면, 우리는 교회라는 명칭을 떼어 내어야 하고, 종교적 엔터테인먼트의 집이라고 이름을 바꾸어야 할 것이다."[129]라고 일침을 놓고 있다.

밀러가 지적하는 첫 번째 단절은 "자족감과 공동체 사이의 단절"이다. 밀러에 의하면 교회들이 성장을 하게 되면 의도적으로 공동체를 떠나 '편협한 자기유익'에만 몰두한다고 한다.[130] 이 말은 한 교회가 개척한 지역에서 성장을 이룬 후 교회를 이전하게 될 때 일반적으로 대상지역은 인적 물적 자원이 풍부한 곳이 된다는 것이다. 그러다 보면 새로 옮긴 지역에 있던 기존 소형교회들에게 영향을 미치게 된다. 이는 '월마트화'(WalMartization)라고 불리는 것으로 마치 대형마트가 한 지역에서 세워지면 작은 상점들이 영업에 막대한 피해를 보는 것과 같은 현상을 만들어 낸다는 것이다.[131] 즉 한 공동체의 자족감이 타 공동체의 상실로 연결되는 것을 말한다.

두 번째는 "앎과 삶 사이의 단절"이다. 밀러는 세상이 바라보는 교회의 모습 중의 하나가 '위선자'라는 낙인임을 지적한다.[132] 말은 많이 하지만 행동으로 옮기는 것에는 부족하다는 비판이 교회를 항상 좇아다닌 것은 사실이다. 대부분 크리스천들이 그렇듯이 일주일에 한 번 교회에서 고백하는 내용과 나머지 6일 동안의 삶은 전혀 다른 경우가 대부분인 것이 현실이다. 교회의 위선적 모습은 교회와 다른 공동체 사이의 관계를 단절시키는 불행한 요소 중에 하나이다. 때문에 교육과 목회는 앎과 삶이 연결될 수 있도록 근본적인 자기반성이 있어야 한다. 미국의 경우 70-80년대 짐 베이커(Jim Baker), 지미 스와가트(Jimmy Swaggart)와 같은 TV 설교자(TV evangelists)들로 알려진 목회자들이 스캔들에 휘말리면서 기독교의 평판은 심각히 손상되었다. 그 결과 교회는 더욱더 사회적으로 고립되는 결과를 가져오기도 했다.[133]

세 번째는 "행위와 존재 사이의 단절"이다. 대개 교회는 프로그램을 통해서 자신들의 책임을 완수할 수 있다고 생각한다. 그래서 행위는 있어 보이지만 존재 자체에서 변화가 일어나지 않는다. 밀러는 이에 대하여 우리를 따라 우리의 삶을 살려고 하는 사람들과 관계를 형성할 수 있는 '맥락'(context)을 만들어야 한다고 했다.[134]

네 번째는 "원인과 결과 사이의 단절"이다. 물론 어떤 결과의 원인을 추적하는 것은 쉬운 일이 아니다. 만일 교회의 성도가 갑자기 줄었다고 하자. 이 문제의 원인이 교회 내부에 존재할 수도 있고, 그렇지 않을 수도 있다. 또한 겉으로 보기에는 갑작스러운 일이지만, 그 원인은 오랫동안 쌓여 온 문제가 폭발한 것일 수도 있다. 때문에 밀러는 종합적이고 복합적인 시각으로 문제를 살펴볼 필요가 있다는 점을 지적했다.[135] 교회가 사회와의 관계에서 어떤 사건의 원인과 결과를 밝히는 데 있어서, 교회는 대부분 단순하고 성급한 결론을 내려온 것이 사실이다. 그래서 밖으로부터는 교회가 지나치게 독단적이고 자기중심적이라는 비판을 듣는다. 자기만 옳다고 생각하는 오만은 결코 신앙적이지도 그리고 심지어 인격적이지도 않다는 것을 기억해야 한다.

다섯 번째는 "부분과 전체 사이의 단절"이다. 예를 들자면 이 문제는 교회가 환경의 문제에 대해 침묵 또는 간과했던 것에서 찾아볼 수 있다. 만일 의도하지 않았던 행동이 생태계에 부정적 영향을 미쳤다면, 전체를 보지 못하고 부분만을 보았던 우리의 편협한 시각의 한계를 인정하지 않을 수 없다. 때문에 전인적이고 통전적 시각의 결여가 바로 단절의 원인이라고 해야 한다는 것이다.[136] 이때 "전체는 부분의 합보다 크다."라는 말을 상기시켜 볼 필요가 있다. 이 말은 단순히 물량적 측면을 이야기하는 것은 아니다. 오히려 전체는 부분의 합과 질적으로 다르다는 것을 뜻한다. 개개인과 개별적 공동체는 공동체와 더 큰 의미의 공동체를 생각하면서 살아야 한다. 그것은 지구촌, 생태계, 하나님의 나라라는 전체와 개인과 개별공동체가 다시 연결되어야 하는 과제를 의미하는 것이다.[137]

그러면 밀러가 제시하는 공동체의 요소는 무엇일까? 밀러는 교회의 근본적 사명이 "잃어버린 영혼을 구하고, 가족 안에서 결속을 이루고, 다양한 사람들을 제자로 만들고, 하나의 지체(공동체)를 형성하며, 세상에서 빛과 소금이 되는 것이다."[138]라고 했다. 바로 이 교회의 사명을 달성하기 위해 공동체가 갖추어야 할 모습을 밀러는 8가지로 요약해서 설명하고 있다.

밀러에 의하면 공동체를 위한 필수요소 중 첫 번째는 "계약과 안전"(Covenant and Security)이라고 한다. 그는 "디지털 문화의 상호적 성향과 새로운 사고방식은 구전문화의 민감성 즉 선한 뜻, 열려진 의도, 사회적 상호작용에 있어서 상호성이 보장된 역동성이 있는 모습으로 우리를 되돌려 주고 있다."[139]고 했다. 때문에 계약은 관계와 공동체의 형성에 윤리적, 도덕적 도구가 될 것이라고 했다.[140] 커뮤니케이션 문화의 변화를 살펴볼 때 발견되는 흥미로운 사실은 구전문화, 인쇄문화, 방송문화, 디지털 문화로 이어져 오면서 문화의 방향은 인쇄문화를 기점으로 다시 구전문화로 회귀하는 경향을 띤다는 것이다. 구술문화에서만 가능했던 직접적이고 전체적인 소통이 기술적 발전을 통해 거리와 공간적 차이를 극복하고 가능하게 된 것이다. 때문에 상호성이 요구되는 계약(약속)과 안전의 보장은 디지털 시대의 공동체가 가져야 할 중요한 요소가 되는 것이다. 그래서 밀러는 다음과 같이 단언했다.

> 디지털 미디어가 기존의 물리적 개념적 경계를 계속적으로 무너뜨리고 있는 한, 교회는 정직하고, 밀접한 개인들, 가정들, 이웃들, 공동체들, 교회들을 만드는 계약을 발견할 놀라운 기회를 갖게 되었고, 그래야만 할 필요가 있다.[141]

두 번째 요소는 "친교와 시간"(Fellowship and Time)이다. 밀러는 "서로서로에게 기쁨을 주고 형제자매 안에서 그리스도를 발견하는 능력을 회복하기 위해 회의와 논의에 얽매이는 활동에서 벗어나야 한다."[142]고 했다. 이러한 밀러의 생각은 존 나이스빗(John Naisbitt)의《메가트렌드》(Megatrends)[143]로부터 온 것이다. 나이스빗은 하이테크 시대가 되면 될수록 우리에게 필요한 것은 하이터치라고 주장했다. 밀러는 이를 주제중심(high-agenda)에서 친교중심(high-fellowship)으로 교회의 초점이 이동해야 한다고 한 것이다.[144] 디지털 시대는 이슈(issues)보다는 관심(interests)을 더욱 필요로 하는 시대이다. 수많은 정보들이 실시간에 개인의 손끝으로 찾아질 수 있는 시대에 정보 자체에 얽매여, 사랑과 신뢰의 관계를 맺을 친교의 시간을 놓친다는 것은 교회 공동체에게 있어서 더없는 손실이 될 것이다. 때문에 교육과 목회는 정보의 전달에 투자했던 시간을 관계를 형성하는 교제의 시간으로 바꿔가야 한다.

세 번째 요소는 "사랑받은 이를 되찾기"(Reclaiming the Beloved)이다. 밀러는 마태복음 25:35-40[145]에 나오는 예수님의 비유를 상기시키면서, 우리가 무엇을 하는 것은 예수님을 대신해서 하는 것이 아니라, 예수님을 위해서 하는 것이라는 점을 강조한다. 그러면서 밀러는 우리는 많은 일을 할 수 있는 시대를 살고 있지만 이것들이 갖는 가치는 미약함을 우려했다.[146] 그리고 작은 이들을 위해 사는 삶이 공동체를 회복시키는 중요한 요소임을 역설했다. 믿음의 공동체가 여타 공동체와 구별되고, 이 공동체가 모든 공동체를 위해 헌신하고 기여하기 위해서는 개인과 공동체의 모든 활동이 바로 예수 그리스도를 위한 그리고 예수 그리스도께 하는 것이라는 의식에서 시작되어야 한다. 때문에 우리는 예수님께서 우리를 사랑하셨듯이 우리도 이웃을 사랑해야 하고, 사랑하는 사람들을 더 많이 찾아 내는 삶을 살아야 한다. 그리고 이것이 교육과 목회의 목적과 방법이 되어야 할 것이다.

네 번째 요소는 "관계적 책임성"(Relational Accountability)이다. 밀러는 "계약에 있어서 핵심적 요소는 우리의 말이 신뢰를 가지고 지켜지는 데 있다."[147]고 했다. 아무리 작은 약속이라도 우리가 이를 중요하게 여기고 그 약속에 따라 사는 모습이 관계를 형성시키며, 관계를 지속시켜 주는 원동력이 된다. 책임을 지지 않는 관계는 진정한 의미의 관계라고 볼 수 없다. 예수님은 우리와의 관계에서 책임을 다하기 위해 십자가에 달려 돌아가셨다. 바로 이 모습은 관계성 속에서 지켜지는 책임에 대한 최상의 모범이 된다. 교육과 목회는 책임을 지는 관계를 형성시키기 위해 신앙적 삶을 실천해야 한다.

다섯 번째 요소는 "투명성과 진리"(Transparency and Truth)이다. 밀러는 "안전과 친교, 충성심이 있다고 하여도, 공동체에 투명성과 진리가 없다면 구성원들의 감정, 생각, 행동은 정치적이 될 수밖에 없다."[148]라고 했다. 투명성은 곧 정직성이다. 교회 안에서 일어나는 일들이 반드시 필요한 경우를 제외하고 모든 성원들에게 투명하게 공개되는 것이 중요하다. 디지털 시대를 살면서 경험하게 되는 것은 더 이상 감출 수 있는 것이 많지 않다는 사실이다. 과거에는 조용히 묻힐 수 있는 사건도 이제는 순식간에 수천수만의 사람들에게 전달 된다. 1991년 로스앤젤레스에서는 그 유명한 'LA 폭동'이라는 사건이 일어났다. 이 폭동사건은 로드니 킹(Rodney King)이라는 흑인이 백인경찰들에게 폭행을 당하는 모습이 일반인의 비디오에 찍히고 이것이 방송에 나오면서 촉발되었다. 이는 개인용 비디오카메라가 없던 시절에는 상상도 할 수 없는 일이었다. 그러나 이제는 심지어 휴대전화 속에 내장된 영상촬영기로 이와 같은 일을 해낼 수 있다. 때문에 투명성은 진리를 전하는 가장 중요한 요소라는 것을 염두에 두어야 한다.

여섯 번째 요소는 "고백과 회개"(Confession and Repentance)이다. 밀러는 "관계가 생동적이고 안전을 보장할 때 우리는 고백과 회개를 통해서 공동의 치유능력을 회복할 수 있다."[149]고 했다. 공동체에는 언제나 위기와 갈등이 찾아올 수 있다. 그러나 위기와 갈등은 절망의 신호가 될 수도 있고, 신뢰를 강화시킬 수 있는 계기가 될 수도 있다. 그래서 공동체는 치유의 메커니즘을 가지고 있어야 한다. 이러한 의미에서 교회가 가지고 있는 최상의 치유는 바로 고백과 회개인 것이다. 사실 교육과 목회에서 고백과 회개는 개인적 영역으로 여겨져 왔다. 그러나 이제 고백과 회개는 상호적이며 공동체적으로 이뤄져야 한다. 그럴 때 공동체의 회복을 위한 결정적인 계기가 마련 될 것이다.

일곱 번째 요소는 "종으로서의 봉사"(Service as a Servant)이다. 밀러는 "봉사는 기능이 아니다. 성경과 구전문화의 관점에서 봉사는 우리 존재의 도덕적 표현이다. 하나님의 사랑은 그의 아들에게서 표현되었다."[150]라고 했다. 그리고 그는 봉사는 단순한 자원행위가 아니며, 진정으로 이웃을 위한 봉사자, 즉 종이 되는 것이라고 했다.[151] 어찌 보면 '섬김의 리더십'(servant leadership)만으로도 부족할지 모른다. 이 말은 리더의 자리에서 내려와 바로 '종'이 되는 자세가 필요하다는 말이다. 앞서 논의한 바 있지만 우리의 리더는 오직 예수 그리스도 한 분이시다. 우리는 결코 리더가 될 수도 되어서도 안 된다. 우리는 단지 종일뿐이다. 만일 우리가 리더의 역할을 수행해야 할 상황이 발생한다면 예수님께서 참 리더이심을 고백하고 그의 뜻을 대행하는 일시적 리더라는 것을 잊지 말아야 할 것이다.

여덟 번째 요소는 "직접적 자선"(Firsthand Charity)이라고 했다. 밀러는 "희랍어에서 자선(charity-charis)은 은혜의 선물을 의미한다."[152]고 했다. 여기에서 자선은 '개인적'이며 '구체적'인 것을 의미한다.[153] 그리고 밀러는 "선물의 힘은 선물 뒤에 있는 선물을 주는 사람과의 관계이다. 우리가 직접적으로 자선을 베풀 때, 우리는 그리스도를 드러내는 것이다."[154]라고 했다. 이러한 의미에서 직접적 자선으로 유명한 미국 뉴저지의 리퀴드 교회(Liquid Church)는 좋은 예가 될 것이다. 이 교회는 프리 마켓(free market-flea market이 아니라)에서 자신들의 물건을 가져와 누구에게나 무료로 나누어 주고, 더운 날 길에서 차가운 음료수를 운전자들에게 주며, 특별한 날을 정해 주유소에 방문한 차들의 기름 값을 대신 지불해 준다. 이러한 직접적 자선은 주는 사람이나 받는 사람 모두에게 감동이 되는 경험이라고 한다.[155]

그러면 이제 성경이 가르쳐 주는 관계의 중요성에 대한 문제를 논의해 보자. 성경은 하나님께서 인간이 독처하는 것을 원치 않으셨다고 기록하고 있다. 그래서 하나님께서는 남자를 위해 여자를 만드셨다. 이렇게 해서 하나님과 두 사람의 인간은 첫 공동체를 이루게 된 것이다. 공동체는 인간을 위한 하나님의 계획의 근본적 요소이다. 때문에 교회에게도 공동체는 당연히 근본적 요체라는 사실에 의심의 여지가 없다. 그러므로 교회는 하나님께서 계획하시는 완전한 공동체의 모형이 되어야 한다.

신약성경을 보면 공동체의 중요성을 강조하는 가르침들이 많이 있다. 특별히 '서로'라는 표현으로 드러나는 '관계'에 대한 내용은 크리스천 공동체에 요구되는 덕목과 미덕을 잘 묘사해 주고 있다. 여기서 말하는 관계는 성도들의 공동체 안에서 이루어지는 상호적 관계에 대해 초점을 맞추면서 연합, 환대, 헌신을 요구하고 있다. 다음은 신약성경에 나오는 공동체를 위한 관계와 관련된 말씀들이다.

- 내가 주와 또는 선생이 되어 너희 발을 씻었으니 너희도 서로 발을 씻어 주는 것이 옳으니라 (요한복음 13:14)
- 새 계명을 너희에게 주노니 서로 사랑하라 내가 너희를 사랑한 것 같이 너희도 서로 사랑하라 너희가 서로 사랑하면 이로써 모든 사람이 너희가 내 제자인 줄 알리라 (요한복음 13:34-35)
- 너희가 진리를 순종함으로 너희 영혼을 깨끗하게 하여 거짓이 없이 형제를 사랑하기에 이르렀으니 마음으로 뜨겁게 서로 사랑하라 (베드로전서 1:22)
- 우리는 서로 사랑할지니 이는 너희가 처음부터 들은 소식이라 (요한1서 3:11)
- 형제를 사랑하여 서로 우애하고 존경하기를 서로 먼저 하며 (로마서 12:10)
- 서로 마음을 같이하며 높은 데 마음을 두지 말고 도리어 낮은 데 처하며 스스로 지혜 있는 체 하지 말라 (로마서 12:16)
- 피차 사랑의 빚 외에는 아무에게든지 아무 빚도 지지 말라 남을 사랑하는 자는 율법을 다 이루었느니라 (로마서 13:8)
- 그런즉 우리가 다시는 서로 비판하지 말고 도리어 부딪칠 것이나 거칠 것을 형제 앞에 두지 아니하도록 주의하라 (로마서 14:13)
- 그러므로 그리스도께서 우리를 받아 하나님께 영광을 돌리심과 같이 너희도 서로 받으라 (로마서 15:7)
- 내 형제들아 너희가 스스로 선함이 가득하고 모든 지식이 차서 능히 서로 권하는 자임을 나도 확신하노라 (로마서 15:14)
- 너희가 거룩하게 입맞춤으로 서로 문안하라 그리스도의 모든 교회가 다 너희에게 문안하느니라 (로마서 16:16)
- 모든 형제도 너희에게 문안하니 너희는 거룩하게 입맞춤으로 서로 문안하라 (고린도전서 16:20)
- 마지막으로 말하노니 형제들아 기뻐하라 온전하게 되며 위로를 받으며 마음을 같이하며 평안할지어다 또 사랑과 평강의 하나님이 너희와 함

께 계시리라 거룩하게 입맞춤으로 서로 문안하라 (고린도후서 13:11)
- 너희는 사랑의 입맞춤으로 서로 문안하라 그리스도 안에 있는 너희 모든 이에게 평강이 있을지어다 (베드로전서 5:14)
- 형제들아 내가 우리 주 예수 그리스도의 이름으로 너희를 권하노니 모두가 같은 말을 하고 너희 가운데 분쟁이 없이 같은 마음과 같은 뜻으로 온전히 합하라 (고린도전서 1:10)
- 내가 유오디아를 권하고 순두게를 권하노니 주 안에서 같은 마음을 품으라 (빌립보서 4:2)
- 형제들아 너희가 자유를 위하여 부르심을 입었으나 그러나 그 자유로 육체의 기회를 삼지 말고 오직 사랑으로 서로 종노릇 하라 (갈라디아서 5:13)
- 몸이 하나요 성령도 한 분이시니 이와 같이 너희가 부르심의 한 소망 안에서 부르심을 받았느니라 (에베소서 4:4)
- 서로 친절하게 하며 불쌍히 여기며 서로 용서하기를 하나님이 그리스도 안에서 너희를 용서하심과 같이 하라 (에베소서 4:32)
- 시와 찬송과 신령한 노래들로 서로 화답하며 너희의 마음으로 주께 노래하며 찬송하며 (에베소서 5:19)
- 그리스도를 경외함으로 피차 복종하라 (에베소서 5:21)
- 누가 누구에게 불만이 있거든 서로 용납하여 피차 용서하되 주께서 너희를 용서하신 것 같이 너희도 그리하고 (골로새서 3:13)
- 그리스도의 말씀이 너희 속에 풍성히 거하여 모든 지혜로 피차 가르치며 권면하고 시와 찬송과 신령한 노래를 부르며 감사하는 마음으로 하나님을 찬양하고 (골로새서 3:16)
- 그러므로 피차 권면하고 서로 덕을 세우기를 너희가 하는 것 같이 하라 (데살로니가전서 5:11)
- 모이기를 폐하는 어떤 사람들의 습관과 같이 하지 말고 오직 권하여 그 날이 가까움을 볼수록 더욱 그리하자 (히브리서 10:25)
- 오직 오늘이라 일컫는 동안에 매일 피차 권면하여 너희 중에 누구든지

죄의 유혹으로 완고하게 되지 않도록 하라 (히브리서 3:13)

- 서로 돌아보아 사랑과 선행을 격려하며 (히브리서 10:24)
- 형제들아 서로 비방하지 말라 형제를 비방하는 자나 형제를 판단하는 자는 곧 율법을 비방하고 율법을 판단하는 것이라 네가 만일 율법을 판단하면 율법의 준행자가 아니요 재판관이로다 (야고보서 4:11)
- 마지막으로 말하노니 너희가 다 마음을 같이하여 동정하며 형제를 사랑하며 불쌍히 여기며 겸손하며 (베드로전서 3:8)
- 서로 대접하기를 원망 없이 하고 (베드로전서 4:9)
- 젊은 자들아 이와 같이 장로들에게 순종하고 다 서로 겸손으로 허리를 동이라 하나님은 교만한 자를 대적하시되 겸손한 자들에게는 은혜를 주시느니라 (베드로전서 5:5)
- 그가 빛 가운데 계신 것 같이 우리도 빛 가운데 행하면 우리가 서로 사귐이 있고 그 아들 예수의 피가 우리를 모든 죄에서 깨끗하게 하실 것이요 (요한1서 1:7)
- 소금은 좋은 것이로되 만일 소금이 그 맛을 잃으면 무엇으로 이를 짜게 하리요 너희 속에 소금을 두고 서로 화목하라 하시니라 (마가복음 9:50)
- 몸 가운데서 분쟁이 없고 오직 여러 지체가 서로 같이 돌보게 하셨느니라 (고린도전서 12:25)
- 헛된 영광을 구하여 서로 노엽게 하거나 서로 투기하지 말지니라 (갈라디아서 5:26)
- 너희가 짐을 서로 지라 그리하여 그리스도의 법을 성취하라 (갈라디아서 6:2)
- 또 주께서 우리가 너희를 사랑함과 같이 너희도 피차간과 모든 사람에 대한 사랑이 더욱 많아 넘치게 하사 (데살로니가전서 3:12)
- 그러므로 이러한 말로 서로 위로하라 (데살로니가전서 4:18)
- 그들의 역사로 말미암아 사랑 안에서 가장 귀히 여기며 너희끼리 화목하라 (데살로니가전서 5:13)
- 삼가 누가 누구에게든지 악으로 악을 갚지 말게 하고 서로 대하든지 모

든 사람을 대하든지 항상 선을 따르라 (데살로니가전서 5:15)

• 형제 사랑하기를 계속하고 (히브리서 13:1)

• 형제들아 서로 원망하지 말라 그리하여야 심판을 면하리라 보라 심판
주가 문 밖에 서 계시니라 (야고보서 5:9)

• 그러므로 너희 죄를 서로 고백하며 병이 낫기를 위하여 서로 기도하라
의인의 간구는 역사하는 힘이 큼이니라 (야고보서 5:16)

지금부터 이제까지 살펴본 내용을 기반으로 디지털 시대의 교육과 목회가 추
구해야 할 관계의 핵심적 요소를 간략하게 정리해 보자. 나는 이것을 링크
(LINK) 교육목회라고 부르고자 한다. 왜 링크인가? 링크는 디지털 문화의 핵심
적 요소이며, 관계에 있어서는 생명선의 역할을 한다. 그래서 많은 미래학자
가 이구동성으로 링크가 미래사회와 문화의 키워드가 될 것이라고 말하고 있
는 것이다.[156) 과학이 발전하면서 과학자들이 발견해 낸 것은 자연의 본질은
복잡성과 불확실성이라는 것이다. 그것은 단순한 근대적 접근으로는 하나님
의 창조물을 이해할 수도 없을 뿐만 아니라, 표피적 사실에도 접근하기 어렵
다는 것을 뜻한다. 그리고 그들은 자연의 이치는 서로 복잡하게 연결되어 있
는 링크 또는 네트워크의 현상이라고 했다. 이러한 의미에서 바로 이 링크는
하나님의 오묘하신 창조의 섭리 속으로 들어가는 통로가 된다고 할 수 있다.

링크는 밀러가 지적한 공동체의 단절과 공동체 회복을 위한 결정적인 역할을
해주는 요소이다. 일면 단절은 근대주의와 산업화의 부산물 중의 하나이기도
하다. 19세기부터 불어 닥친 전문화(Specialization)와 분업화(Division of Labor)는
효율성이라는 이름 아래 공동체 간의 벽을 쌓아 놓았다. 그러나 일단 벽에 갇
힌 공동체들은 경제성이라는 측면을 부각시키면서 사유화와 개인주의를 정
당화시켜 주었다. 이러한 원리들은 교회로 하여금 내적성장과 내적치유에 몰

두하도록 한 것이다.[157]

이제 링크가 어떠한 과정을 통해 형성되는지 살펴보자. 첫째, 링크는 "구세주
인 예수 그리스도를 찾는 것"(L-ocating Jesus, the Savior)에서 시작된다. 링크에 들
어가는 것은 목적을 가진다. 예를 들어 한 재난 지역에 구조봉사활동을 떠나
기 위해 교회의 청년들이 팀을 조직한다고 하자. 구조와 봉사가 목적이 되는
것은 당연한 일이다. 그러나 무엇보다도 먼저 생각하여야 하는 것은 무엇을
위해 일을 하는가 하는 궁극적 질문이 필요하다. 이러한 질문을 해야 하는 이
유는 이 공동체가 정부나 사회의 단체가 아니라, 그리스도의 몸 된 교회이기
때문이다. 재론의 여지없이 이 활동의 궁극적 목표는 예수 그리스도의 영광을
위해서이다. 그리고 이들이 만나는 사람들은 그저 재난을 당한 불쌍한 사람들
이 아니라, 바로 예수 그리스도이시라는 것이다. 이러한 생각은 이 구조봉사
팀의 자세와 태도를 분명하게 해 주는 기준이 될 것이다.

둘째, 링크는 "선교사로의 정체성을 확립하는 것"(I-dentifying Ourselves as Mis-
sionaries)이다. 교회가 수행하는 사역에 있어서 우리의 정체성은 모든 사람이
선교사라는 사실이다. 우리는 모두 복음을 전하라는 명령을 받은 선교의 사역
자라는 사실을 성경은 분명히 밝혀 주고 있다. 재난현장에서 자신의 재능에
따라 여러 가지 활동을 할 수 있지만, 모든 활동의 궁극적 목표는 복음을 전하
는 것이다. 그것이 말이던 행동이던 복음을 전하는 것이 여타 모든 활동의 중
심에 놓여야 한다. 교육과 목회에는 여러 형태의 직분과 역할이 있다. 그러나
우리는 모든 이들에게 선교사의 지위를 기억하도록 해야 한다. 목회자는 선교
목사(missionary pastor), 교사는 선교교사(missionary teacher), 선교장로(missionary
elder), 선교집사(missionary deacon), 선교평신도(missionary lay people) 등 모두가

선교사라는 것을 명심하고 또 명심해야 한다. 이렇게 할 때만 교회의 모든 활동, 프로그램이 선교적이 될 수 있는 것이다.

셋째, 링크는 "선교의 동반자로서 형제와 자매가 네트워킹하는 것"(N-etworking Sisters/Brothers as Mission Partners)이다. 이제 필요한 것은 형제와 자매가 협력하는 것이다. 국제적으로, 국내적으로, 계층 간, 세대 간 적극적 연계를 해야 한다. 성경은 "보라 형제가 연합하여 동거함이 어찌 그리 선하고 아름다운고"[158]라고 한다. 최근 상황을 보면 서구교회와 비서구교회의 협력이 그 어느 때보다 필요한 상황이다. 서구교회의 전통과 경험, 그리고 비서구교회의 열정과 힘이 서로 만나 하나님의 선교를 위해 시너지를 이루어 내야 한다. 그리고 그 연합된 노력은 복음이 전해져야 할 제3세계, 즉 땅 끝까지 이르러야 한다. 과거에는 이러한 네트워킹은 시간과 비용 때문에 엄두도 내지 못하던 시절이 있었다. 그러나 디지털 시대를 맞이한 지금은 이러한 연합이 자유롭게 이루어질 수 있는 환경과 조건이 마련되어 있다. 때문에 교육과 목회는 이 기회를 절대로 놓쳐서는 안 될 것이다. 그리고 네트워킹의 또 한 가지 측면은 'Net-work-ing'이라는 단어에서 보듯이 '그물사역'이 되어야 한다. 그물사역은 예수님께서 제자들이 사람을 낚는 어부가 되리라고 하신 것처럼, 형제자매의 연합에는 사람을 낚는 '전도'가 동반되어야 하는 것이다.[159]

넷째, 링크는 "세상을 하나님의 나라로 만드는 것"(K-ingdomization of the World)이다. 링크의 출발이 예수 그리스도를 찾고 그의 영광을 위한 첫걸음을 내딛는 것이었다면, 궁극적 목적지는 이 세상을 하나님의 나라로 만드는 것이다. 물론 여기서 말하는 하나님의 나라는 하나님의 통치와 능력이 넘치는 상태를 뜻한다. 더불어 영생을 얻어 가게 되는 하늘나라와는 구별되는 것이다. 자칫

이 세상을 하나님의 나라로 만든다는 것에 몰두하여, 하나님의 선교와 하나님의 나라를 사람의 선교와 사람의 나라로 둔갑시키는 과호를 범해서는 안된다. 여기에서 필요한 것은 이것이냐 저것이냐의 이분법적 사고가 아니다. 둘을 조화롭게 이루어 낼 수 있는 마음과 노력이다. 예수 그리스도의 복음의 유일성을 제외하고는 우리는 과감히 조화와 협력을 이루어야 하는 것이 링크 교육목회의 과제이다.

* * * * *

L – 구세주인 예수 그리스도를 찾는 것

I – 선교사로의 정체성을 확립하는 것

N – 선교의 동반자로서 형제와 자매가 네트워킹하는 것

K – 세상을 하나님의 나라로 만드는 것

L – ocating Jesus, the Savior

I – dentifying Ourselves as Missionaries

N – etworking Sisters/Brothers as Mission Partners

K – ingdomization of the World

✻ 각주

126) Miller, *The Millennium Matrix*, 180.

127) G. Eric Hansen, *The Culture of Strangers: Globalization, Localization and the Phenomenon of Exchange* (Lanham, MD: University Press of America, 2002).

128) http://dictionary.reference.com/browse/Community (2010년 2월 23일 접속).

129) Miller, *The Millennium Matrix*, 182.

130) Ibid.

131) Ibid.

132) Ibid., 183.

133) Robert Abelman and Stewart M. Hoover, *Religious Television: Controversies and Conclusions* (Norwood, NJ: Ablex Publishing Corporation, 1990).

134) Miller, *The Millennium Matrix*, 185.

135) Ibid.

136) Ibid., 187.

137) R. Buckminster Fuller, *Synergetics: Explorations in the Geometry of Thinking* (New York: Macmillan Publishing Co. Inc. 1975).

138) Miller, *The Millennium Matrix*, 188.

139) Ibid., 189.

140) Ibid.

141) Ibid., 190.

142) Ibid.

143) John Naisbitt, *Megatrends: Ten New Directions Transforming Our Lives* (New York: Grand Central Publishing, 1988).

144) Miller, *The Millennium Matrix*, 190.

145) "내가 주릴 때에 너희가 먹을 것을 주었고 목마를 때에 마시게 하였고 나그네 되었을 때에 영접하였고 헐벗었을 때에 옷을 입혔고 병들었을 때에 돌보았고 옥에 갇혔을 때에 와서 보았느니라 이에 의인들이 대답하여 이르되 주여 우리가 어느 때에 주께서 주리신 것을 보고 음식을 대접하였으며 목마르신 것을 보고 마시게 하였나이까 어느 때

에 나그네 되신 것을 보고 영접하였으며 헐벗으신 것을 보고 옷 입혔나이까 어느 때에 병드신 것이나 옥에 갇히신 것을 보고 가서 뵈었나이까 하리니 임금이 대답하여 이르시되 내가 진실로 너희에게 이르노니 너희가 여기 내 형제 중에 지극히 작은 자 하나에게 한 것이 곧 내게 한 것이니라 하시고"

146) Miller, *The Millennium Matrix*, 192.

147) Ibid., 193.

148) Ibid., 194.

149) Ibid., 195.

150) Ibid.

151) Ibid.

152) Ibid., 196.

153) Ibid.

154) Ibid.

155) http://www.liquidchurch.com/ (2010년 2월 25일 접속).

156) Albert-Laszlo Barabasi, *Linked: How Everything Is Connected to Everything Else and What It Means* (New York: Plume, 2003).

157) Richard Robert Osmer and Friedrich Schweitzer, *Religious Education between Modernization and Globalization: New Perspectives on the United States and Germany* (Grand Rapids: William. B. Eerdmans Publishing Company, 2003).

158) 시편 133:1.

159) 마가복음 1:17 "예수께서 이르시되 나를 따라오라 내가 너희로 사람을 낚는 어부가 되게 하리라 하시니"

7

융합 _ 생명력 있는 교회

새로운 교육과 목회를 위한 세 번째 매트릭스는 '생명력 있는 교회'를 위한 '융합'적 접근이다. 생명력 있는 교회란 무엇인가? 우선 생명력 있는 교회를 이해하기 위해 밀러가 구분하는 교회의 변화에 대한 입장을 살펴볼 필요가 있다. 밀러의 구분에 의하면 교회는 초대와 중세의 '예전적 교회'(the Liturgical Church), 종교개혁 시대의 '종교개혁 교회'(the Reformation Church), 그리고 최근의 '축제적 교회'(the Celebration Church)로 변해 왔다고 한다.[160]

구약의 제사전통에 기반을 둔 초대교회는 속죄와 구원의 상징으로 세례와 성만찬을 예배의 중심에 가져다 놓았다. 세례와 성만찬은 예수님께서 직접 받으시고, 제정하신 예전이다. 때문에 이 둘은 교회의 근간을 이루는 성례전이라고 할 수 있다. 그 이후 중세교회는 더 많은 예전과 의식을 만들어 내면서 신앙에 대한 상징적 표현과 소통에 지대한 관심을 가졌다. 성화상(icons), 건축물, 동상 등은 중세교회가 남긴 위대한 종교적 유산이다. 그러나 상징에 지나치게 몰두한 나머지 하나님의 말씀 즉 성경을 모든 사람이 읽고 진리를 깨닫게 하는 데에는 큰 노력을 하지 않았다. 말씀을 멀리하고 권위와 형식에만 치우친 교회는 결국 부패하게 되고, 비로소 종교개혁자들의 저항에 부딪히게 되었다. 이후 종교개혁 교회는 누구나 손에 쥘 수 있는 성경을 통해 말씀의 회복을 가져온 교회가 되었다. 인쇄문화와 함께 그 영향력을 확장해나간 종교개혁 교회는 인쇄문화가 갖는 특성 또한 함께 공유했다. 글과 글을 통한 이해와 해석을 중요하게 생각하는 인쇄문화는 개신교로 하여금 성례보다 말씀을 우위에 놓게 하였고, 다양한 이해와 해석을 바탕으로 한 신학적 논의의 진보를 가져다주었다. 종교개혁 교회에서 설교는 예배 중 가장 중심적 위치에 있었다. 그리고 여타 다른 순서들은 설교를 위한 보조적 역할을 하게 되었다.[161] 그 후 방송문화가 도래하면서 예배는 설교 이외의 다양한 측면에서 참석자들의 관심과 참여를 독려할 수 있는 방향으로 발전하게 되었다. 이를 축제적 교회라 부르는 것은 예배는 하나님께 영광과 감사를 기쁨으로 드리는 것이라는 인식 속에서 음악을 비롯한 다채로운 예술적 접근을 예배에 포함시켰기 때문이었다. 그리고 밀러는 이제 새로운 밀레니엄에는 앞서 있었던 교회의 모형을 뛰어넘는 새로운 모습, 즉, "생명력 있는 교회"(the Living Church)가 형성되어야 한다고 주장했다.[162]

그렇다면 과연 생명력 있는 교회는 어떠한 모습을 지녀야 할까? 밀러의 설명을 들어 보면 다음과 같다.

> 생명력 있는 교회의 이미지는 디지털 시대에 상호적이며, 높은 수준으로 네트워크 되어 있고, 깊이 있게 정렬되어 있으며, 분배된 공동체를 구현하고 있는 모습이다. 이러한 교회는 집단지성, 자기조직구조, 구조원형, 지속적 학습, 그리고 생명력과 같은 새로운 개념을 포용한다. 이것은 우리 대부분이 익숙하게 알고 있는 것과 전적으로 다른 술 부대이다. 심지어 이러한 교회의 내부에서 이를 조금이라도 경험한 사람들은 이 교회가 잠재력이 풍부하고 자유로운 교회라는 사실에 동의한다.[163]

밀러가 말하는 생명력 있는 교회는 디지털 문화 속에서 교회가 과거의 전통에 얽매어 숨을 쉬지 못하고 질식해가는 상황에서 벗어나 생명의 신호를 다시 찾는 교회라고 할 수 있다. 그가 "생명력" 또는 "살아 있는"(living) 교회라는 표현을 사용한 것은 교회는 고정적 이미지에서 벗어나 생동하는 유기체의 모습을 가져야 함을 암시하고 있다.

한 유기체가 균형 있는 건강을 유지해 나가기 위해 어느 한 부분만 발달되서는 안된다. 이는 개인뿐만 아니라 사회와 조직의 발달에서도 마찬가지이다. 사실 유기체적 사고방식은 개인과 조직의 세계관을 극적으로 바꾸어 놓았다. 그래서 자연의 질서를 소위 먹이사슬(food chain)로 보던 사고방식에서 먹이망(food network)으로 보게 된 것은 엄청난 변화가 아닐 수 없다. 단순히 약육강식의 법칙이 아니라, 서로서로의 생존을 위해 서로가 존재한다는 연계의 인식은 생명관, 사회관, 우주관을 바꾸기에 충분한 것이었다.[164] 이러한 의미에서 디지털 기술문명이 인간의 신경계만큼 복잡하고 다양한 연결망을 구축하면서 발전하는 것은 그 어느 때보다 유기체적 사고방식이 절실히 요구된다는 것을 증명해 보여 주는 것이다.

그래서 밀러에 의하면 생명력 있는 교회는 목회와 교육의 전 영역, 즉, 리더십, 예배, 공동체, 가상공동체, 메시지, 성장, 건축에 있어서 새로운 그 무엇인가를 가져야 할 것이라고 했다. 그는 그것을 "기운"(vibe)라고 표현하면서, 디지털 시대에 새로운 "진동들"(vibrations)이 "융합"(convergence)되어 새로운 변화를 이끌어 낼 것이라고 했다.[165] 여기에서 잠시 디지털 시대를 이해하는 데 있어서 반드시 알아야 할 개념 중의 하나인 '융합'(컨버전스)에 대해 설명할 필요가 있다. 융합이란 둘 이상의 것들이 모여 서로의 가치와 효용성을 높일 뿐만 아니라, 새로운 차원의 발전을 이끌어 내는 방식을 뜻한다.[166] 대표적인 예로 최근 주목을 받고 있는 하이브리드 자동차가 바로 융합의 결과이다. 이는 가솔린으로 동력을 얻던 자동차에 전기적 동력을 포함시켜 에너지의 효율뿐만 아니라, 환경오염의 문제도 줄일 수 있는 획기적인 기술발전을 이루어 낸 것이다. 최근 기술의 영역에서는 융합의 원칙을 적극적으로 수용하고 있다. 휴대전화기 속에 들어 있는 다양한 기술들을 보라. 사진기, 계산기, 녹음기, 게임기 등 과거에 서로 분리되어 있었던 것이 이제는 하나로 융합되어 새로운 가치를 창출해 내고 있지 않는가.

융합은 협력의 결과이고, 조화의 열매이다. 융합은 중요한 신학적 의미를 지닌다. 해 아래 새 것이 없지만, 하나님께서 지으신 세상을 협력과 조화로 융합시키면서 하나님의 지속적인 창조의 신비와 아름다움에 동참할 수 있다. 이러한 의미에서 기술의 발달이 융합을 통해 새로운 가치를 창조하는 것은 매우 의미 있는 현상이라고 할 수 있다. 흙과 나무가 만나 잎을 내고 꽃을 피우듯이 융합은 창조의 원리이다. 물론 여기에서 분명히 해야 할 것이 있다. 융합은 결코 무분별한 혼합이 아니라는 것이다. 이 말은 사막의 모래 위에 나무의 뿌리가 내릴 수 없듯이 무차별한 혼합은 창조의 원리를 거스른 결과를 만들어 낼 뿐이다. 사실상 때로는 혼합이 가져다주는 문제점 때문에 순혈주의는 정당성을 얻기도 하였다. 그러나 순혈주의가 자신 스스로를 미약하게 만드는 내부의 적이라는 것은 여러 분야에서 입증된 사실이다. 하지만 여기서 말하는 것은 혼합이 아니라 하나님의 창조의 원리와 조화를 따라가는 융합이라는 것을 반드시 기억해야 할 것이다.

앞서 이야기했듯이 밀려는 7가지 새로운 기운이 생명력 있는 교회에게 필요한 새로운 "융합"의 매트릭스라고 했다. 그가 말하는 기운은 생명의 신호이며, 생명의 박동이다. 기운에서 나오는 진동은 끊임없는 변화가 곧 생명의 증거라는 것을 말해 준다. 새로운 교육과 목회에서 요구되는 기운들은 샘솟는 생명력을 가지고 지속적이며 창조적인 변화를 이루어 내야 한다. 이는 우리에게 필요한 것이 단순한 요소들이 아니라 기운이라는 것을 분명히 해 주는 것이다. 그러면 이제 밀러가 이야기하는 7가지 기운에 대해 자세히 살펴보자.

첫째, "리더십 기운"(The Leadership Vibe)이다. 밀러는 "디지털 문화는 리더들이 무엇보다도 자신들이 하는 일을 사랑하고, 자신을 살아 있는 모형으로 내어놓아야 한다."[167]고 했다. 즉 리더십은 단순한 기술이 되어서는 안 된다는 뜻이다. 즉 리더십은 리더 자신의 인격과 심성과 신앙의 표현이어야 한다는 말이다. 사실 디지털 시대는 그 어느 때보다 투명성을 요구하는 시대이다. 대중에게 감출 수 있는 것이 점점 더 축소되고 있다. 리더들의 삶과 사역은 낱낱이 공개된다. 그리고 대중들이 리더에게서 원하는 것은 '열정'(passion)과 '정직성'(integrity)이다. 물론 열정과 정직성은 시대와 환경을 초월해서 모든 리더들에게 요구되는 덕목일 것이다. 그러나 디지털 시대는 이전 시대가 필요로 했던 카리스마를 가진 리더보다는, 구성원들의 참여를 독려하기 위해 자신 스스로가 열정적으로 참여하는 리더를 더욱 요청하고 있다.

둘째, "예배 기운"(The Worship Vibe)이다. 밀러의 설명에 의하면 "예전적 모형"은 비록 유연성과 접근성은 떨어졌지만 예배에서 요구되는 가장 종합적인 형태를 가지고 있었다고 한다. 한편 "종교개혁 모형"은 깊은 예배의 내용을 가지기는 했지만 위계적이고 상호적이지 못했다고 한다. 그리고 "방송 또는 포스트모던 모델"은 예배자들을 연결시키는 예배의 분위기를 가졌지만 진정한 의미의 상호작용의 측면에서는 부족함을 드러냈다고 한다.[168] 여기에서 한 가지 흥미로운 사실은 앞서 지적한 대로 디지털 시대는 구전문화와 많은 부분 유사성을 가지고 있다는 점이다. 이와 더불어 디지털 문화는 회중의 단순한 참여뿐만 아니라 회중의 생각이 개입될 수 있는 열린 구조라는 또 다른 가능성을 가지고 있다는 것이다.[169] 때문에 미래의 예배인도자는 참여와 공유의 역동성을 유지시키는 것에 더욱 노력해야 한다.[170]

셋째, "공동체 기운"(The Community Vibe)이다. 밀러는 새로운 교육과 목회를 위한 공동체는 주일행사에만 집중적으로 몰두하는 방향에서 '지체'와 '가족'으로서의 교회를 다시 회복할 필요가 있다고 한다. 그러면서 "미래에는 많은 새로운 회중이 영적가족과 같은 공동체를 찾기 시작할 것이다."[171]라고 했다. 이는 지역교회의 모형에서 가정을 중심으로 한 모임의 형태로 바뀔 것이며, 이러한 가정들이 이웃을 이루는 방향으로 진행될 것이라는 뜻이다.[172] 이는 미래교회학자들이 말하는 미래교회의 양극화 현상과 밀접한 관련이 있다. 미래에는 대형교회와 소형교회로 나누어질 것이며, 중간영역에 있는 교회는 사라질 것이라고 한다. 이러한 예측은 기업의 경우에서처럼 교회도 부익부 빈익빈 현상을 여실히 드러낼 것이라는 전망에서부터 온 것이다. 물론 소형교회는 쉽게 지체와 가족이 될 수 있을 것이고, 대형교회들의 경우에는 소그룹 모임의 활성화로 동일한 목적을 달성할 것이다. 때문에 생명력 있는 교회는 바로 생명의 원천인 가정에서 회복의 실마리를 발견해야 한다.

넷째, "가상공동체 기운"(The Virtual Community Vibe)이다. 가상공간이라는 새로운 선교지에서 과연 교회는 어디에 있으며, 무엇을 하고 있는가? 밀러는 교회가 "과거의 미디어를 웹 형태에 단순히 옮겨 놓기만 했다."[173]라고 지적한다.

그러면서 "교회의 웹 사이트는 주로 기본적 정보, 주보, 오디오 설교 다운로드, 자료 링크, 간혹 인터넷 판매 정도만을 제공한다. 그러나 웹 사이트의 진정한 능력과 매력은 가상공동체를 만들어 내는 것에 있다."[174]라고 했다. 즉, 웹은 "공통의 관심을 가진 사람들을 연결시켜 주고, 개인과 사이의 대화, 협동, 지원, 집단학습의 기회를 마련해 주는 기능"[175]을 가지고 있다. 때문에 미래의 교육목회의 초점은 가상공동체의 기운에 초점을 맞추어야 한다는 것이다. 사실상 최근 급속히 확산되고 있는 '트위터'(twitter), '페이스북'(facebook), '인스타그램'(instagram)과 같은 소셜 네트워크는 평등한 참여와 소통을 가능하게 하는 새로운 만남과 대화의 장이 되고 있다. 따라서 소셜 네트워크는 생명력 있는 교회가 절대로 간과해서는 안 될 목양지임을 명심해야 한다.

다섯째, "메시지 기운"(The Message Vibe)이다. 밀러는 "새로운 메시지의 기운을 이해하는 리더들은 상호작용과 관계적으로 연결된 정보를 가진 메시지를 강력하게 만들 것이며, 이러한 연결은 더 효과적인 기억의 결과를 가져올 것이다."[176]라고 했다. 그러면서 그는 인쇄시대에는 설교자들이 몇 가지 요점을 가지고 이야기를 전달했고, 방송의 시대에는 유머와 일화를 가지고 청중들과 연결되려고 하였다고 한다.[177] 그러나 이제 필요한 것은 "이야기"(narrative)라고 역설한다. 설교자는 이야기를 전달하는 사람으로서 단순히 내용의 소개가 아닌 이야기 속에 자신과 공동체를 연결시키는 창조자의 역할을 해야 하는 시대가 되었다고 한다.[178] 생각해 보면 요점을 가지고 메시지를 전달하는 방식은 논리를 바탕으로 한 기계적 접근의 한 형태라고 볼 수 있다. 기계적 합리성을 추구했던 근대의 사고방식에서는 적절한 전달방법이었다고 할 수 있을 것이다. 그러나 디지털 시대는 기계적인 것에서 벗어나 생명력을 가진 이야기를 더욱 필요로 한다. 왜냐하면 이야기는 논리에 구애받지 않고 자유롭게 인간의 정신과 삶을 옮겨 담을 수 있는 살아 있는 그릇이 되기 때문이다.

여섯째, "성장 기운"(The Growth Vibe)이다. 여기에서 밀러는 교회성장의 미래
에 대한 전망을 내 놓는다. 그가 내다보는 미래교회의 유형 중 하나는 "연방
형 모형"이다. 이 형태는 많은 대형교회가 지교회를 세우는 것과 같은 경우를
말한다. 마치 같은 상호의 지점을 늘여가는 형태로 발전하게 되는 것이다. 또
하나의 유형은 "가톨릭교회 모형"이라고 한다. 지역을 담당하는 형태로 미래
에도 여전히 남아 있을 교회의 모습이라고 한다. 그리고 대형교회는 주변의
소형교회들과의 유기적인 협력을 이루어가는 "커뮤니티 센터"의 역할을 할
것으로 내다보았다.[179] 나는 여기에서 조금 더 발전하여 다중멤버십(multiple
membership)을 가진 교인들이 교회성장의 새로운 모형을 만들어 낼 것을 전망
해 본다. 이 말은 한 사람이 대형교회의 교인이면서 동시에 한 작은 교회의 교
인이 되는 것이다. 또는 하나 이상의 교회에 동시에 멤버십을 가지고 신앙생
활을 하는 것을 뜻한다. 한 교파, 한 교회에 대한 충성심은 하나님의 교회와
그리스도의 교회라는 더욱 커다란 의미로 새롭게 정의될 필요가 있다. 그리고
개인이 가진 다양한 은사와 개인의 영적 필요의 유형에 따라 여러 교회에서
사역하고 도움을 받을 수 있는 것이다. 교회들은 서로 연합하고 교류하면서
새로운 의미의 성장을 이룰 수 있을 것이다.

일곱째, "건축 기운"(The Architecture Vibe)이다. 교회의 외형을 이루는 건축은
교회의 내부와 외부의 관계를 정의하는 시각적 표현이 된다. 밀러는 "건축자
의 역할은 건물을 통해 사회적 상호관계의 성격을 표현해 주고, 인간의 연결
(그리고 의미)을 용이하게 해 준다."[180]라고 했다. 새로운 환경 속에서 필요한 교
회의 외적형태를 전망하면서 밀러는 "새로운 디자인의 기준이 필요한데 그것

은 적합성(공동체 안에서), 유연성, 접근성, 가상공간의 개념의 포용이다."[181]라고 했다. 생명력 있는 교회가 되기 위해 그가 제시한 질문은 "교회 건물이 공동체와 어울리는가? 건물의 시설이 변경에 유연한가? 시설에 접근이 쉬운가?"[182]이다.

지금까지 살펴보았듯이 생명력 있는 교회는 하나님의 창조 원리를 바탕으로 목회와 교육의 모든 부분이 조화를 이루면서 하나님의 나라를 이루어 나가는 새로운 매트릭스를 의미한다. 이러한 교회가 되기 위한 노력이 그 어느 때보다 절실한 것은 현재 교회가 처한 환경과 무관하지 않다. 예를 들자면 서구교회는 이미 교회의 생명력을 상실하고 혼수상태에 빠져 있다. 물론 생명력을 되찾으려는 노력이 이곳저곳에서 시도되고 있지만 회복의 기미는 보이지 않는다. 그리고 지금은 건강해 보이는 비서구권의 교회들도 언제 이러한 상황이 다가올지는 아무도 예측할 수 없다. 생명력을 상실한 곳에서는 회복을 위해서, 또한 생명력의 상실을 피하려는 곳에서는 예방을 위해 생명의 기운을 지키는 매트릭스를 보존해야 한다.

그러면 어떻게 이토록 중요한 과제를 수행할 수 있을까? 이 질문에 대한 답을 제공해 줄 수 있는 사람 중 독일의 교회성장/개척 전문가이며 신학자인 울프강 심슨(Wolfgang Simson)을 빼놓을 수 없을 것이다. 심슨은 현재 유럽 전역에서 교회의 과거와 미래에 대한 분석과 전망에 있어서 독보적인 통찰을 제시하는 교회지도자이다. 비록 그의 연구가 서구교회를 기반으로 시작하지만, 그의 관점은 충분히 글로벌한 시각을 가지고 있다. 그리고 독일 교회가 겪어 온 흥망성쇠의 경험을 바탕으로 심슨은 교회가 생명력을 되찾고, 이를 유지하기 위한 의미 있는 방안을 지속적으로 제시하고 있다. 나는 2008년 베를린에서 열린 한 회의에서 심슨을 처음 만났다. 그는 교회를 바라보는 글로벌한 시 각과 문제에 대처하는 지역적 접근을 균형 있게 가지고 있었다. 말하자면 세 계 교회의 변화를 위해 가정에서부터 교회의 회복을 시도하면서 미래교회의 목회와 교육에 의미 있는 방향을 내놓고 있었다. 다음은 심슨이 제시하는 생 명력 있는 교회를 위한 "15개 조항"이다. 베를린의 한 식탁에서 그가 전해 준 이 이야기는 영적으로 흥분되기 충분했다. 왜냐하면 그의 주장이 루터의 종 교개혁의 95개 조항만큼 혁명적으로 보였기 때문이다. 그리고 루터의 주장 만큼 성경적이기도 했다. 이러한 의미에서 생명력 있는 교회를 위한 목회와 교육의 미래를 위해 심슨의 주장은 진지하게 고려할 가치가 있어 보인다. 일 면 긴 인용이 될지 모르지만 그의 체격과 표정만큼 열정적인 신념을 조금이 라고 사실적으로 전하기 위해 여기에 "15개 조항"의 전문을 적어 본다.

"15개 조항"
울프강 심슨(Wolfgang Simson)

하나님께서는 교회를 변화시키고 계시다. 그리고 세상을 변화시키실 것 이다. 전 세계에 살고 있는 수백만의 크리스천이 지구촌의 균형에 있어서 임박한 개혁을 감지하고 있다. 요컨대 그들은 "우리가 알고 있는 교회는 하나님께서 원하시는 교회를 막고 있다."라고 한다. 점점 더 많은 크리스 천이 하나님의 음성을 들으면서 동일한 이야기를 하고 있다. 여기에 합력 하는 영적 메아리인 오래 된 계시에 대한 집단적인 새로운 인식이 있다. 다 음의 "15개 조항"에서 나는 이들의 일부를 요약할 것이다. 그리고 나는 이 것이 하나님의 영이 오늘 교회를 향해 하시는 말씀의 일부를 드러내는 것 이라고 확신한다. 어느 누구에게는 이것이 엘리야가 본 하늘 위의 손바닥 만 한 구름일 수 있을 것이다. 그리고 또 다른 이들은 이미 이것을 쏟아지 는 비로 느낄 것이다.

(1) 교회는 종교적 모임의 연속이 아니라 삶의 방식이다.

크리스천이라고 불리기 전에 그리스도를 따르던 사람들은 '길'(The Way)
이라고 불렸다. 그 이유 중의 하나는 그들이 문자 그대로 '삶의 길'을 발견
했기 때문이었다. 교회의 본질은 예수님을 경험하도록 특별히 마련된 거
룩한 방에서 전문적인 성직자들에 의해 인도되는 종교적 모임에서 나타
나지 않는다. 대신 교회의 본질은 그리스도를 따르는 사람들이 자신들의
가정에서부터 시작하여 예언자적인 모습으로 사회가 직면한 문제들에 분
명한 답을 하면서 영적으로 확장된 가족 안에서 일상을 살아가면서 나타
나는 것이다.

(2) 제도를 바꾸어야 할 때이다.

일상을 종교적인 유형으로 재배열하기 위해 4세기 콘스탄틴 이후 정교회
는 제사장, 제단, 기독교의 성전(교회당), 유향, 유대교의 회당 모습의 예배
유형을 가진 본질적으로 구약성경에서 발견되는 종교적 제도를 채택하였
다. 로마 가톨릭 교회는 이 제도를 신성시하였다. 루터는 복음의 내용을
개혁했지만 '교회'의 외형적 모습은 놀라울 정도로 손을 대지 않았다. 지
금은 이것을 바꾸어야 할 때이다.

(3) 세 번째 종교개혁

오직 믿음과 은혜로 구원을 받는다는 복음을 회복하면서 루터는 신학적
개혁을 통해 교회를 개혁하기 시작했다. 18세기 모라비안과 같은 이들의
운동을 통해 일어난 영적 개혁은 하나님과의 새로운 친밀함을 회복시켰
다. 이것이 두 번째 종교개혁이었다. 이제 하나님은 술 부대를 만지고 계
시다. 구조의 개혁을 통한 세 번째 종교개혁을 시작하시면서 말이다.

(4) 교회의 가정에서 가정의 교회로

신약성경 시대 이후 '하나님의 집'이라는 것이 존재하지 않는다. 교회는 하나님의 백성들이다. 그러므로 교회는 사람들이 살고 있는 평범한 집이었고, 지금도 마찬가지이다. 여기에 성령의 능력으로 자신의 삶을 나누는 하나님의 백성이 있다. 만남이 있을 때 음식을 함께 나누는 '모임'이 있다. 그들은 자신의 것을 나누는 데 주저하지 않고 영적 축복을 함께 나눈다. 하나님의 말씀에 복종하는 실제적 삶의 상황에서 대화를 통해 서로 가르친다. 서로를 위해 기도해 주고 자신들의 죄를 고백하면서 자아를 죽인다. 사랑과 용납, 그리고 용서를 경험하면서 새로운 협력의 정체성을 다시 회복한다.

(5) 교회는 크게 성장하기 위해서 작아진다.

오늘날 많은 교회는 진정한 교제를 제공하기에는 너무 규모가 크다. 이들은 종종 '교제가 없는 교제의 공동체'가 되곤 한다. 신약성경의 교회는 전형적으로 10명에서 15명 사이의 소그룹들의 집합이었다. 이 교회들은 교회당을 가득 채워, 진정하고 상호적인 소통이 불가능한 20명에서 300명 이상의 큰 회중으로 성장하지 않았다. 그 대신 교회는 유기체의 세포처럼 15명에서 20명이 되면 '횡적으로' 번식하는 방식으로 증가했다. 그래서 만일 가능하다면 예루살렘의 솔로몬 성전의 마당과 같은 곳에서 크리스천들은 함께 모였다. 우리가 알고 있는 전통적인 회중 중심의 교회는 크지도 아름답지도 않았다. 오히려 지나치게 커버린 가정교회이며 축제가 배제된 공동체가 되어 버렸다.

(6) 한 사람의 목회자 홀로 이끄는 교회란 없다.

교회는 한 사람의 목회자에 의해서 이끌어지는 것이 아니라 지혜와 현실감을 갖고 있는 장로들에 의해 인도된다. 그래서 가정교회들은 장로들과 함께 사도적이며 예언자적 목회(에베소서 2:20; 4:11,12)를 위해 특별히 기본적 역할을 하면서 '가정과 가정을' 돌아다니는 다섯 종류의 목회자(사도, 선지자, 목사, 복음 전하는 자, 교사)라고 불리는 사람들이 함께 연계하여 움직인다. 목사(목자)는 전체 팀에 있어서 매우 필수적인 역할을 했다. 그러나 '목회를 위한 성도의 훈련'에 일정한 과업을 수행했다. 그리고 교회가 적절히 기능하기 위해 다른 네 종류의 사역자들이 함께 사역했다.

(7) 바른 조각들이 잘못된 방식으로 모여져 있다.

퍼즐조각을 맞출 때 바른 조각들이 필요하다. 그렇지 않으면 최종적 산물인 그림은 잘못된 모습으로 나타난다. 개별적 조각들은 특별한 의미가 없다. 이러한 일은 크리스천 사역의 많은 부분에서 일어나고 있다. 우리는 바른 조각들을 가지고 있다. 그러나 이들을 잘못된 방법으로 붙여 놓고 있다. 그 이유는 두려움, 전통, 종교적 질투, 그리고 권력과 통제적 사고방식 때문이다. 물이 얼음, 물, 증기라는 세 가지 형태로 발견되듯이 에베소서 4:11-12에 나오는 다섯 가지의 목회, 사도, 선지자, 목사, 교사, 복음 전하는 자가 있다. 그러나 이들이 항상 바른 형태나 바른 장소에 있지는 않다. 종종 이들은 제도화된 기독교의 유연성 없는 체제 안에서 얼어붙어 있다. 때로 이들은 맑은 물로 존재한다. 또는 '독립' 교회로 냇물처럼 사라져 버린다. 흐르는 물에서 물꽃이 가장 잘 자라듯이, 다섯 종류의 사역자들은 새로운 모습과 전통적 모습이 조화 된 형태로 탈바꿈해야 한다. 그래서 전체적인 영적 조직이 성장하고 개별적 '사역자들'이 전체 안에서 자신들의 적절한 역할과 위치를 찾을 수 있어야 한다. 이것이 바로 교회를 위해 창조자의 설계도로 돌아갈 필요가 있는 이유이다.

(8) 하나님은 교회를 관료적인 목사들의 손에 맡기지 않으신다.

신약성경의 교회는 하나님과 직접 소통했던 모세처럼 전문적이고 '거룩한 사람'에 의해 소극적인 종교적 추종자들이 이끌려진 적이 없다. 기독교에서 관료적 지도력은 이방 종교 또는 기껏해야 구약성경에서 차용해 온 것이다. 콘스탄틴 이후 교회의 지나친 전문직화는 하나님의 백성을 평신도와 성직자로 나누면서 오랫동안 큰 영향을 끼쳐왔다. 신약성경(디모데전서 2:5)에 의하면, "하나님은 한 분이시요 또 하나님과 사람 사이에 중보자도 한 분이시니 곧 사람이신 그리스도 예수라"라고 말하고 있다. 하나님은 단순히 사람들과 하나님 사이를 영원히 중재하는 종교적 전문인을 축복하지 않으신다. 성소와 지성소를 구분하던 휘장이 위로부터 아래까지 찢겨져 둘이 된 후부터(마 27:51) 하나님께서는 유일하신 길이신 예수 그리스도를 통해 자신에게 올 수 있도록 허락하신다. 모든 믿는 자가 제사장이 되기 위해서 현재의 체제는 완전히 바뀌어야 할 것이다. 관료제는 '예' 또는 '아니오'라는 두 질문만 묻기 때문에 모든 행정제도 중 가장 모호한 제도이다. 여기에는 즉각성과 인간성, 그리고 현실적 삶을 위한 자리는 없다. 이러한 제도는 정치나 기업에는 문제가 없을지 모른다. 그러나 교회에서는 그렇지 않다. 오히려 하나님께서는 자신의 교회를 종교적 관료들과 공공의 영역에서 통제하고 있는 세력들의 손아귀에서 구원하시는 일을 하고 계시는 것처럼 보인다.

(9) 조직화된 기독교에서 유기적 형태의 기독교로의 회귀

'그리스도의 지체'는 조직화된 존재가 아니라 유기적 조직체에 대한 명료한 표현이다. 교회는 조각들이 함께 기능하여 전체적 메시지의 통합을 이루는 하나의 네트워크처럼 서로서로 유기적으로 연결된 영적 가족 집합체의 지역적 단계들로 구성된다. 유기체를 축소시켜 조직을 최대화시킨 것에서 유기체의 최대화를 허락하는 조직의 최소화로 변해야 한다. 구속복(straightjacket)처럼 지나친 조직화는 종종 무엇인가 잘못될까봐 하는 두려움에 유기체의 목을 조른다. 두려움은 믿음의 반대이며 분명히 크리스천의 덕목이 아니다. 두려움은 통제를 원하고 믿음은 신뢰를 원한다. 그러므로 통제는 좋을 수 있으나 신뢰가 더욱 좋다. 그리스도의 지체는 하나님으로부터 청지기의 사명을 받은 사람들이 하나님의 도우심을 받는다는 믿음을 갖는다. 정치적 에큐메니즘이 아니라 신뢰로 연결된 지역과 국가 네트워크의 발전은 기독교가 유기체적 형태로 새로워지는 데 필수적이다.

(10) 우리의 예배를 예배하는 것에서 하나님을 예배하는 것으로

오늘날 기독교의 이미지는 완곡하게 표현해서 거룩한 사람들이 거룩한 시간에 거룩한 장소로 거룩한 옷을 입고 거룩한 예식을 행하는 조직으로 설명될 수 있다. '예배'가 지속되기 위해 조직적 능력과 운영적 관료제가 요구되기 시작하면서 형식화되고 제도화된 유형들은 곧 융통성 없는 전통으로 발전했다. 통계적으로 전통적인 1-2시간의 '예배'는 변화된 삶을 살도록 사람들을 훈련시키는 데 부족하며 사실상 결과도 미약하다. 경제적으로 말하자면 이는 '고비용 비효율' 구조라고 할 수 있다. 전통적인 의미에서 '올바른 예배'를 드리려는 바람은 교파주의, 고백주의, 이름만 있는 유명론(nominalism)이 되곤 하였다. 이는 크리스천들이 예배당에서 찬송가를 들고 있는 것이 아니라 '신령과 진정으로 예배'드리기 위해 부름을 받았다는 것뿐만 아니라 삶의 대부분이 비형식적이며, '삶의 방식'으로서의 기독교도 형식이 아니라는 사실을 간과하고 있는 것이다. 우리는 능력 있는 배우가 되는 것에서 '능력 있게 행동'하는 사람으로 변할 필요가 있지 않는가?

(11) 사람들을 교회로 데리고 오는 것에서 교회를 사람들에게 가져가기

교회는 오는 구조(a Come-structure)에서 가는 구조(a Go-structure)로 다시 변해 가고 있다. 결과적으로 교회는 사람들을 '교회 안으로' 데려오는 것을 멈추고, 교회가 사람들에게로 가기를 시작해야 한다. 교회의 사명은 기존의 구조에 사람들의 숫자를 더하면서 완성될 수 없다. 교회는 그리스도를 알지 못하는 사람들이 있는 곳에서 즉각적으로 증식하면서 성장해야 한다.

(12) '성만찬'은 실제 음식을 가지고 실제 식사가 되도록 회복되어야 한다.

교회의 전통은 '성만찬'을 몇 방울의 포도주와 맛없는 빵, 그리고 슬픈 표정을 특징으로 지닌 종교적 형태로 유지해 왔다. 그러나 '성만찬'은 사실상 본질적 의미를 지닌 상징적 식사라기보다는 상징적 의미를 지닌 본질적 식사였다. 하나님께서는 우리의 모임에 음식을 나누는 것을 다시 회복하고 계신다.

(13) 교파에서 지역의 축제로

예수님은 사람들에게 교파를 조직하라고 요구하신 적이 없다. 초대교회에서 크리스천들은 이중적 신분을 가지고 있었다. 그들은 수직적으로 하나님에게 돌아온 예수님의 진정한 교회였고, 수평적으로 이 땅에서 서로서로에게 속하면서 지역적으로 조직된 공동체였다. 이 말은 크리스천들은 이웃과 가정교회들을 조직하여 지역적으로 살면서 동시에 도시와 큰 지역 안에서 협력을 통해 함께 그리스도를 기념하는 집단적 정체성을 가지고 있었다.

(14) 박해를 이겨내는 영성의 발달

사람들은 모든 크리스천의 주가 되시는 예수님을 못 박았다. 오늘날 그를 따르는 사람들은 종종 지위, 상, 사회적 존경을 좇으면서 불의에는 침묵하고 심지어 눈에 띄지 않으려고 한다. "의를 위하여 박해를 받은 자는 복이 있나니"라고 예수님께서 말씀하셨다. 성경적 기독교는 이방 무신론과 죄,

욕심과 물질주의, 질투, 섹스, 돈, 권력에 굴복한 세상에 대하여 건강한 위협이었다. 오늘날 많은 나라의 기독교는 박해를 받기에 너무나 순진하고 예의가 바르다. 그러나 크리스천들이 다시 신약성경이 말하는 삶의 기준으로 살려고 한다면, 예를 들어 죄를 죄라 부르면 세상의 반응은 회심이던지 아니면 박해가 될 것이다. 종교적 자유의 영역에 편안히 자리를 트는 대신 크리스천들은 세계적 인본주의, 즐김의 노예, 자기 숭배, 우주의 잘못된 중심에 대항하는 주범으로 다시 발견될 준비를 해야 할 것이다. 바로 이것이 크리스천들이 세상의 '억압적 관용'(repressive tolerance)이란 절대적인 것을 잃어버리게 하고, 따라서 창조주 하나님을 인정하고 그에게 복종하는 것을 거부하게 만든다는 사실을 깨닫게 될 것이다. 정치와 경제의 이념화, 사유화, 영성화의 신장으로 크리스천들은 생각하는 것보다 빨리 예수님과 동행하는 것 때문에 박해받는 것을 기쁘게 생각할 기회를 가지게 될 것이다. 크리스천들은 박해를 이길 수 있는 영적능력을 키우면서 미래를 준비할 필요가 있다.

(15) 교회는 가정으로 온다.

사람이 가장 쉽게 영적이 될 수 있는 곳이 어디인가? 커다란 강대상 뒤에서 거룩한 가운을 입고, 표정 없는 사람들에게 거룩한 말을 전하고 사무실로 사라져 버리는 그곳에서인가? 아니면 사람이 영적이 될 수 있는 가장 어렵지만 가장 의미 있는 장소는 어디인가? 그것은 가정일 것이다. 왜냐하면 부인과 아이들 앞에서 그가 말하고 행동하는 모든 것이 진실인지 아닌지를 규명하는 영적 리트머스 시험지를 제공하고 위선은 뽑혀지고 진정성만이 자라는 곳이 바로 가정이기 때문이다. 기독교는 영적 장소인 가정을 떠나 실제의 삶에서 멀리 떨어진 건물에서 인공적인 행위를 조직화시켰다. 그래서 하나님께서 가정을 다시 살리시려는 일을 하시고 계신다. 가정으로 돌아오는 교회는 그 뿌리를 다시 찾게 되며, 그 출발점으로 복귀할 수 있게 될 것이다.[183]

* 각주

160) Miller, *The Millennium Matrix*, 201-203.

161) Frank C. Senn, *Christian Liturgy* (Minneapolis: Fortress Press, 1997).

162) Miller, *The Millennium Matrix*, 19-118.

163) Ibid., 198-99.

164) Stuart Nagel, *The Structure of Science* (New York: Harcourt, Brace & World, 1961), 380-398.

165) Miller, *The Millennium Matrix*, 199.

166) Jenkins, *Convergence Culture*, passim.

167) Miller, *The Millennium Matrix*, 199.

168) Ibid., 200.

169) Ibid., 201.

170) Ibid., 202-203.

171) Ibid., 204.

172) Ibid.

173) Ibid., 205.

174) Ibid.

175) Ibid.

176) Ibid., 208.

177) Ibid.

178) Ibid., 210-11.

179) Ibid., 213-14.

180) Ibid., 215.

181) Ibid.

182) Ibid., 215-16.

183) http://www.housechurch.org/basics/simson_15.html (2010년 3월 4일 접속).

Future·Education·Ministry

새로운 교육-목회
르네상스

8
초점을 내부에서 외부로

레기 맥닐(Reggie McNeal)은 미국 댈러스에 위치한 선교리더십 연구기관 "Mis-
sional Leadership Specialist for Leadership Network"의 대표로 그의 베
스트셀러 저작 "*The Present Future: Six Tough Questions for the
Church*"[184)로 잘 알려진 세계적인 선교/목회 학자/전문가이다. 그는 최근
"선교적 교회 운동"(Missional Church Movement)을 일으키면서 교회를 향해 "교
회는 누구이며, 교회는 무엇을 하고 있는가?"라는 근본적이면서도 결정적인
질문을 던지고 있다. 다음의 세 장에서는 맥닐이 제시하는 선교적 교회의 방
향을 바탕으로 새로운 목회와 교육의 '르네상스'를 위한 제안들을 찾아보고자
한다.

맥닐은 "선교적이라 함은 부수적인 것, 또는 하나의 활동이 아니라 삶의 방식
이다."[185)라고 정의한다. 그리고 그는 하나님께서 이 세상과 교회를 향해 하
시고자 하는 일이 무엇인지를 깨닫고, 모든 삶에서 선교적이 되는 것은 하나
님과의 대화에 참여하는 것이라고 했다. 그러면서 "선교적으로 생각하고 살
아나간다는 것은 이 세상에서 벌어지는 하나님의 선교에 참여하는 방식으로
모든 삶을 사는 것이다."[186)라고 했다. 맥닐이 말하는 "모든 삶"은 단순히 몇

가지 자선/봉사 프로그램의 개발만으로 교회가 교회다워질 수 없다는 것을 의미한다.[187]

'삶의 방식'(a way of life)은 삶의 길이며, 삶의 본질이 된다. 선교가 삶의 길과 본질이 될 때 우리에게는 일시적이고 부분적이 아닌 지속적이고 전체적인 변화가 요구된다. 오랫동안 교회는 선교를 목회의 한 부분으로 간주하고, 선교를 선택된 몇몇 사람들의 사역으로 생각해 왔다. 때문에 우리가 시도해야 할 변화는 '거듭남'과 견줄만한 혁신이어야 한다. 성경이 "물과 성령으로 나지 아니하면 하나님의 나라에 들어갈 수 없느니라"[188]라고 말할 때 이는 물질적이며 영적인, 즉 혁신적 변화가 일어나야만 하나님의 뜻에 참여할 수 있다는 사실을 분명히 하고 있는 것이다.

때문에 교회가 선교적 삶을 살기 위해 무엇보다도 먼저 물과 성령으로 거듭나는 단계를 거쳐야 한다. 다시 말해 새로운 목회와 교육을 위해 성령의 인도를 받는 교회가 되려면 반드시 영적변화의 과정이 필요하다. 그렇다면 초대교회 성도들은 어떻게 성령이 이끄시는 삶을 살게 되었나? 성경을 보자.

> 오순절 날이 이미 이르매 그들이 다 같이 한 곳에 모였더니 홀연히 하늘로부터 급하고 강한 바람 같은 소리가 있어 그들이 앉은 온 집에 가득하며 마치 불의 혀처럼 갈라지는 것들이 그들에게 보여 각 사람 위에 하나씩 임하여 있더니 그들이 다 성령의 충만함을 받고 성령이 말하게 하심을 따라 다른 언어들로 말하기를 시작하니라[189]

이때 나타난 현상을 보면 우선 능력은 하늘로부터 왔다는 사실이다. 다시 말해 교회의 변화는 자의적인 노력의 결과가 아니다. 그래서 하나님의 능력이

임하도록 자신을 비우는 노력이 필요하다. 그리고 성령의 충만을 받고 성령의
인도를 따라 다른 언어, 즉 나의 말이 아닌 타인의 말로 소통을 시작했다는 사
실에 주목해야 한다. 이는 능력의 원천도 외부에 있고, 능력의 결과도 외부에
있다는 말이다. 그러므로 우리가 성령의 충만을 이야기할 때 우리의 초점이
내부에서 외부로 옮겨지는 본질적 변화가 증거로 나타나야 한다.

그렇다면 새로운 목회와 교육의 르네상스를 위한 첫출발은 무엇일까? 맥닐은
교회의 목회와 교육의 초점을 "내부에서 외부로" 돌리는 것에서 시작해야 한
다고 했다. 앞서 이야기했듯이 교회의 출발이 성령의 충만에서부터 비롯되었
듯이 내부에서 외부로의 초점 이동은 교회의 본질을 회복하는 가장 중요한 움
직임이다. 이제 맥닐이 제시하는 구체적 제안을 살펴보자. 내부에서 외부로
의 방향전환을 위한 그 첫 번째 요소는 "교회 중심에서 하나님의 나라 중심으
로 초점을 맞추는 것"[190]이다. 다시 말해 이것은 관점의 변화를 말한다. 사실
많은 경우 목회와 교육을 위해 이루어지는 활동들이 하나님의 나라를 위한 것
이기보다는 교회와 교회의 구성원들을 위한 프로그램으로 전락하는 것을 보
곤 한다. 때문에 무엇을 하느냐가 문제가 아니라 무엇을 위하여 하느냐가 주
된 관심이 되어야 한다. 맥닐은 "하나님 나라에 지향점을 둔 세계관에서는 하
나님의 구속적 사랑의 목표는 세상이지 교회가 아니다."라고 했다. 그리고 그
는 예수님이 말씀하시길 "하나님이 세상을 이처럼 사랑하사"라고 하셨지, "하
나님이 교회를 이처럼 사랑하사"라고 하지 않으셨다[191]고 말했다.

> 교회 중심적 세상에서 우리의 책임은 거리의 사람들을 교회로 데리고 오
> 는 것이다. [그러나] 하나님 나라 중심의 접근에서는 사람들이 살고, 일하
> 고, 쉬는 바로 그곳에서 벌어지는 그들의 삶 속으로 복음을 가져가도록 노

력한다. 교회는 예수님을 따르는 사람들이 있는 곳이다. 사람들은 교회로 가지 않는다. 그들이 교회이다. 그들은 사람들을 교회로 데리고 오지 않는다. 그들은 교회를 사람들에게 가져간다.[192]

둘째, "목적지에서 연결지점으로" 교회의 역할을 재고해야 한다. 맥닐이 지적하듯 교회는 종종 그 스스로를 신앙의 목적지로 여기면서, 교회 안에 사람들이 넘쳐나면 목회에 성공을 했다고 여긴다. 그러나 그러는 동안 교회는 성도들이 가길 원하는 진정한 목적지로 향하는 것을 방해한다.[193] 그러면 그들이 가야 하는 목적지는 어디인가? 그것은 '생명'이다. "그는 [예수님께서는] '내가 온 것은 양으로 교회를 얻게 하고 더 풍성히 얻게 하려는 것이라'라고 말씀하지 않으셨다."[194] 예수님은 우리에게 생명을 더욱 풍성히 주려고 오셨다. 그리고 풍성한 삶은 자신만을 위한 삶이 아니라 나눔이 있는 넘치는 삶을 말한다. 이러한 삶을 살기 위해 교회는 성도와 세상을 연결하는 연결지점이 되어야 한다.

이는 신앙의 삶을 '여정'(journey)으로 보는 관점에 중요한 근거를 제공한다. 여행 중에 주택을 구입하거나 가구를 장만하는 사람은 없다. 이처럼 너무나도 단순한 사실을 우리는 쉽게 망각한다. 교회는 신앙이 삶이 되고, 삶이 신앙이 되는 본질의 회복을 위한 여정의 신앙공동체로서의 모범이 되어야 한다. 이러한 의미에서 맥닐이 제시하는 "목적지 의식"에서 "연결점 의식"으로의 전환은 중요한 통찰이라고 하지 않을 수 없다. 왜냐하면 교회를 단순한 중간지점이 아니라 연결지점으로 이해한 점이 교회의 미래에 새로운 인식을 제공해 주기 때문이다. 즉, 이 여정은 현실에서 떠난 목적 없는 나그네의 길이 아니다. 이 여정은 사람을 낚는 어부가 되는 '그물사역'(net-work)을 목적으로 한다. 그리고 이 그물사역은 복음이 전달되는 길을 만들고, 그 길이 또 다른 길을 만드는 삶을 사는 것을 말한다.

셋째, "교인 문화(member culture)에서 선교사 문화(missionary culture)로"의 전환이다. 맥닐은 교회가 사람들을 끌어들이는 데에 초점을 맞추면서 "교인 문화"를 만들어 냈다고 한다. "사람들은 한 교회에 등록을 하고, 출석을 하며, 헌금을 하고, 기도를 하며, 재능을 나누면서 [교회를] 지원한다."[195] 반면 선교를 지향하는 교회는 매일 매일 더욱 큰 목적을 가진 사역을 위해 삶을 살아가는 선교사들로 이루어진다. 이들의 삶에 대하여 맥닐은 다음과 같이 설명한다.

> 그들은 자신들이 선교여행 중에 있는 사람들이라고 생각하며 산다. 선교여행에서 사람들은 봉사와 때로는 불편함을 무릅쓰고라도 가시적인 방법으로 다른 사람들을 섬기면서 자신들 주변에서 벌어지는 하나님의 일에 초점을 맞춘다. 선교의 여정 속에 있는 삶은 더욱 의도적이고 초점이 잘 맞추어져 있다. 삶의 문제들(가족, 일, 여가)을 다룰 때 그들은 선교를 위해서 일어나는 삶의 일부로 여긴다. … 선교는 '밖에' 있는 그 무엇이 아니라, 선교적 삶이 어떻게 살아가는 것인지를 보여 주는 것이다.[196]

이제 크리스천들은 교인, 성도라는 명칭 대신 선교사라는 이름으로 불려야 한다. 물론 현실적으로 선교사라는 명칭은 교회의 직제 중 일부가 되어 있는 까닭에 모든 사람이 선교사로 불리게 되면 혼선이 빚어질 수도 있을 것이다. 만일 이것이 염려된다면 성경에 나오는 "기쁜 소식을 전할 자"(messenger)[197] 또는 "증인자"(witness)[198]라는 표현을 사용할 수도 있다. 어떤 것이든 크리스천은 복음을 전하고, 복음을 증거하는 사람이라는 의식을 분명히 가져야 한다. 그리고 자신의 삶의 목적과 의미를 복음을 전하는 것에서 찾아야 한다. 이것

이 목회의 주제가 되어야 하고, 교육의 목표가 되어야 하며, 교회의 존재이유
가 되어야 한다. 카페인의 전도자(evangelist)라고 불리는 스타벅스의 회장 하워
드 슐츠가 비즈니스를 자신이 확신하는 가치의 전달로 여기듯이 크리스천들
도 복음 전하는 것을 신앙의 본질로 여겨야 할 것이다.[199]

넷째, "선포(proclamation)에서 실연(實演-demonstration)"으로의 변화이다. 맥닐이
말하듯 오랫동안 교회는 진리를 선포하는 것이 세상이 가장 원하는 것이라고
생각해 왔다. 그래서 사람들은 설교와 성경연구와 같은 선포를 통해 하나님의
뜻과 역사를 알고 배우게 되었다.[200] 그러나 이제 새로운 목회와 교육의 르네
상스를 만들어 내기 위해 교회는 선포와 함께 사랑과 봉사를 실제로 보여 주
어야 한다. 그리고 바로 이것을 세상의 사람들이 더욱 바란다는 것을 깨달아
야 한다.

사실 크리스천들이 세상으로부터 '위선자'라는 말을 듣게 되는 원인은 바로 말
과 행동 사이의 불일치 때문이다. 물론 여기에 오해와 질투 그리고 과민반응
이 섞여 있는 것도 부정할 수 없다. 그러나 교회 밖에서의 평가가 그렇다면 선
교를 위해 자기반성과 변화가 있어야 한다. 이를 위해 말보다 행동이 앞서는
신앙을 보여야 한다. 생각해 보라. 예수를 따르는 사람이라는 뜻의 '크리스천',
부패한 교회에 저항한 사람들을 일컫는 '프로테스탄트'는 자신들이 스스로를
부른 이름이 아니다. 이는 그들의 행동을 자신들이 아니 외부인들이 말로 표
현한 것이다. 그렇다면 지금이 바로 세상이 우리를 복음을 전하는 사람으로
부를 수 있도록 실천의 삶을 살아야 할 때가 아닐까.

이 외에도 맥닐은 "제도적 교회에서 유기체적 교회", "회중교회에서 선교공동

체로" 등 내부에서 외부로 나아가는 새로운 교회의 모습을 제시했다. 물론 이 원리들이 모든 교회에 동일하게 적용될 수는 없다. 앞서 이야기했듯이 변화의 시점은 개 교회가 갖고 있는 발전의 시간표에 따라서 다르게 적용되어야 한다. 그리고 변화 이전이나 변화 이후를 단순하게 평가해서는 안 된다. 이전의 접근방법은 당시에 요구되었던 역할과 기능이 있었다는 것을 잊어서는 안 된다. 문제는 변화의 시점에 도달했는데도 불구하고 변화를 거부하는 것이다.[201]

그러면 이제부터 "내부에서 외부로" 초점을 옮기는 목회와 교육의 구체적 방안을 살펴보자.

우선 목회와 교육의 공간을 의도적으로 교회의 내부에서 외부로 이동시키는 것이다. 가정에서 모이는 소그룹은 매우 긍정적인 출발이다. 병원과 양로원, 교도소를 찾아가는 목회 또한 바람직한 형태이다. 선교여행도 교회의 공간을 밖으로 옮겨가는 좋은 기회가 될 수 있다. 교회는 더 많은 곳에서 외부의 교회를 찾기 위한 탐험을 지속해야 한다. 교육도 마찬가지이다. 학교를 찾아가고, 어린이들과 청소년들이 모이는 곳을 교회로 삼는 노력을 시작해야 한다. 그러면서 반드시 고려해야 할 것이 있다. 그것은 각 공간과 맥락이 요구하는 것들이 있다는 사실이다. 그것이 물질적이든, 정신적이든, 영적이든 그 요구에 응하여 필요를 채워 주는 접근에서 시작해야 한다. 복음의 내용이 담겨질 그릇은 언제나 필요하다. 예수님께서 육신을 입고, 무리를 먹이시며, 병자를 고치시고, 귀신들린 자들을 자유롭게 하셨듯이 외부에서 필요로 하는 것들에 진정하고 민감하게 응해야 한다. 그리고 교회는 이를 실천으로 옮기는 교육과 목회를 해야한다.

다공간 교육·목회

이제 외부로의 공간이동을 시도한 교회의 실례를 살펴보자. 이 교회는 마크 배터슨(Mark Batterson) 목사가 이끄는 미국 워싱턴에 소재한 내셔널 커뮤니티 교회(National Community Church)이다. 1996년 1월 7일 배터슨 목사의 가족 3명이 예배드리면서 출발한 이 교회는 두 번째 주일 19명이 예배에 참석하는 기적을 체험하면서 시작되었다. 처음 9개월 동안 25명의 교인들은 워싱턴 D.C.의 남동쪽에 위치한 기딩스 학교에서 예배를 드렸다. 그러나 갑자기 더 이상 학교 건물에서 예배를 드릴 수 없다는 통보를 받게 되었다. 예배장소를 잃게 된 교회는 오히려 예배의 장소를 넓힐 수 있는 기회를 맞이하게 되었다. 그곳은 유니온 역이었다. 1903년 유니온 역을 만들면서 의회에서 제정된 법률에 의하면 이곳은 기차역 이외의 다른 목적으로 사용될 수 있다고 되어 있었다. 이 법에 근거하여 1996년 11월 7일 내셔널 커뮤니티 교회가 유니온 역에 있는 극장에서 예배를 시작할 수 있게 되었다. 150여 개의 상점과 식당이 인접한 유니온 역은 미국 국회의사당에서 불과 네 블록 너머에 있으며 매년 2천5백만 명의 사람들이 이동하는 지리적 요충지이다. 바로 세상의 한복판에서 내셔널 커뮤니티 교회가 복음을 전할 수 있게 된 것이다.

현재 이 교회는 더 많은 워싱턴 D.C. 지역의 극장들에서 예배를 드리는 것을 소망하고 있다. 2003년 9월 21일 내셔널 커뮤니티 교회는 버지니아 주 알링턴에 소개한 발스톤 커몬 몰 극장에 두 번째 예배 장소를 마련했다. 그리고 2006년 봄 유니온 역에서 한 블록 떨어진 곳에 커피하우스인 에벤에셀(Ebenezers)을 완공했다. 에벤에셀을 건축한 이유는 교회와 세상이 함께 만날 수 있는 공간을 만들기 위해서였다. 이 커피하우스는 매일 운영되며, 2006년 3월

12일 내셔널 커뮤니티 교회의 3번째 예배장소가 되었다. 그들은 예수님께서 우물에서 사람들을 만나셨듯이, 에벤에셀이 포스트모던의 우물이 되길 바라고 있다. 뿐만 아니라 2007년 2월 4일 발스톤 커먼 몰에서 히스패닉 목회를 시작하였고, 같은 해 11월 조지타운에 있는 로우스 극장에 네 번째 예배장소를 갖게 되었다.

또한 75개의 소그룹은 매일 워싱턴 지역 곳곳에서 모임을 갖고 있으며, 다양한 관심 주제와 성경공부를 통해 만나며, 2005년 7월부터 www.theater-church.com을 통해 오디오와 비디오로 설교를 듣고 볼 수 있는 팟캐스트 사역을 하고 있다. 이들은 "예수님께서는 거리로 나가 사람들을 부르라고 말씀하셨다. 바로 이것이 우리가 하고 있는 일이다. 말씀은 성스러운 것이다. 그러나 매체는 그렇지 않다. 우리는 복음을 나누기 위하여 우리가 할 수 있는 모든 방법을 사용하기 원한다."[202]라고 말한다. 이 교회는 회중의 70% 이상이 초신자이거나 교회를 떠났다가 돌아온 사람들로 이루어졌다. 다양한 모양의 목회를 통하여 교회의 필요를 채워주고 있으며, 100여 명의 선교사들을 전 세계에 파송하고 있다.[203]

이렇듯 내셔널 커뮤니티 교회는 벽을 허물고 세상 밖으로 나와 복음을 들어야 할 사람들 가운데서 목회와 교육을 실행하고 있다. 이렇게 새로운 목회와 교육을 위해 교회는 세상에서 자신의 모습을 발견할 수 있는 시간과 장소를 끊임없이 발견해야 한다.

물론 내셔널 커뮤니티 교회는 다분히 미국 교회의 상황에서나 일어날 수 있는 일이라고 말할 수 있다. 만일 아직 이러한 현상이 우리나라에서 발견되지 않는다면 아마도 두 나라 교회 사이에 놓인 시점의 차이 때문일 것이다. 이 말은 언젠가는 우리나라에도 이러한 상황이 발생할 수 있다는 것을 의미한다. 사실상 여전히 한국 교회에서는 교회건축/증축이 계속되고 있다. 그렇다고 해서 건축이나 증축을 멈추고 공공건물로 나아가 예배를 드리고, 목회를 해야 한다는 말은 아니다. 다만 아직 다가오지 않은 미래이지만 가능한 내일의 모습을 고려하면서 안으로 닫히는 형태의 교회가 아닌 밖으로 열린 형태의 교회를 건축해야 할 필요가 있다는 이야기이다. 만일 우리의 교회가 미국 교회나 유럽 교회의 상황을 맞이하게 된다면 그 때는 자연스럽게, 아니면 어찌할 수 없이 밖을 향한 교회를 찾게 될 것이다. 그렇다면 지금부터 과거를 기대하면서 그리고 미래를 기억하면서 교회는 밖을 위한 목회와 교육을 꿈꾸어야 하지 않을까.

찾아가는 교육·목회

이와 더불어 신앙교육의 맥락을 교회 밖으로 옮기는 것도 미래를 위한 교회교육의 모습이 되어야 한다. 그렇다면 신앙교육이 교회를 벗어나 일어나는 첫 번째 장소는 어디일까? 아마도 가정이 되어야 할 것이다.[204] 왜냐하면 가정은 교회가 연계시켜야 하는 가장 중요한 신앙교육의 장소이기 때문이다. 그러나 현대사회에서 가정의 환경은 과거 농경사회의 상황과는 매우 다른 것이 사실이다. 학교, 친구, 특별활동 등 자녀들의 생활반경은 점점 확대되고, 부모들이 경제활동에 많은 시간을 투자하면서 자녀들과 함께 보낼 시간은 급격히 줄어들고 있다. 필경 이것이 대부분의 교회가 처하고 있는 현실일 것이다. 때문에 교회의 신앙교육은 변화된 환경에 적극적으로 대처하는 노력을 기울여야 한다.

이제 관심을 교회 밖에 있는 어린이들과 청소년들을 위한 교육목회로 돌려 보자. 통계수치가 말해 주듯이 교회 밖에 있는 비기독교인들이 80%라는 점을 고려하면 교회교육도 '기다리는' 형태가 아닌 '찾아가는' 모습이 되어야 한다. 그리고 밖에서 만나는 교육의 대상자들도 출석인원으로 간주하는 인식의 변화가 필요하다. 보통 교회학교의 인원을 고려할 때 재적수 또는 출석수가 그 기준이 되어 왔다. 그러나 이러한 사고방식은 예수님의 교육과는 거리가 멀다. 예수님의 말씀을 듣기 위해 모인 무리의 수를 성경은 종종 기록하고 있다.[205] 이때 예수님의 교육은 거리에서 들판에서 산 위에서 찾아가는 형태였으며, 그곳에 모인 사람들이 교육의 대상자였던 것을 기억해야 한다. 그렇다면 거리에서, 공원에서, 쇼핑몰에서, 콘서트 장에서, 서점에서, 학교에서, 학원에서 만나 복음을 전한 어린이들과 청소년들도 교육목회의 대상으로 여기고 교육목회의 결과로 인정해야 한다.

현재 미국에서 시행되고 있는 '거리 청소년 목회'(Street Youth Ministry)는 한 가지 좋은 예가 될 수 있다. 테리 콜(Terry Cole)이 이끌고 있는 이 특수 목회는 많은 교회들의 지원을 받고 있다. 이 '거리 청소년 목회'는 텍사스 주 오스틴 주변에 있는 17세에서 25세 사이의 청소년과 청년들에 필요한 기초 생활용품과, 복음전도, 제자훈련, 카운슬링을 제공해 준다.[206] 이러한 형태의 거리 목회는 미국의 여러 지역에서 행해지고 있으며, 많은 사람의 호응을 받고 있다.

또 하나의 유형은 오클라호마 주 털사에 있는 '처치 온 더 무브'(Church on the Move)에서 제공하고 있는 청소년 목회이다. 윌리 조지(Willie George)가 이끄는 이 교회는 '원에이티'(Oneighty)라는 청소년 센터를 건축하여 체육, 음악, 인터넷, 카페 시설 등을 마련하였다. 매주 수요일 저녁 7시에 모이는 집회를 위해 수십여 대의 버스가 1시간에서 1시간 반 이상 떨어진 곳에 살고 있는 청소년들을 데려다 그들이 함께 어울릴 수 있는 공간과 프로그램을 제공한다. 그리고 집회 장소에 모여 찬양과 말씀을 들으면서 복음을 자연스럽게 접할 수 있는 기회를 갖도록 하는 것이다.[207]

교회는 청소년과 청년들에게 필요한 프로그램을 개발하고 그들을 만날 수 있는 시간과 공간을 찾아 그들이 있는 곳으로 다가가야 한다. 특별히 우리나라의 청소년들처럼 학업의 부담이 많은 경우, 학교나 학원이 제공해 줄 수 없는 특별한 체험교육을 통하여 그들과 만날 수 있어야 할 것이다. 또한 청년들에게는 학업과 더불어 취업이라는 과제에 의미와 가치를 부여할 수 있는 교회 밖 목회와 교육을 개발하는 것이 필요할 것이다. 여기에서 반드시 기억해야 할 것은 교회 밖에 있는 80%에게 복음을 전해야 하는 것이 교회 안에 있는 20%의 책임이라는 사실이다.

온라인 교육·목회

온라인은 디지털 기술문명이 만들어 낸 새로운 만남과 소통의 장이 되고 있다. 밖을 향해 나가는 교회를 위해 온라인은 새로운 선교지가 된 것이다. 다행히 현재 인터넷을 통한 목회와 교육에 대한 다양한 노력이 시도되고 있다. 이는 분명 고무적 현상이다. 그러면 인터넷 목회는 무엇을 의미하는가? 데이비드 코프(David Korff)가 주도한 '인터넷 목회 회의'(Internet Ministry Conference)에서는 인터넷 목회를 "인터넷 사용자들에게 그리스도를 소개하거나, 그리스도와 관계를 심화시키기 위해 정보, 자료, 도구, 기술을 제공하면서 그들을 섬기는 것"[208]이라고 정의했다. 사실상 인터넷은 월드와이드웹(world wide web)을 기반으로 장소와 시간의 제한을 받지 않고, 저렴한 비용으로 수많은 사람이 정보를 교환할 수 있도록 해 주는 기술적 공간이다. 신약성경 시대 로마의 도로망이 급속한 복음의 전파를 도왔듯이, 인터넷도 선교를 위한 효과적인 통로의 역할을 할 수 있을 것이다.

그러나 안타깝게도 교회는 웹을 선교에 효과적으로 사용하고 있지 못하고 있는 듯하다. 현재 대략 수십만 개의 기독교 웹사이트들이 운영되고 있는데, 그중 대부분은 기독교인들을 위한 것이고, 교회의 웹사이트들도 자신들의 교인들을 위한 내용으로 채워져 있는 것이 현실이다. 이는 교회가 밖을 향해 나가야 하는 역할을 수행하지 못하는 또 하나의 예라고 할 수밖에 없다. 어림잡아 보았을 때 지금 중국에 1억 명의 인터넷 사용자가 있고, 일본에는 8천만 명, 인도는 6천만, 중동지역에는 천7백만 명의 사람들이 인터넷을 사용하고 있다고 한다. 아직도 많은 교회가 이러한 인터넷의 잠재력에 대하여 충분한 인식을 하지 못하고 있는 것이 사실이다.

인터넷의 사용은 더 이상 선택의 문제가 아니다. 이제는 선교/목회/교육을 위해 인터넷을 어떻게 사용할 것인가를 고민하는 것이 교회의 과제가 되어 버렸다.[209] 그러면 교회는 인터넷에 어떻게 접근해야 하는가? 이 질문의 대답을 찾기 위해 무엇보다 먼저 인터넷이 어떠한 매체인가를 이해할 필요가 있다. 인터넷은 책이나 비디오처럼 일방적 매체가 아니다. 사용자가 자신의 관심에 따라 내용을 선택할 수 있는 비단선적 매체이다. 그리고 인터넷은 사용자들이 댓글이나 이메일을 통하여 다른 인터넷 사용자들과 상호작용을 할 수 있게 하는 매체이다.

여기에서 인터넷이 다른 매체들과 뚜렷이 구별되는 것은 바로 관심과 상호
성이라는 점이다. 생각해 보자. 비기독교인들이 기독교 관련 웹사이트에 방
문할 가능성이 얼마나 있겠는가? 아마도 매우 적을 것이다. 그래서 일부에
서는 비교적 종교적 색체를 피해 비기독교인들에게 접근성을 높여 주면서 선
교적 역할을 수행하려는 노력이 시도되고 있다. 이를 보통 "다리 전략"(Bridge
Strategy)[210]이라고 부르는데 다음과 같은 사이트들이 대표적인 예라고 할 수
있다: www.hollywoodjesus.com(영화), www.tothenextlevel.org(스포츠),
www.runningempty.org(인생문제).[211]

더불어 온라인에서 수행되는 교육에 대하여 몇 가지 지침을 생각해 보면 다음
과 같다. 첫째, 온라인상에서는 개별적 학습자를 존중하는 분위기를 만들어
야 한다. 이는 자칫 비인격적인 공간이 될 수 있는 온라인에서 학습자의 인격
에 상처가 입는 일을 피해야 하기 때문이다. 둘째, 글로 표현되는 내용은 분명
하고 간결해야 한다. 구술로 전달되는 소통과는 달리 글을 이용한 소통에는
항상 오해의 가능성이 있다. 때문에 구체적이고 명확한 의사표현이 매우 중요
하다. 셋째, 온라인상에서 강의실의 분위기를 만들지 말아야 한다. 이는 다시
말해 온라인의 특성상 학습자가 주도적으로 학습을 할 수 있는 환경을 조성하
는 것이 필요하다. 그리고 교수자는 학습자에게 시의적절하고 의미 있는 피드
백을 지속적으로 제공해야 한다.

글로벌 체험 교육·목회

"땅 끝까지 이르러 내 증인이 되리라"[212]라는 말씀은 오늘날 문자 그대로 글

로벌 선교를 의미하는 말이 되었다. 미래를 위한 새로운 목회와 교육은 지역의 경계를 넘어서는 세계적 환경에 더욱 적극적으로 관심을 기울여야 한다. 내가 미국에서 사는 동안 매일 아침 배달되는 뉴욕타임즈(New York Times)를 보면서 항상 놀라고 감동을 받았던 것은 이 신문이 국내 뉴스보다 세계 곳곳에서 벌어지는 일들에 대해 더 많은 지면을 할애하고 있다는 사실이었다. 그리고 미국인들이 가지는 외신에 대한 남다른 관심이었다. 나는 이것이 세계 무대에서 주도적인 역할을 하는 국가의 모습이 아닌가 생각해 보았다.

이제 우리나라는 세계에서 미국 다음으로 많은 수의 선교사를 세계 전 지역에 파송하고 있는 나라가 되었다.[213] 그리고 최근 많은 교회가 방학기간을 이용해 개 교회가 지원하는 선교지에 청소년들과 청년들을 중심으로 소위 '비전트립'이라고 불리는 선교여행을 보내고 있다. 이는 매우 중요한 교육의 기회가 아닐 수 없다. 때문에 밖으로 나가는 교회가 되기 위해 교회는 철저한 준비와 의미 있는 체험교육이 될 수 있도록 커리큘럼과 적절한 프로그램의 개발을 해야 한다.[214]

그러나 비전트립이 가지는 약점은 이것이 일시적인 프로그램으로 전락하고, 자칫 단순한 여행에 그치는 경우가 종종 발생한다는 점이다. 이러한 문제를 해결하기 위해 지속적이고 계획적인 선교사역자 양성과 배출이 목회와 교육적 차원에서 시도되어야 한다.[215] 이러한 인식을 바탕으로 내가 시도했던 국제교류협력목회에 대해서 간단히 소개하고자 한다. 이는 선교의 선진국인 서구의 경험과 비서구의 열정을 결합시키는 방식으로 이루어진 것이었다. 주지하다시피 세계선교의 선두에 서 있던 미국 교회가 이제는 더 이상 젊은 선교사들을 선교지에 파송하지 못하고 있다. 또한 미국의 교회와 크리스천들도 선교에 대한 관심이 약화된 것이 사실이다. 하지만 그들에게는 1세기 이상 지속해 온 선교의 경험과 자원이 있다. 반면 우리나라의 교회와 성도들의 경우는 선교의 열망은 넘치나 국제적 감각과 다른 문화의 이해 등 선교를 위한 기본적 능력에 있어서는 아직도 부족한 것이 사실이다. 그래서 미국 교회가 한국의 청소년들에게 언어와 문화교육을 제공하여, 이들이 성장했을 때 어떠한 직종에서 일을 하더라도 선교를 위한 노력을 지속적으로 기울이게 하는 준비를 시켜 주도록 한 것이 이 프로그램의 목적이었다. 이렇게 함으로써 두 교회는 선교라는 한 가지 목적을 가지고 서로의 은사를 나누면서 함께 동역할 수 있게 되는 것이다.

이 프로젝트는 한국에서 15명의 청소년들을 뉴햄프셔에 있는 미국인 교회로 데리고 가 15일 동안 오전 중에는 미국 교회 목사님과 사역자들이 인도하는 언어학습에 참여하고, 오후에는 한국 학생 2명씩 미국인들의 집에서 홈스테이를 하면서 문화를 배우는 방식으로 진행되었다. 그리고 공동프로그램으로 오후에 보스턴 시내와 박물관, 대학들을 돌아보면서 역사와 전통을 배우고, 운동경기장과 쇼핑몰 등을 방문하면서 현지의 문화를 경험하도록 했다. 주말에는 뉴욕 시내를 관광하면서 첨단의 도시를 체험하기도 했다. 주일 아침에 예배에 참석하고, 저녁에는 '한국 문화의 밤'(Korean Culture Night) 행사를 준비하여 주변 이웃들에게 한국을 소개하면서 전도의 기회를 갖기도 하였다. 이 행사는 커뮤니티 신문에 보도되어 좋은 반응을 받기도 하였다. 또 한 해에는 뉴햄프셔 북부지역에서 열리는 '쏘울 페스트'(SoulFest)라는 전 세계 CCM 그룹들이 모여 며칠 동안 야외에서 공연을 하는 행사에 참여하기도 했다.

프로그램의 경비는 참가학생들에게는 항공료만을 부담하도록 하고, 교육기

간 동안의 비용은 미국 교회가 담당하는 것으로 했다. 그것은 미국 교인들이
장래 선교의 사역을 감당할 젊은 일꾼들을 교육시킴으로 간접적으로 선교에
참여할 수 있는 기회를 갖게 하려는 의도에서였다. 그리고 혜택을 받는 학생
들은 평생 풀타임이든, 파트타임이든 선교지에 가서 자신이 받은 은혜와 훈련
의 결과를 나눌 것을 약속했다. 이러는 동안 서구의 교회와 비서구의 교회가
함께 동일한 목적을 가지고 협력하면서 사역을 할 수 있다는 가능성을 확인할
수 있었다. 그러면서 사랑과 은사를 바탕으로 한 "글로벌 체험 학습"을 할 수
있었던 것이다.

* * * * *

라오디게아 교회의 사자에게 편지하라 아멘이시요 충성되고 참된 증인
이시요 하나님의 창조의 근본이신 이가 이르시되 내가 네 행위를 아노니
네가 차지도 아니하고 뜨겁지도 아니하도다 네가 차든지 뜨겁든지 하기
를 원하노라 네가 이같이 미지근하여 뜨겁지도 아니하고 차지도 아니하
니 내 입에서 너를 토하여 버리리라 네가 말하기를 나는 부자라 부요하여
부족한 것이 없다 하나 네 곤고한 것과 가련한 것과 가난한 것과 눈 먼 것
과 벌거벗은 것을 알지 못하는도다 내가 너를 권하노니 내게서 불로 연단
한 금을 사서 부요하게 하고 흰 옷을 사서 입어 벌거벗은 수치를 보이지
않게 하고 안약을 사서 눈에 발라 보게 하라 무릇 내가 사랑하는 자를 책
망하여 징계하노니 그러므로 네가 열심을 내라 회개하라 볼지어다 내가
문 밖에 서서 두드리노니 누구든지 내 음성을 듣고 문을 열면 내가 그에
게로 들어가 그와 더불어 먹고 그는 나와 더불어 먹으리라 이기는 그에게
는 내가 내 보좌에 함께 앉게 하여 주기를 내가 이기고 아버지 보좌에 함
께 앉은 것과 같이 하리라 귀 있는 자는 성령이 교회들에게 하시는 말씀
을 들을지어다 [216]

* 각주

184) Reggie McNeal, *The Present Future: Six Tough Questions for the Church* (San Francisco: Jossey-Bass, 2009).

185) Reggie McNeal, *Missional Renaissance: Changing the Scorecard for the Church* (San Francisco: Jossey-Bass, 2009), xiv.

186) Ibid.

187) Ibid., 42.

188) 요한복음 3:5.

189) 사도행전 2:1-4.

190) McNeal, *Missional Renaissance*, 42.

191) Ibid., 44.

192) Ibid., 44-45.

193) Ibid., 45.

194) Ibid.

195) Ibid., 54.

196) Ibid.

197) 이사야 41:27 "내가 비로소 시온에게 너희는 이제 그들을 보라 하였노라 내가 기쁜 소식을 전할 자를 예루살렘에 주리라"

198) 누가복음 24:48 "너희는 이 모든 일의 증인이라"

199) Sweet, *The Gospel According to Starbucks*, 2-10.

200) McNeal, *Missional Renaissance*, 56.

201) Ibid., 65.

202) http://theaterchurch.com/about/story (2010년 3월 16일 접속).

203) 위의 내용은 앞에서 내셔널 커뮤니티 교회의 홈페이지 "Our Story" 나오는 내용을 요약한 것이다.

204) Karen Tye, *Basics of Christian Education* (Dancers, MA: Chalice Press, 2000), 41-44.

205) 마가복음 8:19 "오천 명"; 요한복음 6:5 "큰 무리".

206) http://sites.google.com/site/streetyouth (2010년 3월 17일 접속).

207) http://www.churchonthemove.com/newtocotm (2010년 3월 17일 접속).

208) http://www.internetministryconference.com (2010년 3월 17일 접속).

209) '인터넷 선교 연합'(Internet Evangelism Coalition)과 같은 단체들이 교회가 인터넷을 적극적으로 활용할 수 있는 다양한 기술과 자료를 제공해 주고 있다.
http://www.webevangelism.com (2010년 3월 17일 접속).

210) 참고. http://www.web-evangelism.com/resources/bridge-strategy.php
(2010년 3월 17일 접속).

211) 이러한 접근은 고린도전서 9:19-23에 근거한 시도라고 볼 수 있다. "내가 모든 사람에게서 자유로우나 스스로 모든 사람에게 종이 된 것은 더 많은 사람을 얻고자 함이라 유대인들에게 내가 유대인과 같이 된 것은 유대인들을 얻고자 함이요 율법 아래에 있는 자들에게는 내가 율법 아래에 있지 아니하나 율법 아래에 있는 자 같이 된 것은 율법 아래에 있는 자들을 얻고자 함이요 율법 없는 자에게는 내가 하나님께는 율법 없는 자가 아니요 도리어 그리스도의 율법 아래에 있는 자이나 율법 없는 자와 같이 된 것은 율법 없는 자들을 얻고자 함이라 약한 자들에게 내가 약한 자와 같이 된 것은 약한 자들을 얻고자 함이요 내가 여러 사람에게 여러 모습이 된 것은 아무쪼록 몇 사람이라도 구원하고자 함이니 내가 복음을 위하여 모든 것을 행함은 복음에 참여하고자 함이라"

212) 사도행전 1:8.

213) Rob Moll, "Missions Incredible: South Korea sends more missionaries than any country but the U.S. And it won't be long before it's number one," *Christianity Today* (March 2006).
http://www.christianitytoday.com/ct/2006/march /16.28.html
(2010년 3월 18일 접속).

214) Don C. Richter, *Mission Trips That Matter: Embodied Faith for the Sake of the World* (Nashville: Upper Room Book, 2008).

215) Kara Powell and Brad M. Griffin, *Deep Justice Journeys Student Journal: Moving from Mission Trips to Missional Living* (Grand Rapids: Zondervan/Youth Specialties, 2009).

216) 요한계시록 3:14-22.

9
프로그램개발에서 인간개발로

목회와 교육에 있어서 '프로그램'은 필수불가결의 요소로 여겨져 왔다. 그리고 대부분의 목회자들은 자신들의 목회철학과 교육신학이 프로그램을 통해서 실현될 수 있다고 생각해 왔다. 오늘날에도 여전히 이러한 생각에는 큰 변화가 없어 보인다. 그렇다면 교회는 언제부터 프로그램 중심으로 운영되어 왔나? 레기 맥닐은 이 질문에 대하여 흥미로운 분석을 내놓고 있다. 그에 의하면 2차 대전 이후 미국에서 발생한 서비스 경제가 교회를 프로그램에 의해 이끌어지도록 했다고 한다.[217]

> 미국인들은 자신들이 하던 일에 돈을 지불하고 다른 사람들에게 시키면서 더 이상 일하기를 원하지도, 할 수도 없게 되자 제조기계로 움직여졌던 경제는 서비스의 영역으로 옮겨갔다. 사람들은 음식의 준비, 잔디관리, 세탁, 엔진오일교환, 탁아를 위해 아웃소싱을 하기 시작했다. 그리고 미국인들은 교회에게 영적형성(spiritual formation)까지 아웃소싱을 요구하게 되었다. 바로 이 시기 종교적 상품과 봉사의 기계로서 교회의 개념이 북미교회 문화의 정서 속에 스며들게 되었다.[218]

맥닐에 의하면 이러한 경향이 교회로 하여금 어린이와 청소년들을 위한 프로그램 중심의 교육을 제공하도록 했다고 했다. 그리고 그는 이때부터 교회는 교인의 수를 늘리는 시장경제적 접근을 하게 되었다고 말했다. 그 결과 20세기 후반의 교회성장운동은 미국 교회의 주된 관심과 목표가 되었다. 그러면서 교회는 교인을 소비자로 간주하고, 소비자를 만족시키는 프로그램의 개발에 몰두하게 된 것이다.[219]

그러나 그 결과 표면적으로 나타나는 교회의 모습과는 달리 어두운 그림자도 함께 남겼다. 맥닐은 "프로그램 중심의 교회는 일상적 삶의 리듬과 실재로부터 유리(遊離)된 인공적 환경을 만들어내고 있다. … 하나님과 이웃을 사랑하는 것과 같은 것은 교회에서 실현될 수 없었다."[220]고 했다. 사실 프로그램이 조직과 개인을 변화시킬 수 있다는 생각은 다분히 기계적인 세계관이다. 그러나 여전히 많은 목회자가 이 세미나에서 저 세미나로 옮겨 다니면서 좋은 프로그램이 교회성장을 이루어 줄 것이라고 기대하고 있다. 마치 유행처럼 한 프로그램에서 다음 프로그램으로 목회의 문화가 바뀌고, 특정 프로그램으로 성공을 거둔 교회는 그 방법을 표준화시켜 다른 교회들에게 이를 전파하는 데 몰두한 것이다. 그러나 과연 얼마나 많은 교회들이 프로그램을 통해서 변화를 이루어 냈는가? 그리고 과연 예수님은 우리에게 프로그램을 가져다 주셨는가? 예수님은 제자를 삼으시고 그들과 함께하시면서 말씀으로, 삶으로, 죽음으로, 부활로 그들을 변화시키지 않으셨던가? 이렇듯 만일 예수님께서 프로그램이 아닌 사람에 주목하셨다면, 우리 교회가 처한 문제도 예수님의 접근방법에서부터 해결점을 찾아야 할 것이다. 그것이 바로 맥닐이 말하는 "프로그램에서 인간개발의 문화로"의 전환인 것이다.

그러면 프로그램이 아닌 인간개발의 문화(people development culture)로 교회의 초점을 옮기기 위해 필요한 요소는 무엇일까? 이제부터 맥닐이 제시한 방안 몇 가지를 살펴보자.

첫째는 표준화(standardization)에서 개별화(customization)로의 전환이다. 맥닐에 의하면 근대 산업사회의 기반은 기술의 진보를 통한 표준화의 확립에서 비롯 됐었다.[221] 표준화는 대량생산과 대량소비를 가능케 했다. 그리고 표준화가 곧 성공과 성장의 지름길로 간주되었다. 교회 안에서의 표준화는 "사람들을 연령, 성별, 생활환경으로 구분되는 시장의 한 부분으로 취급하도록"[222]하였 다. 그러면서 잘 구성된 프로그램이 각 구성원의 구분에 따라 유익한 영향을 끼칠 수 있다고 생각하였다. 그리고 프로그램의 성공을 목회와 교육의 성공 으로 동일시하였다. 그러나 맥닐이 지적하듯이 지금 문화에 변화가 일어나고 있다.

> 근대 시대의 대량 표준화는 포스트모던 세계의 대량 개별화로 전환되고
> 있다. 다시 한 번 이러한 발전은 특별히 디지털 혁명과 같은 기술적 혁신
> 을 통해 가능해졌다. 당신은 새 차를 개별화시키거나 온라인에서 컴퓨터
> 의 사양을 골라서 자신만의 컴퓨터를 가지고, 스타벅스에서 자신의 취향
> 에 맞는 커피를 주문하고, 개별적으로 주문한 휴대전화에 보석을 장식할
> 수 있으며, 아이팟에서 자신이 음악의 연주순서를 정하고, 당신이 보고 싶
> 을 때 볼 수 있도록 TV 쇼를 DVR에 저장할 수 있다.[223]

여기서 우리는 목회와 교육을 위한 대형 세미나와 대량생산을 통해 공급되는 교육/훈련교재에 대해 재고해야 할 필요가 있다. 기독교 방송/신문 등 매체를 통해 매일 광고되는 대형집회는 교육과 훈련의 목표와 대상을 단순화하여 진 행된다. 물론 이러한 행사를 통해 교회와 개인의 발전에 유익한 정보와 동기

부여를 받을 수도 있다. 그러나 대부분의 경우 이러한 프로그램의 결과는 일시적이라는 것을 부정하기 어렵다.

이제는 산업사회의 대량화에서 정보사회의 개별화에 관심을 가져할 시기이다. 정보기술은 개인과 소그룹의 개별적이고 독특한 상황을 표현할 수 있는 통로를 제공한다. 소위 소셜 네트워크라고 불리는 다양한 소통공간은 개별적 요구에 귀를 기울일 수 있는 길을 열어 준다. 교회는 목회와 교육을 위해 이같은 목소리에 응답하면서 보다 역동적인 관계를 형성할 수 있을 것이다. 교재의 형태도 일방적으로 일부를 위한 내용을 집합시켜 놓은 것이 아니라, 개개인의 신앙적 삶의 목표와 과정을 찾아갈 수 있는 '글이 없는 교재', 즉 개인이 기록하고 만들어 내는 교재를 개발할 필요가 있다. 사실 최근 출판시장에서 큰 반향을 일으키는 품목이 일기장이라는 사실에 주목할 필요가 있다. 그리고 요즘 세대들은 다른 사람들의 이야기가 아닌 자신의 이야기를 적고, 읽고, 영향을 받기 원한다는 것을 교회가 진지하게 생각해야 한다.

둘째는 커리큘럼 중심(curriculum-centered)에서 삶 중심(life-centered)으로의 전환이다. 커리큘럼이라는 말은 라틴어의 'currere'(달리는 길)에서 유래된 말이다.[224] 학습의 목적을 달성하기 위해 정해진 길을 간다는 것이 바로 커리큘럼이다. 그러나 여기에서 우리가 물어야 할 질문은 누구의 길이냐는 것이다. 근대사회가 모범적 시민에 대한 기준을 표준화하여 교육의 목표를 동일하게 설정한 것은 잘 알려진 사실이다. 그러나 근대사회 이후 개성의 발견과 존중이 매우 중요한 의미를 지니게 되었다. 때문에 새로운 목회와 교육을 위한 교회의 노력도 크리스천의 개별적 삶 속에서 신앙적 삶의 의미와 가치를 발견하도록 하는 방향으로 전환되어야 한다. 그래서 맥닐은 다음과 같은 문제를 지적한다.

> 프로그램 중심의 교회에서 인간개발의 노력은 커리큘럼에 초점을 맞춘
> 다. 커리큘럼을 기반으로 하는 접근에서 우리는 성경이 우리에게 말씀을
> 전해주기보다는 우리가 성경을 연구하기에 바쁘다. 우리는 생존을 위해
> 판매를 필요로 하는 기독교 출판사가 부추기는 대로 설교집, 성경공부 교
> 재와 소그룹 연구교재를 끊임없이 만들어 내고 있다. 그 결과는 우리는 종
> 종 실제의 삶과 관련이 없어 보이는 커리큘럼을 통해 사람들을 양육하려
> 하게 된다.[225]

사실 초대교회의 예배는 자신들이 경험한 예수 그리스도에 관한 '증언' 즉 '간
증'으로 이루어졌다. 이는 새로운 목회와 교육을 위한 중요한 실마리를 제공
해 준다. 그렇다면 성도 개개인의 삶 속에서 만난 그리스도를 격없이 나누는
목회와 교육을 계획해 보면 어떨까? 방법은 다양한 형태로 시도해 볼 수 있
다. 예를 들어보자. 한 교회에서 새신자 전도를 위한 특별예배를 드릴 때였다.
초청을 받아 온 사람들이 앞자리에 앉아 있고, 예배 도중 스크린에는 자신을
초대한 사람의 모습이 보이고 이런 메시지가 나왔다. "00 엄마, 오늘 00 엄마
가 교회에 나와 예배드리는 모습을 보면서 얼마나 기쁘고 감사한지 몰라. 내
가 교회에 가자고 하면 선뜻 대답을 하지 못하는 00 엄마를 보면서, 내가 얼
마나 많이 하나님께 기도했는지 몰라. 우리 함께 예수님의 사랑 안에서 가족
보다 더 가까운 사이가 되자. 다시 한 번 오늘 이 자리에 와 준 것 너무 고마
워." 이 영상을 보면서 초대받은 사람은 눈물을 흘리고 그 어떤 전도 집회나
신앙서적에서 볼 수 없었던 가장 친밀하고 개인적인 목회와 교육을 체험하게
된 것이다. 이 작은 에피소드는 목회와 교육 전반에 시사하는 바가 크다. 왜냐
하면 이를 통해 교회 밖을 향한 소통의 한 모습을 볼 수 있기 때문이다.

셋째는 성장을 통한 봉사에서 봉사를 통한 성장으로의 전환이다. 통계적으로 크리스천과 비크리스천의 비율은 20:80이라고 한다. 복음의 전파가 교회의 존재이유이고, 목회와 교육의 목표 또한 복음의 전파라면 교회는 교회 밖의 80%와 소통해야 할 책임을 갖고 있다. 그러면 교회가 세상과 어떻게 만날 것인가? 예수님께서는 귀신 들린 자들에게서 귀신을 내쫓으시고, 병든 자들을 고쳐 주셨다. 그리고 기꺼이 세리와 창기의 친구가 되어 주셨다.

물론 대부분의 교회들이 나눔과 돌봄의 사명을 잘 알고 있다. 그러나 그 시기를 교회와 성도가 성장한 이후로 미루는 것을 쉽게 볼 수 있다. 바로 여기에서 우리가 예수님의 말씀과 성경의 가르침을 바르게 깨닫지 못한 결과를 드러낸다. 봉사와 헌신은 성장과 성숙 후에 능력의 여분을 나누는 것이 아니다. 그와 반대로 성장과 성숙을 위해서 봉사와 헌신이 필요한 것이다. 우리가 잘 알고 있는 헨리 나우웬(Henry Nowwen)은 예일 대학교의 교수직을 버리고 정신지체 장애인들의 공동체인 캐나다 토론토 라쉬(L'Arche)에서 헌신하면서 자신의 개인적 영적 성장의 여정을 이어갔다. 그는 봉사의 삶 속에서 자신이 결코 성자가 아니며 이기적이며 두려움을 가진 보잘것없는 인간이라는 사실을 깨달았다고 한다.[226] 즉, 나우웬은 성장 후 봉사가 아니라 봉사 후 성장이라는 진리를 몸소 보여 준 것이다.

맥닐은 다음과 같이 말한다. "프로그램 중심의 교회는 성숙을 위한 길이 본질적으로 개인적인 문제(가족, 영성, 재정, 감성)를 다루는 데서 시작한다고 믿고 있다. 그리고 나서 이웃을 돕는 것으로 발전해 나가게 된다는 것이다."[227] 그러나 이는 분명한 오해이다. 생각해 보라. "예수님은 제자들을 '준비'되기 훨씬 전에 세상으로 보내셨다. 예수님은 그들을 성장시키는 가장 빠른 방법이 실제

적인 목회의 상황 속에 들어가는 것이라는 것을 알고 계셨다. 그리고 자신들
의 경험으로부터 배울 수 있도록 하셨다."[228]

넷째는 연령구별(age segregation)에서 연령통합(age integration)으로의 변화이다.

교회의 목회와 교육의 구조에서 연령별 구분은 다분히 근대적 산물이다. 우선
가장 큰 영향을 준 것은 바로 학교였다. 유치원에서 대학교에 이르는 단계별
교육은 인간이 가진 인지능력의 차이에 근거를 둔 것이다. 때문에 근대 심리
학은 연령구별을 필요성이 아니라 당위성으로 이해했다. 그러나 여기에서 반
드시 질문해야 할 것이 있다. 그것은 세상을 이해하는데 인식의 단계가 필요
한 것인지, 아니면 인식의 단계적 구분이 세상을 이해하는 내용에 차등을 만
들었냐는 것이다. 닐 포스트만(Neil Postman)은 16세기 공교육이 출현하기 이
전 어린이와 성인 사이의 유일한 차이는 전쟁에 나가는 것과 가정을 이루는
것뿐이었으며, 그 이외는 구별이 없었다고 한다.[229] 그에 의하면 추상의 개념
을 만들어 어린이들에게 그것을 배우게 하고, 그 과정을 등급으로 나누는 학
교의 구조가 만들어졌다는 것이다. 그러나 이제 미디어의 발달과 디지털 문
화의 영향으로 연령구별은 점점 더 무의미해지고 있다는 것이 포스트만의 분
석이다.

더욱이 교회는 연령적 구별을 두어야 하는 곳이 아니다. 예수님께서 갈릴리
해변에서 무리를 가르치실 때 어린아이와 성인을 구별했다는 이야기는 들어
보지 못했다. 뿐만 아니라 어린이들이 자신에게 오는 것을 금하지 말라고 하
셨던 것을 기억한다.[230] 복음은 복잡한 철학이나 난해한 수학이 아니다. 예수
그리스도를 믿고, 그의 삶을 따라가는 결단의 행위가 바로 복음의 삶이다. 단

순한 것을 복잡하게 만드는 것이 인간의 재능이라면 그것은 오만의 산물이다. 그리고 지금은 전 연령이 함께 신앙의 여정을 나누는 교육과 목회가 필요한 시기이다.

이에 대하여 맥닐은 "사람들은 종종 간세대적 환경에서 더 많이 성장한다. 바로 이러한 이유에서 하나님께서 가정을 만드신 것이다. 우리는 이 세상에서의 가장 근본적 삶의 교훈을 간세대적 환경에서 배운다."[231]고 했다. 최근 교육목회에서 간세대 교육(intergenerational education)은 새로운 조명을 받고 있다. 이러한 추세는 사실 서구교회의 교인 수 감소와 무관하지 않다. 대부분의 교회에서 학년별로 인원을 나누어 교육을 하기에는 주일학교/교회학교가 충분한 인원을 가지고 있지 못하다. 그래서 한반교육(one room class)이 현실이 된 것이다. 그러나 항상 위기에는 기회가 있다. 수적 감소가 질적 본질을 회복하는 기회가 되고 있다는 것은 역설적이면서도 긍정적인 변화라고 하지 않을 수 없다. 이러한 변화를 계기로 교회가 세대 간의 상호 소통과 교류의 기회를 가질 수 있는 것은 새로운 발전의 계기라고 할 수 있다.

개별적 교육·목회

인간개발을 위한 첫 번째 방안으로 개별적 교육과 목회를 고려해 볼 수 있다. 물론 교회는 공동체를 통해 신앙이 발생하고 성장하는 것을 전제로 한다. 그러나 '개별화'(personalization)가 문화의 코드로 등장한 오늘 공동체 교육은 개별화와 함께 수행되어야 할 상황을 맞이하고 있다. 이것이 바로 미래가 요구하는 이중적/다중적 환경인 것이다. 그러면 인간개발을 위한 개별적 교육과 개별적 목회를 위해 어떠한 시도를 해볼 수 있을까?

우선 멘토링(mentoring)이 효과적인 접근이 될 수 있다. 일반적으로 멘토링 또는 멘토십(mentorship)은 "더 많은 경험과 지식을 가진 사람이 그렇지 못한 사람을 도우면서 개인적 발달의 관계를 유지하는 것"[232]을 뜻한다. "멘토십의 수혜자는 전통적으로 피후견인(protégé) 또는 도제(徒弟)라고 불렸다. 그러나 멘토링이 제도화되면서, 지금은 좀 더 중립적인 표현으로 '멘티'(mentee)라는 말이 폭넓게 사용되고 있다."[233]

최근 멘토링은 교육 현장뿐만 아니라 정부, 기업 등 다양한 분야에서 적용되고 있다. 그리고 그 결과에 있어서 상당히 긍정적인 평가를 받고 있다. 그러면 교회의 맥락에서 요구되는 멘토링은 어떤 것일까? 레기 캠프벨(Regi Campbell)과 리처드 챈시(Richard Chancy)가 공저한 《예수님과 같은 멘토》(Mentor Like Jesus)에서 캠프벨은 스승으로서의 예수님의 모습을 살펴보면서 멘토링에 대한 전통적인 생각에 질문을 던졌다.

캠프벨은 예수님을 최고의 멘토로 간주한다. 그러면서 "미래세대를 위한 멘토링의 11가지 특성"을 제시했다.

> 1. 의도적이다. 멘토링은 다른 관계와 다르게 의도적인 관계이다. 이것은 무엇을 하는 것을 배우는 것이 아니다. 이것은 훈련이다. 멘토링은 누군가에게 무엇을 어떻게 하는지를 보여 주는 것이다.
>
> 2. 이타적인 노력이다. 멘토링은 다른 사람들에게 보답을 하는 것이다. 멘토에게는 힘든 일이다. 보상은 항상 즉각적으로 나타나지 않는다. 이것

은 멘티의 미래에 투자하는 것이다. 멘토링은 멘티를 위한 것이지 멘토를 위한 것이 아니다.

3. 그룹에서 시작한다. 예수님은 무리들을 한 사람씩 만나셨다. 예수님은 큰 무리에게도 말씀을 전하셨다. 그러나 예수님은 우선적으로 12명의 그룹과 함께하셨다. 그리고 소그룹의 멘토가 되셨다. 이 소그룹이 예수님의 우선적 관심이셨다.

4. 직접 멘티를 선택한다. 12명의 제자들이 예수님을 선택한 것이 아니다. 예수님께서 그들을 선택하셨다. 예수님께서는 오랫동안 기도를 하신 후에 제자들을 선택하셨다. 멘토로서 예수님께서 그들에게 먼저 다가가셨다.

5. 정해진 시간동안 이루진다. 예수님께서는 자신의 제자들에게 단지 3년의 시간을 허락해 주셨다. 더 길게 또는 더 짧게 멘토링을 하실 수도 있었다. 그러나 3년이라는 시간 동안에만 제자들을 가르치셨다.

6. 진리에 집중한다. 예수님은 자신의 멘티들에게 진리에 관해 가르치셨다. 예수님은 성경과 하나님을 기쁘시게 하는 삶에 초점을 맞추셨다. 예수님은 비유와 이야기를 말씀해 주셨다. 그리고 어려운 질문을 던지셨다. 그러나 이 질문들은 자신의 멘티들이 하나님과 자신과 세상에 관한 진리를 깨닫도록 하는 데 목적을 두고 있었다.

7. 기도와 함께 이루어진다. 제자들이 예수님께 가장 먼저 요청한 것 중의 하나는 '기도하는 방법을 가르쳐 달라는 것'이었다(누가복음 11:1). 예수님께서는 기도하는 법을 가르쳐 주셨을 뿐만 아니라 그들과 함께 기도하셨다.

8. 투명한 모범이 요청된다. 예수님의 멘티들은 그가 좋았던 때(예루살렘에

입성하시는 모습)와 좋지 않았던 때(겟세마네 동산에서의 모습)를 모두 보았다. 그들은 예수님께서 하루하루를 어떻게 보내시는지를 지켜보았다. 예수님께서는 말씀하신 그대로 삶을 사셨다. 예수님은 전적으로 투명한 모범이셨다.

9. 맥락적 요소와 함께 작용한다. 예수님은 열둘을 세우시고 "자기와 함께 있게"(마가복음 3:14) 하셨다. 그들은 예수님께서 일상에서 하시는 일들을 보았다. 그들은 예수님께서 불의에 대항하시고, 유혹을 받으시며, 우시는 것도 보았다. 예수님께서는 이론적인 교육을 하지 않으셨다. 그는 제자들에게 삶으로 보여 주셨다.

10. 상호적인 책임이 요구된다. 예수님의 제자화 교육은 쉬운 것이 아니었다. 그는 제자들에게 엄청난 책임을 지도록 요구하셨다. 서로서로의 관계는 예수님과 다른 제자들에게 최우선의 것이었다.

11. 증식의 요소가 요구된다. 궁극적으로 예수님과 제자들의 관계는 자신들만을 위한 것이 아니었다. 이 관계는 그들이 궁극적으로 만나야 할 사람들을 위한 것이었다. 그래서 예수님은 제자들에게 '땅 끝까지 나가고', '다른 사람을 위하도록' 변화될 것을 요구하셨다(마태복음 28:18-20; 데살로니가전서 2:8).[234]

예수님의 멘토십은 단순한 인간개발의 방편이 아니었다. 이것은 복음을 위해 살아야 하는 하나님의 피조물 '인간'이 자신의 본모습을 되찾도록 하는 데 그 목적이 있었다. 그래서 캠프벨이 말하듯이 우리는 예수님의 멘토십을 미래의 교육과 목회를 위한 가장 중요한 지침으로 삼아야 한다.

삶 중심의 교육·목회

대부분의 커리큘럼이 갖는 한계는 학습자들의 다양한 상황을 개별적으로 고려할 수 없다는 점이다. 그래서 커리큘럼이 표준화의 측면에서는 장점을 가지고 있으나, 개별화에서는 그렇지 못하다. 오늘날 우리 주변에서 일어나는 사회문화적 변화는 더 이상 표준화를 요구하지 않는다. 오히려 개성과 독특성을 중요하게 여기는 방향으로 움직이고 있다. 때문에 교회의 교육과 목회도 학습과 양육의 대상들의 개인적 문제에서 출발하려는 노력을 기울여야 한다.

그러면 개인에게 있어서 가장 개별적인 것이 무엇일까? 그것은 '삶'이다. 어떤 두 사람의 삶도 동일할 수 없다. 개인에 대한 개별적 접근은 관심과 존중을 통해 학습과 양육의 문제에 다가갈 수 있는 바람직한 방법이다. 뿐만 아니라 각자의 삶에 기반을 두는 교육과 목회는 군중 속에 고독을 느끼는 현대인들에게 매우 절실한 것이다.

그렇다면 우선 커리큘럼이 삶을 변화시키는 것이 아니라, 삶이 커리큘럼을 변형시켜야 한다는 사실을 진지하게 고려해야 한다. 이를 위해 교회는 삶에서 출발하는 교육과 목회의 기회를 발견해야 한다. 또한 교회 밖에 있는 사람들의 삶에 접근하는 것도 잊어서는 안된다.

이제 새로운 시도를 모색해 보자. 나는 이것을 '글이 없는 교재'라고 부른다. 형태는 마치 빈 여백만 있는 일기장처럼 날짜와 주제, 성경구절을 적을 공간, 자신의 느낌과 질문을 적을 부분만을 만들어 놓은 것이다. 이것은 큐티(Quiet Time)나 자기학습성경(Self Study Bible)보다 더 완전한 개별성과 자율성을 가진 교재이다. 이 글 없는 교재를 가지고 학습자가 자신의 삶 속에서 당면한 문제를 학습의 주제로 삼아 본다. 이때 학습자는 자신의 이야기를 나누면서 교사와 동료학습자들과 함께 성경에서부터 교훈을 찾아본다. 그러면서 학습자는 자신의 삶과 성경 사이의 관계를 모색하면서 생각과 느낌을 모아 본다. 그리고 학습의 전 과정에서 일어난 질문들을 생각해 본다. 이 모든 학습의 내용과 경험을 학습자 스스로 자신의 교재에 기록하는 것이다. 아마도 이 교재는 학습자가 평생을 통해 간직하고 다시 보게 될 신앙성장의 기록이 될 것이다.

이러한 학습에 도움을 줄 수 있는 방법 중에 하나로 "포트폴리오 과제"(portfolio assignment)[235]를 생각해볼 수 있다. 그렇다면 더욱 효과적인 삶 중심의 학습을 위해 포트폴리오 과제에 대해 좀 더 자세히 살펴보자.

포트폴리오 과제는 학습자들이 자신들의 경험을 통해 문제의 인식과 확인의 과정을 스스로 기록하고 정리하는 것을 말한다. 그리고 포트폴리오를 사용할 때 다음의 목적에 부합하는지를 고려해 보아야 한다.

- 특별한 지식과 기술의 성취를 나타낼 때
- 성장과 증진을 보여 줄 때
- 문제를 해결하는 과정을 기록할 때
- 개인적으로 중요한 경험을 회상할 때[236]
- 자기주도학습을 격려할 때
- 학습의 내용을 확장시킬 때
- 학습에 관한 학습을 증진시킬 때
- 확인 가능한 결과에 대한 진보를 나타낼 때
- 학습과 평가의 관계를 형성할 때

- 학습자로서의 자신의 가치를 발견할 기회를 제공할 때
- 또래의 지원을 통한 성장의 기회를 제공할 때[237]

포트폴리오 과제는 다양한 학습의 효과를 만들어 낼 수 있는 방법이다. 그 근
거는 다음과 같다.

- 필수적인 결과를 성취하는 학습자의 성장을 확인하기 위해 형식적이
  며 누적적인 기회를 지속적으로 제공한다.
- 학습자의 학습과정의 다양한 측면을 볼 수 있는 작품과 기록을 확인하
  는 다차원적 방법이다.
- 학습자가 자신의 사고과정을 살펴보면서 문제의 해결, 의사의 결정, 그
  리고 주제에 대한 이해의 확장을 시도하는 과정에서 협동적 반성을 제
  공한다.[238]

이러한 접근은 목회 전반에 있어서도 필요한 시도가 될 것이다. 각각 다양한
삶의 상황에 처한 교회 안과 밖에 있는 이들에게 기성화된 내용의 일방적 전
달로서의 목회가 아니라 그들이 삶 속에서 겪고 있는 문제들로부터 신앙적 성
장의 기회를 갖게 하는 것은 매우 의미가 있을 것이다. 사실 이는 예수님께서
육신과 정신 그리고 영혼의 문제에 고통받고 있던 사람들에게 다가가 그들의
문제를 해결시켜 주시면서 복음의 핵심으로 인도하셨던 것을 생각해 볼 때 이
것이 교회가 기억해야 할 미래의 교육적 형태가 아닐까.

봉사의 교육·목회

하드포드 종교문제 연구소(Hartford Institute of Religious Research)는 교회를 기반

으로 하는 사회봉사목회에 관한 연구를 한 적이 있다. 로날드 J. 사이더(Ronald J. Sider)와 하이디 롤란드 언러(Heidi Rolland Unruh)가 실시한 "회중, 공동체, 리더십 개발 프로젝트"(the Congregations, Communities and Leadership Development Project)에 의하면 사회적 봉사를 제공하는 교회의 역할과 영역은 공익을 위한 중요한 부분이 되어 가고 있다고 했다. 그러나 교회가 감당할 수 있는 사역의 범위를 결정하는 것은 그리 쉬운 일이 아니다. 그래서 사이더와 언러는 교회가 기반이 된 사회봉사사역의 조건을 다음과 같이 제시하였다.

필요조건:

• 교회의 활동이 봉사의 목회이다. 교회는 봉사의 목회를 항상 의식하며, 봉사의 목회를 통해 정체성을 지킨다.

때로는 성도 중 일부가 교회의 리더십에 대한 인식을 망각하고 사회봉사 프로그램에 참여할 수 있다. 교회는 협력기구로서 자신의 목회를 분명히 인식해야 한다. 이것은 충분조건이 아니다. 왜냐하면 교회는 충분한 자원을 제공하지 않고도 목회라고 할 수 있기 때문이다. 그러므로 다음의 충분조건이 충족될 필요가 있다.

충분조건:

• 교회는 봉사 목회의 리더십을 주도하고, 조직한다. 교회는 봉사 목회의 공식적 후원자이거나 제도적 협력자이다.
• 교회는 봉사 목회의 예산 중 상당 부분 또는 일정 부분을 기부한다.
• 교회는 봉사 목회를 위해 스태프나 정기적인 자원봉사자를 선정한다.

이 외에도 교회가 사회봉사 프로그램을 지원할 수 있는 방법이 있다. 완전히 충분조건을 충족시키면서 봉사 목회를 수행하는 교회는 없다. 다음의 조건 중 두 가지 이상을 충족하면 교회를 기반으로 하는 봉사 목회라고 간주할 수 있을 것이다.

부분 충분조건 :

- 교회가 봉사의 목회를 위한 공간을 제공한다(무상 또는 실비).
- 교회는 주 자금원이 아닐지라도 봉사 목회를 위해 기금, 물품, 봉사를 주기적으로 제공한다.
- 교회는 봉사 목회에 수혜자를 추천해 주는 조직을 가지고 있다.
- 목회자는 봉사 목회에 교회를 대표하는 사람으로서 공식적 지위를 가지고 참여한다.

다음의 경우는 교회기반의 사회봉사 목회라고 할 수 없는 것들이다.

- 중독자 회복프로그램(AA 그룹)에 장소를 제공한다.
- 초등학교의 방과 후 프로그램을 위해 교회차량을 제공한다.
- 목회자가 지역사회개발조직 위원회에 이사로 봉사한다.
- 지역의 무숙자 보호시설에 있는 사람들을 위해 의류를 일 년에 한 번 모아준다.

반면 다음의 경우는 교회기반 사회봉사 목회로 간주할 수 있다.

- 사랑의 집짓기 프로젝트에 매달 팀을 파견한다.
- 도움이 필요한 사람들을 위해 통조림으로 된 음식물을 모은다.

- 탁아소를 위해 교회의 지하를 개방하고 교회의 사무실의 용품을 무상
  으로 사용하도록 한다.
- 노인복지시설에 일정 금액을 매달 지원한다.[239]

교회는 여러 가지 방법으로 지역사회의 복지를 위해 기여할 수 있다. 어떤 형
태의 봉사든 모두가 가치 있고 의미 있는 사역임에 틀림이 없다. 그러나 교회
가 사명을 다하기 위해서는 교회가 기반이 되는 사회봉사의 목회가 되도록 참
여와 기여의 정도를 지속적으로 확장할 필요가 있다. 물론 교회가 단순히 사
회봉사기관이 되어 버리는 것은 언제나 경계해야 할 문제이다. 마치 주객이
전도되듯이 복음의 전파가 봉사라는 명목 아래 경시될 때는 교회는 예기치 않
은 위기를 맞이할 수도 있다는 것을 명심해야 한다.[240]

간 세대 교육·목회

세대 간을 연결하는 한 가지 방법으로 "전체로의 교회 모델"(The Church-as-a-
Whole model)을 생각해 볼 수 있을 것이다. 이 모델은 가족 중심의 교육과는 구
별되는 방법이지만 다세대가 공존하는 교회에서 유용한 접근방법이 될 수 있
다. 간 세대 교육 전문가인 제임스 화이트(James White)는 이 모델을 "가족을 직
접적으로 겨냥한 새로운 프로그램에 관심가지거나 '가족-중심'으로 교회의
모형을 세우려는 노력 대신에 종교교육자들이 교회가 교회로서의 모습을 유
지하면서 개인과 가족이 신앙적인 삶의 응답을 하도록 하는 것이다."[241]라고
했다.

화이트는 전체로서의 교회가 수행하는 가족종교교육을 활성화시키기 위한 세 가지 방안을 다음과 같이 제시했다.

- 교회력에 따라 예전을 지켜나간다.
- 기독교 신앙의 이야기에 강조점을 둔다.
- 기독교 공동체의 예전과 의식을 증진시키고 부활시킨다.[242]

한편 멀톤 스트로멘(Merton Strommen)과 리처드 하델(Richard Hardel)은 가족으로서의 회중에 초점을 맞추어 교회는 "다른 조직과는 달리 회중이 가족이 될 수 있는 특수한 공동체이다."라고 하였다. 그리고 "간 세대적 활동을 통하여 회중은 서로서로 대부모, 삼촌, 숙모, 형제, 자매가 될 수 있는 기회를 만들 수 있다."[243]라고 하였다. 이들은 회중을 가족으로 인식시키는 것이 배타적인 공동체를 만드는 것이 아니라고 했다. 그리고 의미 있는 참여, 신앙의 증거, 성인과 어린이들 사이의 특별한 친교를 발전시키는 활동을 찾아 나가면서 간 세대 교육은 가치를 찾을 수 있다고 했다.

가족으로서의 교회를 어떻게 이해하던 간 세대 교육 · 목회는 다양한 방법으로 신앙공동체에게 생기를 불어넣을 수 있는 기회를 제공할 것이다. 간 세대 계절프로그램, 가족수련회, 멘토링 프로그램, 기도동반자, 어린이 돌보기 프로그램 등 가족의 중요성이 점점 더 확대되어 가는 환경 속에서 이러한 노력은 지속적으로 경주되어야 할 중요한 과제가 될 것이다.[244]

* 각주

217) McNeal, *Missional Renaissance*, 92.

218) Ibid.

219) Ibid.

220) Ibid., 93.

221) Ibid., 95.

222) Ibid.

223) Ibid., 96.

224) http://www.thefreedictionary.com/curriculum (2010년 3월 15일 접속)

225) McNeal, *Missional Renaissance*, 104-105.

226) Henri J. M. Nouwen, *The Road to Daybreak: A Spiritual Journey* (New York: Doubleday, 1988), 15-24.

227) McNeal, *Missional Renaissance*, 105.

228) Ibid., 106.

229) Neil Postman, "The Blurring of Childhood and the Media," *Religious Education* 82 (Spring 1987), 293-95.

230) 누가복음 18:16 "예수께서 그 어린 아이들을 불러 가까이 하시고 이르시되 어린 아이들이 내게 오는 것을 용납하고 금하지 말라 하나님의 나라가 이런 자의 것이니라"

231) McNeal, *Missional Renaissance*, 108.

232) http://en.wikipedia.org/wiki/Mentoring (2010년 3월 20일 접속).

233) Ibid. 참고. Leona M. English, *Mentoring in Religious Education* (Birmingham, AL: Religious Education Press, 1998).

234) Regi Campbell and Richard Chancy, *Mentor Like Jesus* (Nashville: B&H Publishing Group, 2009).

235) John Zubizarreta, *The Learning Portfolio: Reflective Practice for Improving Student Learning* (San Francisco: Jossey-Bass, 2009); H. Tillema, and K. Smith, "Portfolio Appraisal: In Search of Criteria" *Teaching and Teacher Education* 23, (2007): 442-456; C. Walther-Thomas and M. T. Brownell, "Bonnie Jones:

Using Student Portfolios Effectively" *Intervention in School and Clinic* 36 (4), (2001): 225-229.

236) http://www.washington.edu/lst/help/planning/portfolio_design (2010년 3월 22일 접속).

237) F.L. Paulson, P.R. Paulson and C.A. Meyer, "What Makes a Portfolio a Portfolio?" *Educational Leadership* (February, 1991), 60-63.

238) Paul S. George, *What Is Portfolio Assessment Really and How Can I Use It in My Classroom?* (Gainesville, FL: Teacher Education Resources, 1995).

239) http://hirr.hartsem.edu/research/churchoutreachindex.html (2010년 3월 22일 접속).

240) 마태복음 26:7-11 "한 여자가 매우 귀한 향유 한 옥합을 가지고 나아와서 식사하시는 예수의 머리에 부으니 제자들이 보고 분개하여 이르되 무슨 의도로 이것을 허비하느냐 이것을 비싼 값에 팔아 가난한 자들에게 줄 수 있었겠도다 하거늘 예수께서 아시고 그들에게 이르시되 너희가 어찌하여 이 여자를 괴롭게 하느냐 그가 내게 좋은 일을 하였느니라 가난한 자들은 항상 너희와 함께 있거니와 나는 항상 함께 있지 아니하리라"

241) Blake J. Neff and Donald Ratcliff, eds., *Handbook of Family Religious Education* (Birmingham, AL: Religious Education Press, 1995), 220.

242) Ibid.

243) Merton Strommen and Richard Hardel, *Passing on the Faith* (Winona, MN: St. Mary's Press, 2000), 157.

244) 참고. Carter Betty and Monica McGoldrick, eds., *The Changing Family Life Cycle: A Framework for Family Therapy* (New York: Gardner Press, 1988); Thomas Groome, *Educating for Life: A Spiritual Vision for Every Teacher and Parent* (Allen, TX: Thomas More, 1998); Patricia Hersch, *A Tribe Apart: A Journey into the Heart of American Adolescence* (New York: Ballantine, 1999); George Koehler, *Learning Together: A Guide for Intergenerational Education in the Church* (Nashville: Discipleship Resources, 1977).

10
교회 기반에서
하나님의 나라 기반 리더십으로

맥닐은 교회기반의 리더십은 성직자 주도의 교회문화를 만들어 냈다고 했다.[245] 그리고 이 리더십은 "제도적, 유지 지향적, 지위 중심적, 목회적, 교회 중심적, 통제적"[246] 성격을 띠게 되었다고 했다. 반면 하나님 나라 기반의 리더십은 사도시대의 크리스천 운동에서 나타난 모습이라고 했다. 여기에는 "유기체적, 파괴적, 개인적, 예언자적, 하나님의 나라 중심적, 권한부여적"[247] 성격을 지닌다. 맥닐은 이러한 유형의 리더십을 "서기 30년 리더십"(A.D. 30 leadership)[248]이라고 부른다. 그 이유는 대체로 서기 30년을 예수님께서 돌아가시고, 부활시고, 승천하신 시점으로 보기 때문이다. 서기 30년 리더십은 11명의 사도와 바울 이외에 다양한 지도자들을 포함하고 있다. 맥닐은 "장사꾼이었던 루디아, 집사였던 스데반, 노예였던 오네시모, 벤처 사업가였던 바나바, 이름이 알려져 있지 않은 에티오피아의 정부관리, 목사였던 디모데, 의사였던 누가"[249]와 같은 사람들이 교회의 안과 밖에서 복음을 전하는 역할을 담당했다고 한다.

당시와 같이 지금도 서기 30년 리더십은 성직자에게만 해당되는 것이 아니며, 교회 안에서 국한되지도 않는다. 이 리더십은 하나님께서 사회의 모든 영역에 부여해 주셨다. 서기 30년 리더십은 자신들의 삶에서 이미 부여된 영향력의 영역에서 [복음의] 전파자로서의 역할을 수행했다.[250]

그래서 맥닐은 새로운 목회와 교육을 위해 리더십의 변속이 필요하다고 했다. 그러나 한 가지 중요한 사실은 이것은 성직자에만 해당하는 것이 아니라, 하나님의 자녀 모두에게 적용되어야 한다. 그러면 이제부터 어떠한 리더십의 변속이 요구되는지를 살펴보자.

첫째, 교회의 사역(church job)에서 하나님의 나라의 과제(kingdom assignment)로의 변속이다. 맥닐에 의하면 서기 30년에는 교회의 사역이라는 개념이 없었다고 한다. 그리고 소비자를 돌보듯이 교인들을 돌보는 사람들이 교회의 지도자라는 생각도 존재하지 않았다.[251] 이때는 교회 건물에 대한 집착도 제도의 운영에 대한 염려도 없었다. 단지 "거리에서 [예수 그리스도를 믿는 자의] 수가 늘어나는 유기체적 운동"[252]이었을 뿐이었다.

요즘 많은 교회가 '평신도 중심의 목회와 교육'을 강조하고 있다. 그러나 여기에는 다소간의 오해가 존재하는 것처럼 보인다. 그 오해들 중 하나는 평신도들이 성직자들의 직무를 보조적으로 돕는다는 생각이다. 그러나 바울은 에베소서에서 "어떤 사람은 사도로, 어떤 사람은 선지자로, 어떤 사람은 복음 전하는 자로, 어떤 사람은 목사와 교사로 삼으셨으니 이는 성도를 온전하게 하여 봉사의 일을 하게 하며, 그리스도의 몸을 세우려 하심이라 우리가 다 하나님의 아들을 믿는 것과 아는 일에 하나가 되어 온전한 사람을 이루어 그리스도의 장성한 분량이 충만한 데까지 이르리니"[253]라고 하면서 교회에는 상하관계의 직제가 있는 것이 아니라 다양한 직분이 있음을 분명히 하고 있다. 그리고 더욱 중요한 사실은 직분이 교회의 제도를 유지하기 위한 것이 아니라, 복음의 전파와 사랑의 나눔을 위한 성도의 삶의 형태였다는 것이다. 우리가 '목양'(pastoral ministry)이라고 할 때 교회 내부의 구성원들을 돌보고, 교회를 운영하는 것으로 간주하는 것은 목양의 본질적 목적을 망각한 것이다. 목양은 하늘나라의 확장을 위해 성도가 세상을 섬기기 위한 모든 노력을 포함해야 한다. 마치 운동선수가 경기를 위해 훈련을 하듯, 교회와 성도의 삶은 세상을 복음화시키려는 목적을 위한 활동이어야 한다. 물론 훈련을 위한 훈련이 필요한 경우도 있다. 그러나 복음의 경주는 실전을 통해서 훈련이 이루어지는 특별한 경기이다. 그러므로 훈련과 실전의 이분법은 더 이상 교회에서는 존재해서는 안 된다.

둘째, 감독(director)에서 제작자(producer)로의 변속이다. 맥닐은 이 아이디어를 할리우드 영화산업에서 얻었다고 했다. 할리우드의 영화감독은 촬영에서 영화를 만드는 모든 과정에 참여한다고 한다. 그러나 맥닐은 제작자의 역할은 감독과 다르다는 점에 주목했다. "그들은(제작자) 자신의 생각이 작품으로 탄생하도록 이야기를 찾고, 배우를 모집하고, 자본을 끌어들이며, 촬영장을 물색하고, 감독을 고용한다."[254] 맥닐에 의하면 전통적인 교회의 리더십은 예배, 교육, 행정 등 모든 분야를 감당하면서 마치 영화감독과 같은 역할을 수행했다고 할 수 있다.[255] 그러나 이것은 신약성경에 나오는 사도적 리더십과는 다른 모습이었다. 맥닐은 사도적 리더들은 다른 사람들이 사역에 참여하도록 돕는 역할을 했다고 한다.[256] 그러면서 사도들은 제작자의 모습을 보여 주었던 것이다.

　　감독들은 교회 지도자들이 만드는 영화 속에서 주인공의 역할을 하도록

사람들을 지도한다. [그러나] 제작자는 사람들이 자신들의 영화 속에서 제
작과 연기를 하도록 도우면서 [복음의] 운동 속에서 선교사가 되도록 한
다.[257)]

그러므로 새로운 목회와 교육에서는 더 많은 제작자가 필요하다. 그리고 이
제작자들은 미리 짜인 계획과 각본 안에서만 역할을 하는 감독이 아니라 자신
의 목회를 만들어 나가고, 또한 다른 사람들이 그들의 목회를 만들어 나가도
록 도와야 한다. 이렇게 이야기를 하면 많은 목회자들이 현실을 모르는 제안
이라고 말할지 모른다. 교회가 만들어 준 부분적이고 제한적인 역할마저도 감
당하려고 하지 않는 성도들에게 자신의 목회를 계획하고 수행하도록 한다는
것은 꿈만 같은 이야기라고 할 것이다. 물론 그러한 목회자들의 상황과 사정
을 모르는 바는 아니다. 그러나 쓰지 않은 기관이 퇴화하듯이 시도하지 않으
면서 결과를 기대할 수 없다. 그러므로 이제 교회는 생각을 바꾸고 성경이 제
시하는 대로 모든 사람이 복음전파의 사역에 제작자가 되는 목회와 교육을 과
감히 시도해야 한다. 2000년 이상을 지속해 온 타성이 하루아침에 변하지는
않을 것이다. 그러나 지금이 변화할 때이며, 지금 이 시기를 놓치면 교회는 교
회의 본모습을 찾을 기회를 놓칠지도 모른다.

셋째는 과거를 다시 사는 것(reliving the past)에서 미래의 재배열(rearranging the
future)로의 변속이다. 맥닐은 "전형적인 교회의 리더십은 과거를 되살리는 데
많은 시간을 소비한다."[258)]라고 했다. 맥닐은 이러한 리더들이 역사가와 같은
역할을 한다고 한다. 그러나 우리가 필요로 하는 리더들은 역사가(historian)보
다는 기자(journalist)와 같은 유형이라고 한다. 역사가는 과거를 기록하고 해석
하지만, 기자는 현재의 일어나는 일을 보고하고 전달하는 사람이다. 그래서

맥닐은 "선교적 리더는 하나님께서 하시는 일을 경험하고 이것을 다른 사람들에게 전하는 일을 한다."[259]고 했다. 그리고 "선교적 리더들은 하나님과 연결되어 있는 동시에 세상과도 연결되어 있으며 하나님의 백성들이 반드시 해야 할 일을 확신을 가지고 전한다."[260]고 했다.

맥닐이 이야기하는 미래를 재배열하는 기자와 같은 리더십은 목회와 교육에 시사하는 바가 크다. 한 사람의 역사가가 자신의 관점을 가지고 역사를 써 내려가는 것과 같은 리더십이 전통적 교회의 모습이었다면, 미래를 위한 리더십은 여러 명의 기자들이 자신들의 경험과 바람을 게재하여 하루의 신문을 만드는 모습이 되어야 한다. 좀 더 이 이미지를 발전시켜보면 인간 삶의 다양한 면이 한곳에 모여 있는 신문처럼 교회는 다양한 삶의 장소에서 복음을 전하는 선교의 사명을 다해야 할 것이다.

넷째, 지위적(positional)에서 개인적(personal)으로의 변속이다. 전통적으로 리더십은 지위와 연결된 권위와 연관을 맺어왔다. 대부분의 사회조직이 위계적 질서를 당연한 것으로 여기고 있다. 이러한 경향은 교회에도 비판이나 숙고 없이 적용되었다. 그러나 맥닐이 지적하듯이 "오늘날 리더십은 점점 더 개인적이 되고 있다."[261]

> 이는 영적 리더들에게도 동일하게 사실이다. "나를 본받는 자가 되라"(고린도전서 4:16)는 리더십 훈련에 초대하는 사도들의 요청이었다. 이것은 바울의 오만이 아니었다. 이것은 가장 높은 수준의 책임감이었다. 바울이 이야기한 것은 "만일 당신이 내가 경험한 것을 경험하기 원한다면 내가 하는 일을 해라."라는 것이었다.[262]

그래서 맥닐은 우리에게 질문한다.

> 우리가 이야기하고 있는 대로 살아가고 있는가? 우리의 삶은 선교적인
> 가? 우리에게 영적인 매력이 있는가? 우리에게 예수님의 향기가 나는가?
> 우리의 삶의 여정에 책임감이 있고 참되려고 하는 의지가 있는가? … 우
> 리는 예수님께 "예."라고 답할 수 있는가? 만일 우리가 예수님께 "예."라
> 고 한다면 우리는 다른 사람들이 우리가 선택한 삶을 선택하도록 돕게 될
> 것이다.[263]

지위는 직무내용(job description)을 수행하게 한다. 반면 개인은 삶의 내용(life description)을 써 내려간다. 리더십이 제도의 관리자 역할을 담당하는 것에서 자신의 삶을 경영하는 것으로 바뀌어야 한다.

하나님 나라 리더십을 위한 교육·목회

하나님 나라 리더십에 대한 한 모형으로 제임스 B. 스캇(James B. Scott)과 몰리 데이비스 스캇(Molly Davis Scott)이 제시하는 "하나님 나라 원칙"(Kingdom Principles)에 근거한 리더십의 변화를 살펴보고자 한다.

이 두 사람에 의하면 리더십은 단순히 리더십 기술이나 의사결정 능력으로 완성되는 것이 아니라 그 이상의 것이 요구된다고 한다. 그것은 바로 영적 리더십의 근간을 이루는 것이라고 하면서 "하나님께서는, 하나님과 그의 백성을 전 존재를 다해 사랑하여 인생의 폭풍 속으로 들어가 잃은 영혼을 찾고 주께로 인도하는, 하나님 나라의 리더로 부름을 받았다는 확신을 가진 사람들

을 원하신다."[264]라고 했다. 그리고 이들은 다음과 같이 리더십의 특징을 설명했다.

리더십의 특징

하나님 나라의 리더는 온전한 크리스천이 되기를 소망한다. 이들은 자신과 이웃을 위해 자신의 삶 전체를 통해 하나님의 뜻에 따르면서 성장하기를 원한다. 이들은 성령을 통해 예수 그리스도의 사역을 수행하면서 하나님 나라를 위해 즐겁게 일한다.

- 하나님과 함께 살아감 : 하나님 나라의 리더는 진정으로 하나님을 향한 마음을 갖고 있으며 기도를 통해 자신의 길을 믿음으로 찾아 나간다. 성경과 성령의 말씀을 통해 성숙한 크리스천으로 성장한다.

- 그리스도의 성품을 드러냄 : 하나님 나라의 리더는 정직함과 진실함을 통해 신뢰를 얻는다. 신뢰가 없이는 목회에 있어서 성장과 성공을 기대할 수 없다. 마음과 삶의 성결함은 존경을 얻는 기초가 된다.

- 팀 사역자로서 관계를 맺음 : 하나님 나라의 리더는 팀 관계 속에서 다른 리더들과 조화를 이루면서 사역을 한다. 모든 사람들이 자신의 생각을 자유롭게 나눌 수 있는 환경 속에서 신뢰와 존경이 생겨난다. 진정한 리더는 비판과 충고를 받을 줄 아는 열린 마음의 소유자이다.

- 행동을 통한 돌봄 : 예수님께서 몸소 보여 주셨듯이 다른 사람들의 사정을 경청할 뿐만 아니라 그들을 위해 무엇인가를 하는 것이 진정한 돌봄이다. 물론 경청의 능력은 리더가 가져야 할 훌륭한 자질이다. 그러나 그것으로는 부족하다. 리더는 행동을 통해 변화를 이끌어 내야 한다.

- 온유함을 보임 : 위대한 리더는 항상 겸손과 온유 그리고 친절의 요소
  를 가지고 있어야 한다. 이것은 약점이 아니다. 이것은 그리스도다움의
  본질이다.

영적변형에 이르는 세 관문

하나님 나라의 리더가 되는 것은 영적변형을 통해서 일어난다. 이 세상에
서 예수 그리스도의 증인이 되기 위해 성령에 복종하는 삶을 살아야 한다.
이를 통해 우리의 삶은 변형되고 세상에서 그리스도를 섬기는 힘을 얻게
되며, 하나님 나라의 사역 안에서 진정한 리더가 될 수 있다.

첫 번째 관문 : 성삼위 하나님에 대한 사랑과 헌신을 새롭게 한다. 하나님,
예수 그리스도, 성령께서 능력을 주심으로 우리는 온전한 크리스천이 된
다. 삼위와의 특별한 관계를 발전시킴으로 하나님의 뜻대로 살고 사랑할
수 있게 된다.

두 번째 관문 : 관계의 능력을 회복한다. 그리스도와 한 몸이 되라는 말씀
은 하나님 나라의 삶을 위한 힘과 능력을 얻을 수 있는 원천이 된다. 크리
스천 형제자매를 통해 목회 속에서 받은 소명을 지킬 수 있는 도움을 받게
된다.

세 번째 관문 : 세상을 위한 헌신에 자신의 삶을 형성시킨다. 우리가 성령
과 하나가 될 때, 세상으로 부르시는 음성을 들을 수 있으며 사랑과, 정의
로 가득한 하나님의 나라를 선포하게 된다.

하나님 나라의 백성은 하나님으로부터 세 가지 은사를 받아 힘을 얻게
된다.

- 하나님은 당신을 의롭게 하시려고 자신의 의를 은사로 주셨다.
- 하나님은 당신이 이 세상에서 두려움과 염려의 마음을 버리고 살 수 있도록 자신의 평화를 은사로 주셨다.
- 하나님은 당신이 정의와 자비의 문제에 목소리를 높이도록 자신의 용기를 은사로 주셨다.

우리가 하나님께 다가갈 때 하나님께서는 우리에게 먼저 다가오신다. 영적능력은 우리 자신의 힘이 아니라 하나님께서 주시는 것이며, 이것이 우리를 행동하게 한다. 하나님은 우리의 사역을 위해 무한한 자원을 제공해 주신다. 이러한 약속과 능력을 가지고 성령이 인도하시는 대로 하나님 나라를 위한 사역에 진력해야 한다.[265]

사도적 리더십을 위한 교육·목회

사도적 리더십은 레기 맥닐이 말하듯이 1세기 교회에서 기능한 것으로 "현재적 미래"(present future)로 다시 나타나야 하는 것이다. 앞서 언급했듯이 사도적 리더십의 기원인 예수님의 리더십은 그의 제자들을 짧은 시간 동안 세상을 뒤집어 놓은 복음의 증인으로 성장하게 했다. 그러면 어떻게 우리는 이러한 리더십을 회복할 수 있을까? 하나님의 나라를 전하기 위해 사도적 리더십은 어떠한 특징을 가져야 할 것인가?

- 사도적 리더는 비전을 가졌다 : 그들은 "우리에게 오라."라고 말하지 않고, 사람들을 찾아갔다. 그들은 하나님의 나라에 모든 사람들을 초대했다. 그들은 세상을 예수 그리스도에게로 데려오는 비전에 충실했다.

• 사도적 리더는 하나님의 나라 백성이었다 : 그들은 예수님을 따라 세상에 영향을 끼치기 위해 살았다. 그들은 가능한 모든 방법으로 모든 사람에게 구원을 전하려고 했다.

• 사도적 리더는 팀 플레이어들이었다 : 그들은 함께 사역을 했다. 바울은 홀로 선교여행을 가지 않았다. 바나바, 실라, 누가, 디모데, 디도와 같은 사람들이 바울의 동역자였다. 그가 혼자 있어야 할 때는 그의 삶에 있어서 가장 힘든 시기였다.

• 사도적 리더는 개발자였다 : 그들은 '세우는 사람'(equipper)으로서의 역할의 중요성을 이해하고 있었다(에베소서 4:12). 그들은 자신들이 모든 일을 다 할 수 없다는 것을 알았다. 그리고 만일 하나님의 나라가 확장되려면 다른 사람들을 훈련시켜야 한다는 것을 알고 있었다.

• 사도적 리더는 진정으로 영적인 사람들이었다 : 그들은 단순히 하나님의 존재를 믿은 것이 아니라 전적으로 하나님을 신뢰하고 의지했다. 다른 사람들은 그들을 '예수님과 함께 지냈던 사람'들이라고 불렀다.

• 사도적 리더는 선교적인 사람들이었다 : 그들은 예수님이 세상을 위해 오셨다는 사실을 믿고 자신을 선교에 바쳤다. 그들은 '오로지 기도하는 일과 말씀사역에 힘썼다.'(사도행전 6:4)[266]

사도적 목회는 우리가 이해하는 선교의 개념 그 이상의 의미를 내포하고 있다. 빌 하몬(Bill Hamon)은 1세기 사도들이 수행했던 기능을 다음의 4가지로 설명하고 있다.

1. 복음을 미 전도지역에 전하는 일에 힘썼다.

> "또 내가 그리스도의 이름을 부르는 곳에는 복음을 전하지 않기를 힘썼노니 이는 남의 터 위에 건축하지 아니하려 함이라"(로마서 15:20)

2. 그리스도의 기초 위에 교회를 세우고, 기존의 교회들은 성경적 기초로 돌아오도록 도왔다.

> "내게 주신 하나님의 은혜를 따라 내가 지혜로운 건축자와 같이 터를 닦아 두매 다른 이가 그 위에 세우나 그러나 각각 어떻게 그 위에 세울까를 조심할지니라 이 닦아 둔 것 외에 능히 다른 터를 닦아 둘 자가 없으니 이 터는 곧 예수 그리스도라"(고린도전서 3:10-11)

> "그리스도의 은혜로 너희를 부르신 이를 이같이 속히 떠나 다른 복음을 따르는 것을 내가 이상하게 여기노라 다른 복음은 없나니 다만 어떤 사람들이 너희를 교란하여 그리스도의 복음을 변하게 하려 함이라 그러나 우리나 혹은 하늘로부터 온 천사라도 우리가 너희에게 전한 복음 외에 다른 복음을 전하면 저주를 받을지어다 우리가 전에 말하였거니와 내가 지금 다시 말하노니 만일 누구든지 너희가 받은 것 외에 다른 복음을 전하면 저주를 받을지어다 이제 내가 사람들에게 좋게 하랴 하나님께 좋게 하랴 사람들에게 기쁨을 구하랴 내가 지금까지 사람들의 기쁨을 구하였다면 그리스도의 종이 아니니라"(갈라디아서 1:6-10)

3. 교회의 지도자들을 파송하고 훈련했다.

> "복음을 그 성에서 전하여 많은 사람을 제자로 삼고 루스드라와 이고니온과 안디옥으로 돌아가서 제자들의 마음을 굳게 하여 이 믿음에 머물러 있으라 권하고 또 우리가 하나님의 나라에 들어가려면 많은 환난을 겪어야

할 것이라 하고 각 교회에서 장로들을 택하여 금식 기도하며 그들이 믿는
주께 그들을 위탁하고"(사도행전 14:21-23)

"내가 너를 그레데에 남겨 둔 이유는 남은 일을 정리하고 내가 명한 대로
각 성에 장로들을 세우게 하려 함이니"(디도서 1:5)

4. 그리스도의 지체 간의 연합과 교회 간의 연계를 독려했다.

"그가 어떤 사람은 사도로, 어떤 사람은 선지자로, 어떤 사람은 복음 전하
는 자로, 어떤 사람은 목사와 교사로 삼으셨으니 이는 성도를 온전하게 하
여 봉사의 일을 하게 하며 그리스도의 몸을 세우려 하심이라 우리가 다 하
나님의 아들을 믿는 것과 아는 일에 하나가 되어 온전한 사람을 이루어 그
리스도의 장성한 분량이 충만한 데까지 이르리니"(에베소서 4:11-13)[267]

미래적 리더십을 위한 교육·목회

미래적 리더십은 그 지향점이 과거이든 미래이든 그 시간과 공간이 요구하는
모습을 향해 진력하는 과정에서 형성된다. 그러면 교회의 안과 밖에서 요구하
는 미래적 리더십은 어떤 모습인가?

• 미래는 섬김을 원한다. 미국의 교회개척전문가 닐 콜(Neil Cole)은 그의 저서
《유기적 교회》(Organic Church)에서 리더가 권위를 인정받는 길은 섬김을 통
해서라고 했다.[268] 예수님께서는 우리에게 서로를 섬기라고 말씀하셨다.
"예수께서 불러다가 이르시되 이방인의 집권자들이 그들을 임의로 주관하

고 그 고관들이 그들에게 권세를 부리는 줄을 너희가 알거니와 너희 중에
는 그렇지 않을지니 너희 중에 누구든지 크고자 하는 자는 너희를 섬기는
자가 되고 너희 중에 누구든지 으뜸이 되고자 하는 자는 모든 사람의 종이
되어야 하리라"[269]

- 미래는 목자를 원한다. 알란 록스버그(Alan Roxburgh)와 프레드 로마눅(Fred
  Romanuk)은 미래의 지도자는 CEO가 아닌 목자가 되어야 한다고 했다.[270]
  하나님의 부르심에 응답하며 하나님께서 이미 역사하고 계시는 방법으로
  하나님 나라를 위해 공동체를 위해 헌신하는 자가 바로 미래의 리더가 되
  는 것이다. 그들의 리더십을 통해 공동체의 구성원들이 하나님의 뜻과 인
  도하심을 깨닫고 따르게 된다.

- 미래는 성령의 인도를 원한다. 미래의 리더는 계획과 전략을 가지기보다는
  성령의 음성에 민감하게 응답하며 성령의 인도를 따라 일하는 사람이 되어
  야 한다. 계획과 전략이 모던 리더십의 무기였다면, 미래의 리더십에서는
  영적 지도력과 영적 능력이 바로 지도력이 되는 것이다.

- 미래는 하나님의 말씀을 원한다. 성경이 미래의 리더의 내비게이션이 되어
  야 한다. 성경은 리더의 생각에 근거를 제공해 주는 보조물이 아니다. 성경
  은 하나님의 음성이며, 리더가 순종하며 따라가야 할 하나님의 마음이
  다.[271]

- 미래는 기도와 준비를 원한다. 미래의 리더는 미래를 예측하고 계획하기보
  다는 준비하는 사람이다. 미래란 불확실한 것이다. 아무도 미래를 확실하

게 예측할 수는 없다. 단지 준비할 수 있을 뿐이다. 때문에 미래를 맞이하는 리더의 태도는 기도와 준비일 것이다.[272]

• 미래는 긴 안목을 원한다. 기업의 지도자들은 가능한 빠른 결과를 원한다. 그래서 장기계획에는 그다지 큰 관심을 기울이지 않는다. 교회도 마찬가지이다. 목회자들은 즉각적인 대답을 주어야 한다는 부담을 안고 있다. 성장은 곧 숫자와 연결되며 그 숫자는 곧바로 드러나야 한다. 물론 성장이 숫자와 무관하지는 않다. 그러나 그 계수방법이 근시안적이고 내부 중심적이라면 이는 교회를 조직으로 볼 뿐 선교공동체로 여기지 않는다는 증거가 될 것이다. 하나님 나라의 확장은 시간과 공간적 의미에서 길고 넓은 안목을 통해서 보아야 할 과제이다.

실천적 리더십을 위한 교육·목회

앞서 언급하였듯이 하나님 나라의 리더십은 지위가 아니라 실천을 기반으로 한다. 실천은 곧 행동을 의미하며, 행동은 섬김을 통해서 표현되어야 한다. 이미 사회의 여러 조직들도 상하관계의 직제보다는 실천을 원활하게 이끌어 낼 수 있는 수평적 관계로 리더십을 새롭게 정의하고 있다.[273] 이는 다름 아닌 예수님께서 몸소 보여 주셨던 리더십의 모형에서 그 뿌리를 찾을 수 있다. 하나님의 아들이 인간의 몸으로 오셨다는 것 자체가 바로 하나님과 인간의 사이를 수직관계에서 수평관계로 바꾸어 놓으신 혁명적인 사건이 된 것이다. 그래서 예수님께서는 "인자가 온 것은 섬김을 받으려 함이 아니라 도리어 섬기려 하고 자기 목숨을 많은 사람의 대속물로 주려 함이니라"(마태복음 20:28)라고 말씀하셨던 것이다. 그렇다면 우리는 실천적 리더십을 '섬김의 리더십'(servant leadership)[274]에서 찾아야 할 것이다.

그러면 섬김의 리더십은 어떠한 특징을 가져야 할까?《리더십을 위한 코칭》 (*Coaching for Leadership: How the World's Greatest Coaches Help Leaders Learn*)에 제시된 섬김의 리더십의 모습을 살펴보면 다음과 같다.

- 섬김의 리더는 사람들과 자신들의 일(사역)을 진지하게 여긴다.

- 섬김의 리더는 경청하고, 배우며, 사역자들로부터 리더십을 이끌어 낸다. 섬김의 리더는 모든 대답을 가지고 있지 않다. 그들은 올바른 질문을 던질 줄 아는 사람들이다.

- 섬김의 리더는 치유를 한다. 그들은 개방성을 가지고 있으며, 실수를 기꺼이 인정한다.

- 섬김의 리더는 표면에 나서지 않는다. 섬김의 리더는 겸손의 가치를 알고, 누가 칭찬을 받느냐보다는 결과와 효과에 더욱 관심을 갖는다.

- 섬김의 리더는 자신을 청지기로 여긴다. 하나님께서 그들에게 권위를 부여해 주셨고, 그들은 권력지향적이 아닌 책임감수적으로 행동한다. 그리고 장기적인 안목을 가지고 의사결정을 한다.

- 섬김의 리더는 다른 사람들을 존중한다. 그들은 모든 구성원이 비전을 가지고 있으며, 그 비전들은 서로 조화를 이루어야 한다고 생각한다.[275]

데니스 맥브라이드(Dennis McBride)는 "영적 리더십을 위한 성경적 모델"이라
는 글에서 섬김의 리더십의 원칙을 다음과 같이 설명하였다.

일반적 원칙

1. 예수 그리스도는 섬김의 리더십의 최상의 모범이시다.
   (마태복음 20:28; 요한복음 13:12-17; 빌립보서 2:5-11)
2. 섬김의 리더들은 그리스도가 자신의 교회에 주신 선물이다.
   (에베소서 4:11-12)
3. 겸손한 섬김은 그리스도가 진정으로 큰 자를 측정하시는 기준이다.
   (마태복음 20:26)
4. 신실함은 진정한 성공을 측정하는 예수님의 기준이다.
   (고린도전서 4:1-2)
5. 섬김은 그리스도를 닮으려는 노력 안에 있는 순전한 심령에서 흘러나
   온다. (빌립보서 3:8-11)
6. 섬김의 리더십은 진정한 존엄과 권위를 가진 낮은 자세이다.
7. 섬김의 리더는 본성적으로 섬기는 자이다.
8. 섬김의 리더는 성령께서 삼으신다. (사도행전 20:28)
9. 섬김의 리더는 주인이 아니라 청지기이다. (사도행전 20:28)

기본적 태도

1. 섬김의 리더는 즐거이 듣는 자이다. (디모데전서 4:15-16)
2. 섬김의 리더는 자랑하지 않고 겸손하다. (마태복음 18:4)
3. 섬김의 리더는 이기적이지 않고, 희생적이다. (누가복음 22:26-27)
4. 섬김의 리더는 성경적 우선순위를 알고 지킨다. (사도행전 6:2-4)
5. 섬김의 리더는 신실하다. (고린도전서 4:2)

6. 섬김의 리더는 두려움과 존경심으로 섬긴다. (히브리서 7:17)

7. 섬김의 리더는 자신의 영광이 아니라 그리스도의 영광을 위해 섬긴다.
   (베드로전서 5:2)

8. 섬김의 리더는 강요 때문이 아니라 자원하는 마음으로 섬긴다.
   (베드로전서 5:2)

하나님과의 관계

1. 섬김의 리더는 거듭남을 통해 종으로 태어났다. (요한복음 3:3)

2. 섬김의 리더는 예수 그리스도의 종이다. (빌립보서 1:1)

3. 섬김의 리더는 예수 그리스도를 본받는 자이다. (고린도전서 11:1)

4. 섬김의 리더는 오직 하나님을 기쁘시게 하려고 한다. (갈라디아서 1:10)

5. 섬김의 리더는 하나님의 말씀에 순종한다. (디모데전서 4:16)

6. 섬김의 리더는 하나님의 비밀을 맡은 자이다. (고린도전서 4:1)

7. 섬김의 리더는 하나님께서 귀히 여기신다. (요한복음 12:26)

8. 섬김의 리더는 하나님 앞에서 책임을 감수한다. (히브리서 13:17)

양떼와의 관계

1. 섬김의 리더는 하나님의 양 떼를 보호하도록 위임받았다.
   (사도행전 20:28)

2. 섬김의 리더는 팀의 일원이다. (에베소서 4:11-16; 고린도전서 3:1-9)

3. 섬김의 리더는 자신의 사역에 적극적으로 직무를 다한다.
   (디모데후서 4:5)

4. 섬김의 리더는 꺼리지 않고 하나님의 뜻을 모두 전한다. (사도행전 20:27)

5. 섬김의 리더는 양 떼를 먹인다. (요한복음 21:15-17)

6. 섬김의 리더는 양 떼에게 경고를 한다. (사도행전 20:28; 디모데후서 4:2,4)

7. 섬김의 리더는 양 떼를 성장하게 한다. (에베소서 4:11-16)

8. 섬김의 리더는 양 떼를 위해 모범이 된다.

(베드로전서 5:3; 고린도전서 11:1)[276)]

섬김의 리더십은 사역에 있어서 의미와 가치를 제공하는 기준이 된다. 크리스천의 정체성은 서로서로의 관계 속에 내재되고 표출되어야 한다. 비즈니스의 세계에서도 효과적인 리더십은 함께 일하는 사람들을 얼마나 신뢰하고, 인정하며, 존중하느냐에 달려 있다는 사실을 인식하고 있다. 우리는 예수 그리스도와 함께, 이웃과 함께 사랑으로 서로의 짐을 나누면서 낮은 자세로 하나님의 뜻을 이루어 가야 하는 사명을 가지고 있다. 이 사역은 겸손, 온유함, 인내에 관한 문제이며, 단순히 유행을 따르거나 자신을 높이기 위한 것이 아니라, 예수 그리스도를 영화롭게 하기 위한 일에 초점을 맞추면서 행해지는 노력이 되어야 한다.

* * * * *

이렇듯 새로운 목회와 교육을 위한 르네상스는 우리의 삶과 신앙의 초점을 내부에서 외부로 돌리고, 프로그램의 개발보다는 하나님의 백성 개발로, 그리고 조직으로서의 교회가 아닌 하나님의 나라를 위한 미래의 리더를 양육하는 일로 전환하면서 이루어져야 하는 중요한 과제이다.

"내게 능력 주시는 자 안에서 내가 모든 것을 할 수 있느니라"

(빌립보서 4:13)

✱ 각주

245) McNeal, *Missional Renaissance*, 131.

246) Ibid.

247) Ibid.

248) Ibid., 132.

249) Ibid., 132-33.

250) Ibid., 133.

251) Ibid., 134.

252) Ibid.

253) 에베소서 4:11-13.

254) McNeal, *Missional Renaissance*, 139-40.

255) Ibid., 140.

256) Ibid.

257) Ibid., 141.

258) Ibid.

259) Ibid., 143.

260) Ibid.

261) Ibid., 146.

262) Ibid., 147.

263) Ibid.

264) http://www.christianleadershipalliance.org/spiritualdimensions/2007 (2010년 3월 22일 접속).

265) Ibid.

266) McNeal, *The Present Future*, 120-39.

267) Bill Hamon, *The Day of the Saints: Equipping Believers for Their Revolutionary Role in Ministry* (Shippensburg, PA: Destiny Image, 2005).

268) Neil Cole, *Organic Church: Growing Faith Where Life Happens* (San Francisco: Jossey-Bass, 2005).

269) 마가복음 10:42-44.

270) Alan Roxburgh and Fred Romanuk, *The Missional Leader: Equipping Your Church to Reach a Changing World* (San Francisco: Jossey-Bass, 2006).

271) Ed Stetzer and David Putman, *Breaking the Missional Code* (Nashville: B&H Academic, 2006); Henri J. M. Nouwen, *In the Name of Jesus: Reflections on Christian Leadership* (New York: The Crossroad Publishing Company, 1992).

272) McNeal, *The Present Future*, 92-119.

273) Walter C. *Wright, Relational Leadership* (Carlisle, United Kingdom: Paternoster, 2002).

274) "섬김의 리더십"이라는 말은 로버트 K. 그린리프가 1970년 그의 저서 《리더로서의 섬김이》(The Servant as Leader)에서 처음 사용한 용어이다. Robert K. Greenleaf, *The Servant as Leader* (Westfield, IN: Robert K. Greenleaf Center, 1982); 참고. Greenleaf, Servant Leadership.

275) Marshall Goldsmith, Laurence Lyons, and Alyssa Freas, eds., *Coaching for Leadership: How the World's Greatest Coaches Help Leaders Learn* (San Francisco: Jossey-Bass Pfeiffer, 2000).

276) Dennis McBride, "The Biblical Model for Spiritual Leadership," http://www.yoyomaster.com/ministry.file/Servantleadership.html (2010년 3월 22일 접속).

Future · Education · Ministry

전망
미래목회와 교육적 교회

11. 전망 – 미래 · 교육 · 목회

11
전망 – 미래 · 교육 · 목회

1965년 《세속도시》(*The Secular City*)로 현대신학의 새로운 지평을 연 하버드의 신학자 하비 콕스(Harvey Cox)는 2009년 출간한 《신앙의 미래》(*The Future of Faith*)[277]에서 기독교를 중심으로 신앙의 미래를 전망했다. 그에 의하면 기독교는 세 단계의 변화를 거쳐 왔다고 한다.

첫 단계는 "신앙의 시대"(The Age of Faith)이다. 이 시기의 기독교는 첫 3세기 동안 예수 그리스도에 대한 믿음보다 예수님의 가르침을 따르는 것에 몰두했던 때라고 한다. 이때는 아직도 율법적 전통의 타성이 남아 있었던 터라 '새로운 계명'을 따르는 것이 어쩌면 당연한 현상이었는지 모른다. 그래서 "내가 곧 길이요 진리요"[278] 그러므로 "나를 따르라"[279]는 예수님의 관계적 초대에 전적으로 응하지는 못했을지라도 새 계명을 따르는 것이 초기 크리스천들에게는 최선의 선택이었으리라 생각해 볼 수 있다.

두 번째 단계는 "믿음의 시대"(The Age of Belief)이다. 4세기에서 20세기까지는 정통(orthodoxy), 즉 올바른 교리를 그 무엇보다도 중요하게 여겨왔다. 이 시기는 기독교가 명실공히 명제적 신앙의 단계로 자리를 잡은 때라고 볼 수 있다.

물론 올바른 진리를 지키고, 이를 구체적으로 명시화하여 전통을 수호하려는 교회의 노력을 가벼이 여길 수는 없다. 그러나 언제부터인가 교리가 믿음의 대상이 되어 버리고, 교리를 인정하는 것을 믿음의 행위로 여기게 되었다. 비록 이러한 태도가 교회의 제도를 수호하는 데는 기여하였을지라도, 교회의 생명력을 세상에 전하는 데는 상대적으로 부족했던 것 또한 사실이다. 그러다 보니 교회는 외형에서부터 철옹성이 되어 가고 외부 세계와는 점점 더 그 간격을 넓히게 되는 결과를 초래했다. 바로 이것이 믿음의 시기의 빛과 그림자라고 할 수 있다.

그리고 세 번째 단계는 "성령의 시대"(The Age of the Spirit)이다. 이는 지난 50년 동안 일어난 경향으로 교리보다는 영성이 형식적 종교를 대체하고 있다.[280] 서구교회에서부터 나타나기 시작한 교회의 위기는 환경의 변화 속에서 적응하지 못하는 공룡처럼 생존자체가 문제가 되어 버리는 형국이 되었다.[281] 변화된 환경은 영적갈증이라는 현상이었다. 이는 고도로 발전되어 가는 과학기술문명과 제도화되어 가는 교회, 명제화 되어 가는 신앙에 대한 당연한 반작용이었다. 그래서 앤드류 워커(Andrew Walker)는 그의 저서 《미래에 대한 기억》 (Remembering Our Future)에서 교회는 문제의 해결을 자신의 뿌리에서 찾아야 한다고 주장했다. 그는 오늘날 복음주의 교회들이 초대교회의 열정을 회복하면서 위기를 벗어나는 것을 보면서 과거를 기억하는 것은 미래를 맞이하는 가장 본질적인 과제라고 보았다.[282]

그래서 콕스는 "신앙은 다시 일어나고 동시에 교리는 설 자리를 잃고 있다."[283]라고 단언했다. 그리고 지난 20여 년 동안 일어난 이멀징 처치 운동(the emerging church movement)은 다른 주류 교단들에게도 지대한 영향을 미쳤다고 했다.

그는 "이멀징 교회의 교인들은 특별히 새롭게 형성된 포스트 서구 기독교 안에서 창조적으로 살아가기 위한 준비를 훌륭히 해왔다."라고 하면서 말씀을 단순히 선포하는 대신 "말씀대로 사는 것"(living the message)에 역점을 두어 왔음을 지적했다.[284] 이를 위해 이멀징 교회는 전통적인 예배당에서 일방적으로 선포되는 말씀보다는 카페와 같은 삶의 장소에서 상호적으로 말씀을 교류하는 방식을 택하면서 복음의 전파를 시도했다는 것이다. 그래서 콕스는 삶으로 드러나는 신앙이 "성령의 시대"의 핵심이며, 이 흐름이 신앙의 미래가 될 것이라고 전망했다.[285]

그렇다면 다시 찾아온 성령의 시대는 성령의 강림과 함께 시작되었던 1세기 교회의 회복을 향한 전조(前兆)가 아닐까? 마치 과거를 찾아가는 미래로의 여행처럼 교회는 교회의 출발지점을 향해 역사상 가장 기대되고 흥분된 여정을 떠나야 할 때가 온 것은 아닌가? 만일 그렇다면 이제까지 "과거로 돌아가자.", "기본으로 돌아가자.", "초대교회로 돌아가자."라는 구호에 쉽게 등을 돌렸던 사람들도 이 말의 깊은 뜻을 다시 새겨보아야 할 것이다.

과연 어떻게 과거로, 기본으로, 또는 초대교회로 돌아갈 수 있을까? 많은 사람이 오해하듯이 단순히 외형의 복원만으로 원하는 목적을 달성할 수 있을까? 물론 그것은 불가능하다. 이 과정은 예수님께서 말씀하신 "거듭남"의 과정이 필요하다. 즉 니고데모의 우문(愚問)처럼 "모태에 들어갔다가 나는 것"은 불가능한 일이다. 다시 말해 시간을 거꾸로 돌려 과거로 돌아갈 수는 없다. 오직 "물과 성령"으로 나야 하나님의 나라에 이를 수 있다.[286] 그러면 왜 물과 성령인가? 그것은 교회가 물로는 외적인 회복을, 성령으로는 내적회복을 해야 하기 때문이 아닐까.

그렇다면 물과 성령으로 거듭나 미래를 향해 가는 교회의 목회와 교육은 어떠한 모습이어야 하는가? 이제 본서를 마무리하면서 미래와 교육과 목회를 가로지르는 성령의 바람과 기운을 느끼고 품어 보려고 한다. 나의 생각이 아닌 하나님의 뜻을 찾으려는 노력을 하면서 예수님께서 먼저 가 계신 곳을 향해 걸어가는 교회의 미래를 그려 보고자 한다.

미래 스케치 하나 – 예수회복(ReJesus)

미래의 목회와 교육은 '예수의 회복'을 향해 달려가야 한다. 제도화된 교회 속에서 프로그램과 커리큘럼의 일부가 되어 버린 목회와 교육은 이제 방향을 바꿔 메시아이신 예수 그리스도의 모습을 정직하고 신실하게 따라가야 한다. 마이클 프로스트와 앨런 허쉬가 말했듯이 "급진적 전통주의"(radical traditionalism)를 기반으로 "우리의 목적은 교회로 하여금 예수를 회복(reJesus)하게 하고, 과감하고, 급진적이며, 낯설고, 멋지며, 설명할 수 없고, 멈출 수 없으며, 놀랍고, 불안정하고, 불안하며, 돌보고, 강력한 하나님의 사람(God-Man)으로 돌아갈 필요가 있다."[287]는 것을 명심해야 한다.

예수 그리스도는 교회의 필요에 따라 변할 수 없다. 오직 예수 그리스도의 필요에 따라 교회가 변해야 한다. 교회에게 주어진 단 하나의 사명은 예수 그리스도를 그분의 모습 그대로 받아들이고 본받아 살아나가야 한다. 교회는 종종 예수님의 비정치성, 비경제성, 비현실성에 대해 암암리에 불편한 침묵을 지킨다. 그리고 교회는 예수님의 선교적이며, 희생적이고, 초월적인 삶을 따르는 것을 꺼려한다. 그 결과 선교는 '포용'이라는 정치적 수사(修辭)로, 희생은

'분배'라는 경제적 용어로, 초월은 '내재'(內在)라는 신학적 개념으로 희석되어 버렸다. 그러나 예수님의 삶에 담긴 메시지는 분명하다. 예수님께서는 자신의 복음을 전하고, 자신을 내어 죄를 사하시며, 자신이 예비하신 영생을 약속하셨을 뿐이다. 교회에게는 이러한 예수님 밖에는 알려진 메시아가 없다.

교회 밖의 사람들은 교회의 제도와 신학에 거부감을 느끼고 있다. 그러나 이러한 교회와 예수 그리스도를 동일시해서는 안 된다. 예수 그리스도는 하나님의 아들이시며, 유일하신 메시아이시다. 사람들이 교회를 인정하거나 부정하는 것은 그들의 판단 안에 있지만, 예수님을 받아들이는 것은 그들의 능력 밖의 일이다. 이는 하나님의 은총이요 성령의 역사이다. 때문에 우리는 사람들을 교회로 초대하려고 해서는 안 된다. 우리는 그들을 예수 그리스도에게로 초대해야 한다. 목회는 프로그램이 아닌 예수 그리스도를 받아들임으로 신앙의 성장과 성숙에 이를 수 있다는 것을 보여 주어야 한다. 그리고 교육은 커리큘럼이 아닌 예수 그리스도를 본받음으로 존재의 변화를 이루어 낼 수 있음을 역설하고 실천해야 한다.

프로스토와 허쉬는 "우리 기독교 신앙은 반드시 예수님을 바라보아야 하고, 그 신앙이 진정한 것이 되려면 예수님 위에 기초를 놓아야만 한다고 믿는다. 만일 나사(NASA)에서 우주선을 달에 쏘아 올릴 때 단 0.05도라도 궤도에서 벗어난다면, 우주선은 수천 마일 달에서 멀어질 것이다."[288]라고 말했다. 이렇듯 예수님에게서 벗어난 교회는 그것이 단지 아주 미세한 정도라 할지라도, 예수님을 향해 가는 길에서 엄청나게 멀어질 것이다.

그러면 예수회복의 구체적 접근은 어떤 것일까? 앨런 허쉬가 제안하는 것처럼 "교회개척"(church planting)에서 "복음개척"(gospel planting)으로의 변화가 그 중 하나이다. 어찌 보면 사실 1세기의 교회는 복음과 동일시되었지만, 지금은 교회가 제도화되고 조직화되면서 복음이 교회의 일부가 되어 버렸다. 이 말은 복음이 교회 밖을 위한 것일 때보다 교회 안을 위한 것으로 여겨질 때가 많아 졌다는 뜻이다. 이것이 바로 예수회복의 가장 큰 걸림돌이다. 그러므로 이제 교회를 새로운 지역에 심는 것이 중요한 것이 아니라, 새로운 지역에 복음을 심는 것이 더욱 중요하다는 것을 명심해야 한다.

그렇다면 교회를 개척하는 것과 복음을 개척하는 것에는 어떤 차이가 있을 까? 허쉬는 복음을 심는 것은 건물을 짓거나, 예배의 형식을 바꾸고, 회중의 수를 늘리며, 목회적 돌봄을 확대하는 것이 아니라고 했다. 그것은 자연스럽 게 이웃을 제자로 변화시키며, 삶의 태도가 예배가 되고, 일상의 삶이 선교가 되는 공동체를 이루어 나가는 것이라고 했다.[289] 다시 말해 그것은 건물이나 제도, 조직이 아닌 사람과의 관계와 사랑을 우선시하는 복음을 전하는 것을 말한다. 그러므로 교회는 목회와 교육에 있어서 형식보다는 내용에, 교리보 다는 관계를 더욱 소중히 여기는 생각과 실천에 변화를 일으켜야 한다.

물론 여기에서 한 가지 분명히 해야 할 것이 있다. 교회개척에서 복음개척으 로의 이동은 이 둘 사이의 균형과 조화를 이루어 나가면서 성취되어야 한다는 것이다. 이것이냐 저것이냐의 이분법적 사고가 아니라 이것도 저것도의 통합 적 사고를 가지고 접근해야 한다. 왜냐하면 각 교회가 처한 시간적 공간적 의 미의 미래가 서로 다르고, 각자의 속도가 중요하고 의미 있기 때문인 것이다. 어떤 교회는 출발부터 복음개척으로 뛰어들 수 있고, 또 어떤 교회는 복음개 척에서 교회개척으로 이동하고, 다시 복음개척으로 복귀할 수도 있을 것이다.

이스라엘 백성이 애굽을 떠나 약속의 땅, 가나안에 이르기까지 40년을 광야에서 보냈던 시간들은 결과적으로 보면 안타까운 일이지만, 그 기간은 훈련과 체험의 시간이었고, 더욱 중요한 사실은 광야에서의 기간 동안에도 하나님께서는 항상 이스라엘 백성들과 함께하셨다는 것이다. 삶의 과정을 평가하거나 판단하는 것은 섣부른 일이다. 그러나 명확한 것은 가나안을 향해 가야 한다는 사실임을 망각하지 말아야 한다. 가나안으로 가는 길은 장대에 달린 놋뱀을 보듯이 예수 그리스도를 통해서만 가능한 일이며,[290] 예수님께서 계시는 교회는 가나안을 향해 믿음의 전진을 해야 하는 것이다.

이를 위해 교회는 목회와 교육에 있어서 '예수 그리스도처럼 생각하고 행동'하는 것을 목적과 방법으로 삼아야 한다. 세계적인 교회문제 분석전문가인 조지 바나(George Barna)는 예수님처럼 생각하는 것(Think Like Jesus)이 바로 크리스천의 세계관(Christian worldview)이라고 했다. 바나는 "성경적 세계관은 예수님처럼 생각하면서 하루 종일 예수님처럼 행동하고 세상을 바라보는 것이다."[291]라고 했다. 그가 말하는 성경적 세계관이란 "성경적 관점 아래서 현실을 경험하고, 해석하며, 응답하는 방식"[292]을 뜻한다.

미래 스케치 둘 – 성경회복(ReBible)

오늘날 교회가 안고 있는 또 하나의 문제는 '성경의 위기'이다. 근대 이후 교회는 성경을 분석의 대상으로 삼고, 해석이라는 창을 통해서 바라보기 시작했다. 반면 근본주의자들은 성경 자체를 믿음의 대상으로 삼고, 문자 그대로 수용하는 방식을 택했다. 이 둘은 성경을 보는 관점의 차이로 서로 다른 길을 걸어 왔지만, 한 쪽은 성경에 대한 믿음을 잃었고, 다른 한쪽은 이들과 다른 생각을 가진 사람들과 교회 밖의 사람들을 잃었다. 그러나 어느 경우이건 잃은 쪽은 사람이지, 성경이 아니라는 것을 잊지 말아야 한다.

최근에 진행되고 있는 또 하나의 위기는 소위 "이멀전 교회"(The emergent church)[293]라고 불리는 교회의 지도자들이다. 브라이언 맥라렌(Brian McLaren)과 같은 이멀전 교회 운동의 지도자는 이 땅에 하나님의 나라를 건설해야 할 시기에 도달했다고 주장하면서 지금까지와는 다른 방식으로 성경을 공격하고 있다.[294] 이들에게 있어서 성경은 더 이상 기독교 신앙의 기초로서의 권위를 가지지 못한다. 더구나 예수 그리스도의 복음의 핵심은 교회성장과 사회적 복음을 추구하는 인간적 방법으로 대체되고 있다. 또 그들은 하나님의 나라를 이 땅에 이루어야 한다는 주장을 펴면서 장차 오실 예수 그리스도와 영원한 나라에 대한 믿음을 약화시키거나 심지어 거부하기까지 한다.

한편 이멀징 교회(The Emerging Church)로 구별되는 새로운 교회의 지도자들은 포스트모던 세대에게 복음을 전하기 위해 기독교를 개혁하려는 노력을 하고 있다. 이들에게는 무엇보다도 '경험'을 중시하는 경향을 가지고 있다. 그래서 예전의 회복, 관상기도, 성화상의 복원 등 이미지와 감각적 경험에 초점을 맞추고 성경의 권위를 종종 망각하는 것을 볼 수 있다. 물론 모든 이멀징 교회가 성경을 소홀히 하는 것은 아니다. 샌프란시스코의 코너스톤 교회(Cornerstone Church)는 철저히 성경에 기초한 말씀을 전하는 데 전력한다. 그럼에도 불구하고 새로운 세대의 삶의 유형에 교회가 타협하면서 성경을 읽고 성경의 말씀에 따라 살아가려는 의도적 노력이 감소하는 것은 목회와 교육에서 진지하게 고민해야 할 문제가 아닐 수 없다.

그러면 목회와 교육에서 회복해야 할 성경은 어떤 것인가? 물론 단순히 책으로서의 성경을 다시 읽고 연구하는 것이 성경회복의 유일한 해답은 아닐 것이다. 그러면 우리는 어떻게 성경의 의미와 가치를 다시 찾을 수 있을까? 우선 성경을 하나님의 말씀 곧 하나님의 마음으로 바라보는 자세의 변화가 필요하다. 성경은 하나님의 음성에서, 필사된 기록으로, 그리고 인쇄된 책으로 우리에게 전해졌다. 즉 하나님께서는 인간과 소통하시는 다양한 통로(구술, 필사, 인쇄)를 통해서 자신의 마음을 드러내셨다. 그리고 전자영상 기술이 등장하면서 앞서 출현했던 커뮤니케이션의 양식을 통합하는 소통의 매체가 하나님의 말씀을 전달하는 역할을 수행하고 있다. 모든 의사소통의 양식은 각자의 중요성을 가진다. 그러나 각 양식들은 가능성과 한계를 동시에 가지고 있다. 때문에 그 양식 자체가 절대적일 수 없다. 사실 오랫동안 책으로서의 성경이 절대적 권위를 가진 것은 성경의 의미를 찾는 데 오히려 걸림돌이 되어 왔다. 성경을 듣던지, 읽던지, 보던지 우리가 잃지 말아야 하는 핵심은 성경은 전체로서 하나님의 뜻과 마음을 드러내는 살아 있는 하나님의 메시지라는 것이다.[295]

따라서 새로운 교회의 목회와 교육은 성경을 전체로 듣고, 읽고, 보는 일에 집중해야 한다. 이때 단순한 암송이나, 해석, 또는 감동이 성경을 만나는 방법의 전부라고 생각해서는 안 된다. 성경은 전체로 그리고 부분으로 개인에게 찾아와 하나님의 마음을 전해 주는 살아 있는 하나님의 말씀이다. 그러므로 하나님의 마음을 깨달아간다는 생각을 가지고, 성경을 끊임없이 듣고, 읽고, 보아야 한다.

특별히 교회의 미래를 위해 목회와 교육이 초점을 맞추어야 할 것은 교회 밖에 있는 사람들에게 어떻게 하나님의 말씀을 전달할 것인가라는 과제이다.[296]

인간의 회복, 즉 구원을 바라시는 하나님의 마음을 깨닫는 것이 바로 성경을 회복하는 핵심적 목표라는 것을 항상 명심해야 한다. 그래서 성 어거스틴이 말한 것처럼 성경을 인간을 향한 하나님의 러브레터라고 해도 좋을 것이다. 만일 그렇다면 누가 러브레터를 분석하고 기술된 내용의 객관성을 파헤치려고 할 것인가? 또한 누가 러브레터를 문자 그대로 읽으려고 하겠는가? 물론 그렇다고 해서 러브레터는 사실성이 결여되어 있거나, 정확성이 부족하다는 말은 아니다. 더욱 중요한 것은 러브레터 속에 담긴 사랑하는 이의 마음이 아니겠는가? 그리고 가장 중요한 것은 누가 러브레터를 한 부분만 읽고 말겠는가? 아마도 읽고 또 읽고 눈을 감아도 그 구절구절이 떠오르도록 읽을 것이다. 그러면 하나님의 러브레터인 성경을 어떻게 하겠는가? 두말할 나위도 없이 교회는 말씀을 처음부터 끝까지 읽고 또 읽고, 생각에 행동에 삶 속에 새겨 두어야 할 것이다. 바로 이것이 교회가 성경을 회복해야 할 절실한 이유인 것이다.

미래 스케치 셋 – 기도회복(RePrayer)

기도는 하나님과의 대화이며, 영적 호흡이다.[297] 기도의 중요성은 아무리 강조해도 지나침이 없을 것이다. 새로운 교회의 목회와 교육에 있어서 기도가 항상 중심에 있어야 한다는 것은 의심의 여지가 없다. 기도는 하나님의 능력을 구하고 얻는 유일한 길이며 통로이다. 그러나 안타깝게도 이렇듯 너무나도 당연한 사실을 교회는 종종 망각하기도 한다. 왜냐하면 제도의 유지와 조직의 운영, 프로그램의 실행에 너무나 바쁜 나머지 기도를 보조적인 것으로 전락시키기 때문이다. 그러므로 기도의 회복은 미래교회의 교육과 목회를 위해 가장 많은 시간과 노력을 기울여야 한다.

이런 의미에서 한국 교회의 전통 속에 뿌리 내린 새벽기도회와 철야기도회는 한국 교회의 경이적 성장의 원동력이었다고 해도 과언이 아닐 것이다.[298] 그러나 최근 이러한 기도의 전통이 약화되는 경향에 대해 우려의 목소리가 들려오고 있다. 기도의 쇠퇴는 능력의 감소이고, 능력의 감소는 하나님과의 관계의 소원(疏遠)으로 이어질 수 있다. 때문에 이는 심각한 문제가 아닐 수 없다. 그러므로 교회는 기도의 회복을 위한 노력의 고삐를 놓지 말아야 한다.

이러한 상황과 함께 또 한 가지 주목해야 할 변화가 있다. 그것은 서구교회에서 영향을 받은 관상기도 또는 센터링 기도와 같은 묵상 형태의 기도가 새로이 주목을 받고 있다는 사실이다.[299] 이러한 기도의 형태 자체가 문제가 되는 것은 아니다. 그러나 묵상 형태의 기도를 선택하게 된 동기가 소위 '통성기도'라고 알려진 연합기도에 대한 반작용으로 나타나고 있다는 것에는 논의의 여지가 있다고 본다. 왜냐하면 일부의 교회 지도자들이 묵상기도는 고차원의 기도이고, 통성기도는 저차원의 기도라고 치부하기 때문이다.

과연 기도에는 차원이 있는 것일까? 그리고 기도의 형태에는 어떠한 기원과 의미가 있을까? 우선 교회의 역사를 살펴보면 영성의 바람은 서구에서 동양으로 불어왔음을 알 수 있다. 이는 기독교의 복음이 전해 온 방향을 말해 준다. 여기에서 복음의 흐름을 대양의 이미지로 표현해 본다면 유럽과 북미로 대표되는 서구교회는 대서양적 영성(Atlantic Spirituality)라고 하고, 남미, 아시아, 아프리카를 비서구권의 교회로 분류하고 이를 태평양적 영성(Pacific Spirituality)이라고 부를 수 있을 것이다.

대서양적 영성은 서구의 합리주의적 접근에 기초를 두고, 수도원 운동을 통해

'침묵의 영성'(silent spirituality)에 가치를 두어 왔다. 기독교는 대서양적 영성 속에서 제도화되고, 신학화되며, 이성화되어 왔다. 이러한 전통에서는 대화와 표현이 미덕이 된다. 그래서 표출의 반작용으로 묵상형태의 기도인 관상기도와 센터링 기도가 출현하는 것은 어찌 보면 당연한 결과일지 모른다.

한편 태평양적 영성은 침묵과 절제가 미덕인 동양적 풍토와 식민지 경험과 억압적 정치적 상황을 겪은 제3세계에서 발생하면서, 일상을 벗어나는 영성의 길을 분출의 형태인 '외침의 영성'(shouting spirituality)으로 택하게 되었다. 이는 1906년 캘리포니아의 아주사 거리(Azusa Street)에서 일어난 오순절 운동과 1907년 한국의 평양에서 일어난 대부흥 운동에서 여실히 드러났다.

두 가지 영성의 전통은 우열의 문제라기보다는 서로 다른 토양에서 발생한 매우 자연스러운 현상이라고 할 수 있다. 그러나 여기에 중요한 문제가 있다. 그것은 성령의 바람이 어디에서 어디로 불며, 어디를 향해 가고 있느냐는 것이다. 통계에 의하면 오늘날 80%의 기독교인들이 비서구권에 살고 있다고 한다. 다시 말해 지금은 태평양적 영성이 성령의 바람을 타고 있는 때라고 할 수 있다. 그리고 안타깝게도 서구의 교회는 생존을 위해 사투하고 있으며, 심지어 장례식을 준비하고 있는 상황이다. 이러한 현실을 고려할 때 왜 교회가 저물어 가는 교회의 전통을 우러러보고, 닮아 가려고 하는지 의문을 가져 본다. 물론 앞서 말했듯이 영성의 전통은 차원을 구별할 수 없다고 했지만 말이다.

우리는 영성의 바람을 만들 수 없다. 교회는 단지 하나님께서 일으키시고, 조정하시는 영성의 바람과 함께 비상(飛上)해야 하는 것이다. 만일 태평양적 영성이 복음을 땅 끝까지 옮기는 데 강한 바람을 일으킨다면 교회는 목회와 교육에 있어서 이 바람에 순응하고 영광스러운 비행을 해야 할 것이다.

그리고 가능하다면 두 유형의 영성을 모두 소중한 전통으로 지키며, 이들을 삶 속에서 실천하는 것이 바람직할 것이다. 문제는 이것이냐 저것이냐가 아니라, 얼마나 열심을 다해 기도할 것이냐이다. 이런 의미에서 예배에는 더 많은 기 도의 기회가 주어져야 하고, 목회와 교육은 기도를 기반으로 행해져야 한다.

미래의 교회는 기도의 능력에 달려 있다. 기도의 회복은 교회의 생명을 이어 갈 산소호흡기가 될 것이다. 그리고 이 기도는 복음의 전파를 위한 중보의 기 도가 될 때 가장 강력한 힘을 교회에게 가져다줄 것이다. 콜로라도스프링스에 있는 뉴라이프 교회(New Life Church)에 세워진 기도센터(Prayer Center)처럼 전 세계를 위해 기도하는 교회의 모습이 그 어느 때보다 필요한 시기가 바로 오 늘이라고 해야 할 것이다.

미래 스케치 넷 - 증언회복(ReWitness)

교회는 사회개혁이나 자선봉사를 위해 존재하지 않는다. 그리스도인들의 삶 속에서 나타난 믿음의 결과로 사회가 개혁되고, 사랑의 나눔이 이루어질 수는 있다. 교회는 복음의 증인이 되기 위해 이 땅에 세워졌다.[300] 교회의 첫 모형 을 보라. 골고다 언덕 위에 세워진 세 개의 십자가에는 예수님과 두 명의 강도 가 있었다. 이곳에서 정치적 변혁이나 복지에 관한 이야기는 없었다. 오직 예 수님의 용서와 구원의 사건이 있었다.[301] 이렇듯 예수 그리스도의 복음을 증 거하는 것이 교회의 본질이다. 이 본질을 잃어버리면 교회는 더 이상 교회일 수 없다.

그러나 안타깝게도 많은 교회가 사회개혁이나 자선과 봉사를 통해 사회 속에서 교회의 이미지를 만들어 나가려고 한다. 물론 앞서 이야기한 것처럼 교회가 사회개혁이나 자선봉사를 하는 것은 잘못된 것이 아니다. 그러나 교회가 복음의 증인 되는 것을 뒷전에 미루고 땅의 일에만 몰두할 때 문제가 발생한다. 혹자는 사회개혁과 자선봉사를 통해 간접적인 선교를 할 수 있다고 말할 것이다. 그러나 복음을 받아들이는 사람들이 교회의 비개인적(impersonal) 접근을 절대로 높이 평가하지 않는다는 사실을 명심해야 한다.

따라서 새로운 교회의 목회와 교육은 예수 그리스도의 증인이 되는 일에 직접적이고 개인적인 노력을 기울여야 한다. 그리고 말씀선포(케리그마), 가르침(디다케), 친교(코이노니아), 봉사(디아코니아), 예배(레이투르기아) 등 목회와 교육의 전반적 프로그램들도 그리스도를 증거하는 목적을 달성하기 위해 계획되고 진행되어야 한다.

그러면 예수 그리스도의 증인을 만들어 내는 교육과 목회는 어떻게 수행되어야 하는가? 예수님의 모습을 살펴보자. 예수님은 하나님 나라의 복음을 선포하시고, 제자들을 전도하실 때 그들의 삶의 현장으로 찾아가 대화를 통해 개인적이고 친밀한 '관계'를 맺으셨다. 바로 관계가 핵심이다. 전도를 통해 새로운 신자가 된 사람들을 만나 보라. 그들이 교회에 나오고, 믿음을 갖게 된 동기가 무엇인지를 물어보라. 대부분의 사람들이 '관계' 때문이라는 답을 할 것이다. 관계는 기독교 신앙의 핵심이다. 하나님께서는 세상과 사랑의 관계를 맺으시고, 그 사랑으로 인간을 구원하시며, 사랑을 명령하시면서 복음을 전하라고 하셨다. 때문에 증언회복은 관계회복을 통해 이루어져야 한다.

스티브 새콘(Steve Saccone)은 자신의 저서 《관계지능》(Relational Intelligence)에서 "관계는 하나님의 증거"[302]라고 했다. 이는 요한복음 13:34-35의 말씀을 근거로 하고 있다. "새 계명을 너희에게 주노니 서로 사랑하라 내가 너희를 사랑한 것 같이 너희도 서로 사랑하라 너희가 서로 사랑하면 이로써 모든 사람이 너희가 내 제자인 줄 알리라." 즉 우리가 이웃을 사랑하는 것은 바로 우리가 하나님께 속해 있다는 것을 증명하는 것이다. 예수님께서도 관계를 통해서 인간에게 희생적인 사랑을 보여 주셨다. 이러한 관계가 복음을 증거하는 결정적 통로가 되는 것이다.

그러나 이것을 단순히 관계전도(relationship evangelism) 또는 라이프스타일 전도(lifestyle evangelism)와 혼동해서는 안 된다. 왜냐하면 자칫하면 관계전도는 원만한 관계형성을 전도의 완성으로 생각하며, 라이프스타일 전도는 훌륭한 삶이 바로 전도라고 여기게 되는 오류를 범하기 때문이다. 조지 바나는 "라이프스타일 전도의 가장 큰 약점은 이것이 크리스천들에게 변명의 빌미를 줄 수 있다는 점이다. 열심히 그리고 공격적으로 복음을 전하려 하는 대신, 크리스천들은 자신들이 좋은 삶을 살고, 친절하며, 신앙을 나누는 데 열려져 있으면, 그 다음 일들은 하나님께서 알아서 하실 것이라고 쉽게 확신한다."[303]라고 했다. 그러므로 관계형성은 직접적이고 개인적인 복음증거를 위한 기틀의 역할만을 충실히 해야 하는 것이다.

이렇게 하여 교회는 목회와 교육을 통해 제자화 훈련(Discipleship)을 넘어서 증언 훈련(Witness-ship)으로 변형적 전환을 해야 한다. 만일 교회가 자신의 제도와 조직을 유지하고 보존하기 위하여 동질의 제자를 양육한다면, 그것은 진정한 제자화가 될 수 없다. 성경은 땅 끝까지 이르러 제자를 삼아 복음을 전파하는 사람으로 가르치라고 명령하고 있다. 그러므로 교회는 교회 밖의 사람들에게 복음을 전하고 교회의 증식을 이끌어 내는 증언자의 양성을 통하여 하나님의 온전하시고 기쁘신 뜻을 이루어야 할 것이다.

＊＊＊＊＊

미래는 밝지만도 어둡지만도 않다. 오직 미래를 밝게 맞이하는 교회와 어둡게 맞이하는 교회가 있을 뿐이다. 밝은 미래는 하나님이 계신 곳이지만, 어두운 미래는 하나님이 계시지 않는 곳이다. 선택은 교회에게 달려 있다. 하나님의 뜻을 좇아 밝은 미래로 향할 것인가, 아니면 하나님의 뜻에서 멀어져 어두운 미래로 향할 것인가는 오늘 우리가 어떠한 교회의 유전자를 가지고, 어떠한 교회의 매트릭스를 찾아, 어떠한 교회의 르네상스를 만들어 갈 것인가에 달려 있는 것이다.

✳ 각주

277) Harvey Cox, *The Future of Faith* (New York: HarperCollins, 2009).

278) 요한복음 14:6 "예수께서 이르시되 내가 곧 길이요 진리요 생명이니 나로 말미암지 않고는 아버지께로 올 자가 없느니라"

279) 마가복음 2:14 "또 지나가시다가 알패오의 아들 레위가 세관에 앉아 있는 것을 보시고 그에게 이르시되 나를 따르라 하시니 일어나 따르니라"; 마태복음 9:9 "예수께서 그 곳을 떠나 지나가시다가 마태라 하는 사람이 세관에 앉아 있는 것을 보시고 이르시되 나를 따르라 하시니 일어나 따르니라"; 요한복음 1:43 "이튿날 예수께서 갈릴리로 나가려 하시다가 빌립을 만나 이르시되 나를 따르라 하시니"; 요한복음 12:26 "사람이 나를 섬기려면 나를 따르라 나 있는 곳에 나를 섬기는 자도 거기 있으리니 사람이 나를 섬기면 내 아버지께서 그를 귀히 여기시리라"; 마태복음 8:22 "예수께서 이르시되 죽은 자들이 그들의 죽은 자들을 장사하게 하고 너는 나를 따르라 하시니라"

280) Cox, *The Future of Faith*, 4-20.

281) Ken Hemphill, *Revitalizing the Sunday Morning Dinosaur: A Sunday School Growth Strategy for the 21st Century* (Nashville: Broadman & Holman Publishers, 1996).

282) Andrew Walker, *Remembering Our Future* (London: Paternoster Press, 2007).

283) Cox, *The Future of Faith*, 213.

284) Ibid., 218-19.

285) Ibid., 224.

286) 요한복음 3:1-16.

287) Frost and Hirsch, *ReJesus*, 111.

288) Ibid., 167.

289) Ibid., 185.

290) 민수기 21:8 "여호와께서 모세에게 이르시되 불뱀을 만들어 장대 위에 매달아라 물린 자마다 그것을 보면 살리라"

291) George Barna, *Think Like Jesus: Make the Right Decision Every Time* (Wake Forest: Integrity Publishers, 2003), 4.

292) Ibid., 6.

293) 이멀징 교회(emerging church)와 이멀전 교회(emergent church)를 구별할 필요가 있다. 이멀전 교회는 진보적 복음주의의 입장을 견지하면서 급진적인 사회복음을 내세우는 한편 이멀징 교회는 제도화된 교회에서 탈피하여 변화하는 문화에 적응하면서 다양한 새로운 시도를 하고 있는 차이를 보이고 있다.

294) http://www.biblicalrecorder.org/content/news/2005/4_19_2005 /ne190405rick.shtml (2010년 3월 25일 접속).

295) 참고. Roger E. Olson, "Back to the Bible (Almost): Why Yale's Postliberal Theologians deserve an Evangelical Hearing," *Christianity Today* 40 (May 20 1996), http://www.christianitytoday.com/ct/1996 /may20/6t6031.html?start=7 (2010년 3월 25일 접속).

296) 참고. Richard Bauckham, *Bible and Mission: Christian Witness in a Postmodern World* (Grand Rapids: Baker Academic, 2004).

297) 참고. Michael C. Burton, *Prayer: The Sixth Purpose of the Church: A Study of the Importance & Necessity of Christian Prayer to the Individual & to the Church* (Bloomington, IN: iUniverse, 2010).

298) Leonard Sweet, ed., *The Church of the Perfect Storm* (Nashville: Abingdon Press, 2008), 72-81.

299) 참고. Cynthia Bourgeault, *Centering Prayer and Inner Awakening* (Lanham, MD: Cowley Publications, 2004); George Maloney, *Prayer of the Heart: The Contemplative Tradition of the Christian East* (Notre Dame, IN: Ave Maria Press, 2008).

300) 사도행전 1:8 "오직 성령이 너희에게 임하시면 너희가 권능을 받고 예루살렘과 온 유대와 사마리아와 땅 끝까지 이르러 내 증인이 되리라 하시니라"

301) 누가복음 23:32-43.

302) Steve Saccone, *Relational Intelligence: How Leaders Can Expand Their Influence Through a New Way of Being Smart* (San Francisco: Jossey-Bass, 2009).

303) George Barna, *Evangelism That Works: How to Reach Changing Generations With the Unchanging Gospel* (Ventura, CA: Regal Books, 1995), 21.

＊ 참고문헌

Abelman, Robert and Stewart M. Hoover, *Religious Television: Controversies and Conclusions* (Norwood, NJ: Ablex Publishing Corporation, 1990).

Barabasi, Albert-Laszlo, *Linked: How Everything Is Connected to Everything Else and What It Means* (New York: Plume, 2003).

Barna, George, *Evangelism That Works: How to Reach Changing Generations With the Unchanging Gospel* (Ventura, CA: Regal Books, 1995).

Barna, George, *Think Like Jesus: Make the Right Decision Every Time* (Wake Forest: Integrity Publishers, 2003).

Bauckham, Richard, *Bible and Mission: Christian Witness in a Postmodern World* (Grand Rapids: Baker Academic, 2004).

Bell, Daniel, *Coming of Post-Industrial Society: A Venture in Social Forecasting* (New York: Basic Books, 1976).

Best, H. M., *Music Through the Eyes of Faith* (San Francisco: Harper, 1993).

Betty, Carter and Monica McGoldrick, eds., *The Changing Family Life Cycle: A Framework for Family Therapy* (New York: Gardner Press, 1988).

Bosch, David, *Transforming Mission: Paradigm Shifts in Theology of Mission* (New York: Orbis Books, 1991), 390.

Bourgeault, Cynthia, *Centering Prayer and Inner Awakening* (Lanham, MD: Cowley Publications, 2004).

Bulik, Beth Snyder, "What Your Favorite Social Net Says about You," *Advertising Age* 13 (July 2009): 2-15.

Burton, Michael C., *Prayer: The Sixth Purpose of the Church: A Study of the Importance & Necessity of Christian Prayer to the Individual & to the Church* (Bloomington, IN: iUniverse, 2010).

Campbell, Regi and Richard Chancy, *Mentor Like Jesus* (Nashville: B&H Publishing Group, 2009).

Carroll, Lewis, *Alice in Wonderland* (New York: Random House Children's Books, 2009).

Castells, Manuel, *End of Millennium: The Information Age: Economy, Society and Culture* Volume III (Malden, MA: Blackwell Publishing, 1998).

Castells, Manuel, *The Power of Identity: The Information Age: Economy, Society and Culture* Volume II (Malden, MA: Blackwell Publishing, 1997).

Castells, Manuel, *The Rise of the Network Society: The Information Age: Economy, Society, and Culture* Volume I (Malden, MA: Blackwell Publishing, 1996).

Cole, Neil, *Organic Church: Growing Faith Where Life Happens* (San Francisco: Jossey-Bass, 2005).

Cox, Harvey, *The Future of Faith* (New York: HarperCollins, 2009).

Cremin, Lawrence Arthur, *Popular Education and Its Discontents: The Inglis and Burton Lectures, Harvard Graduate School of Education* (New York: Harper-Collins Publishers, 1990).

English, Leona M., *Mentoring in Religious Education* (Birmingham. AL: Religious Education Press, 1998).

Fadul, Jose, "Collective Learning: Applying Distributed Cognition for Collective Intelligence" *International Journal of Learning* (Melbourne, 2009) 16 (4): 211-220.

Freire, Paulo, *Pedagogy of the Oppressed* (New York: Continuum, 1970, 2007).

Freire, Paulo, *The Politics of Education. Culture, Power, and Liberation* (Massachusetts: Bergin & Garvey Publishers, Inc., 1985).

Frost, Michael and Alan Hirsch, *ReJesus: A Wild Messiah for a Missional Church* (Peabody, MA: Hendrickson Publisher, 2009).

Fuller, R. Buckminsterr, *Synergetics: Explorations in the Geometry of Thinking* (New York: Macmillan Publishing Co. Inc. 1975).

George, Paul S., *What Is Portfolio Assessment Really and How Can I Use It in My Classroom?* (Gainesville, FL: Teacher Education Resources, 1995).

Gibbs, Eddie and Ryan K. Bolger, *Emerging Churches: Creating Community in Postmodern Cultures* (Grand Rapids, MI: Baker Academic, 2005).

Gilmour, David, *The Ruling Caste: Imperial Lives in the Victorian Raj* (New York: Farrar, Straus and Giroux, 2005).

Goldsmith, Marshal Laurence Lyons, and Alyssa Freas, eds., *Coaching for Leadership: How the World"s Greatest Coaches Help Leaders Learn* (San Francisco: Jossey-Bass Pfeiffer, 2000).

Gooch, John O., *Claiming the Name: A Theological and Practical Overview of Confirmation* (Nashville: Abingdon Press, 2000).

Greenleaf, Robert K., *Servant Leadership: A Journey into the Nature of Legitimate Power & Greatness* (New York: Paulist, 2002).

Greenleaf, Robert K., *The Servant as Leader* (Westfield, IN: Robert K. Greenleaf Center, 1982).

Groome, Thomas, *Educating for Life: A Spiritual Vision for Every Teacher and Parent* (Allen, TX: Thomas More, 1998).

Gundry, Stanley, *Love Them In: The Life and Theology of D L Moody* (Chicago: The Moody Bible Institute of Chicago, 1976, 1999).

Hammett, Edward H. and Loren Mead, *Gathered and Scattered Church: Equipping Believers for the 21st Century* (Macon, GA: Smyth & Helwys Publishing, Inc., 2005).

Hammon, Bill, *The Day of the Saints: Equipping Believers for Their Revolutionary Role in Ministry* (Shippensburg, PA: Destiny Image, 2005).

Hansen, G. Eric, *The Culture of Strangers: Globalization, Localization and the Phenomenon of Exchange* (Lanham, MD: University Press of America, 2002).

Hawkins, Greg L. and Cally Parkinson, *Reveal Where Are You?* (South Barrington, IL: Willow Creek Association, 2007).

Hemphill, Ken, *Revitalizing the Sunday Morning Dinosaur: A Sunday School Growth Strategy for the 21st Century* (Nashville: Broadman & Holman Publishers, 1996).

Hersch, Patricia, *A Tribe Apart: A Journey into the Heart of American Adolescence* (New York: Ballantine, 1999).

Hicks, John Mark, *Come to the Table: Revisioning the Lord's Supper* (Albilene, TX: Leafwood Publishers, 2008).

Hiney, Tom, *On the Missionary Trail: A Journey through Polynesia, Asia, and Africa with the London Missionary Society* (New York: Atlantic Monthly Press, 2000).

Hirsch, Alan, *The Forgotten Ways: Reactivating the Missional Church* (Grand Rapids: Brazos Press, 2007).

Hooks, Bell, *Teaching to Transgress, Education as the Practice of Freedom* (New York and London: Routledge, 1994).

Hustad, D. P., *Jubilate II-Church Music in Worship and Renewal* (Carol Stream, IL: Hope Publishing, 1993).

Jenkins, Henry, *Convergence Culture: Where Old and New Media Collide* (New York: New York University Press, 2006).

Kasper, Walter Cardinal, *Leadership in the Church: How Traditional Roles Can Help Serve the Christian Community Today* (Chestnut Ridge, NY: The Crossroad Publishing Company, 2003).

Koehler, George, *Learning Together: A Guide for Intergenerational Education in the Church* (Nashville: Discipleship Resources, 1977).

Kouzes, James M. and Barry Z. Posner, *The Leadership Challenge* (San Francisco: Jossey-Bass, 1987).

Lloyd, Genevieve, "Education", in *New Keywords: A Revised Vocabulary of Culture and Society*, Tony Bennett, Lawrence Grossberg and Meaghan Morris, eds., (Oxford: Blackwell Publishers, 2005).

Maloney, George, *Prayer of the Heart: The Contemplative Tradition of the Christian East* (Notre Dame, IN: Ave Maria Press, 2008).

Marcus, Ivan G., *The Jewish Life Cycle: Rites of Passage from Biblical Times to the Modern Age* (Seattle and London: University of Washington Press, 2004).

McNeal, Reggie, *Missional Renaissance: Changing the Scorecard for the Church* (San Francisco: Jossey-Bass, 2009).

McNeal, Reggie, *The Present Future: Six Tough Questions for the Church* (San Francisco: Jossey-Bass, 2009).

Miller, M. Rex, *The Millennium Matrix: Reclaiming the Past, Reframing the Future of the Church* (San Francisco: Jossey-Bass, 2004).

Moll, Rob, "Missions Incredible: South Korea sends more missionaries than any country but the U.S. And it won't be long before it's number one," *Christianity Today* (March 2006).

Moody, William R., *Life of D. L. Moody* (Murfreesboro, TN: Sword of the Lord, 2004).

Nagel, Stuart, *The Structure of Science* (New York: Harcourt, Brace & World, 1961).

Naisbitt, John, *Megatrends: Ten New Directions Transforming Our Lives* (New York: Grand Central Publishing, 1988).

Neff, Blake J. and Donald Ratcliff, eds., *Handbook of Family Religious Education* (Birmingham, AL: Religious Education Press, 1995).

Northouse, Peter G., *Leadership: Theory and Practice* Third Edition (Thousand Oaks, CA: Sage Publications Inc., 2010).

Nouwen, Henri J. M., *In the Name of Jesus: Reflections on Christian Leadership* (New York: The Crossroad Publishing Company, 1992).

Nouwen, Henri J. M., *The Road to Daybreak: A Spiritual Journey* (New York: Doubleday, 1988).

Nugent, Andrew, *The Slow-Release Miracle* (New York: Paulist, 2006).

Oden, Thomas, *John Wesley's Scriptural Christianity* (Grand Rapids: Zondervan,

1994), 243.

Olson, Roger E., "Back to the Bible (Almost): Why Yale's Postliberal Theologians deserve an Evangelical Hearing," *Christianity Today* 40 (May 20 1996),

Osmer, Richard Robert and Friedrich Schweitzer, *Religious Education between Modernization and Globalization: New Perspectives on the United States and Germany* (Grand Rapids: William. B. Eerdmans Publishing Company, 2003).

Palmer, Parker, *The Courage to Teach: Exploring the Inner Landscape of a Teacher's Life* (San Francisco: Jossey-Bass, Inc., 1998).

Paulson, F.L. P.R. Paulson and C.A. Meyer, "What Makes a Portfolio a Portfolio?" *Educational Leadership* (February, 1991), 60-63.

Polanyi, Michael, *Personal Knowledge: Towards a Post-Critical Philosophy* (Chicago: University of Chicago Press, 1974).

Postman, Neil, "The Blurring of Childhood and the Media," *Religious Education* 82 (Spring 1987): 293-95.

Powell, Kara and Brad M. Griffin, *Deep Justice Journeys Student Journal: Moving from Mission Trips to Missional Living* (Grand Rapids: Zondervan/Youth Specialties, 2009).

Pritchard, Alan, *Ways of Learning: Learning Theories and Learning Styles in the Classroom* (New York: Routledge, 2009).

Richer, Don C., *Mission Trips That Matter: Embodied Faith for the Sake of the World* (Nashville: Upper Room Book, 2008).

Roxburgh, Alan and Fred Romanuk, *The Missional Leader: Equipping Your Church to Reach a Changing World* (San Francisco: Jossey-Bass, 2006).

Saccone, Steeve, *Relational Intelligence: How Leaders Can Expand Their Influence Through a New Way of Being Smart* (San Francisco: Jossey-Bass, 2009).

Senn, Frank C., *Christian Liturgy* (Minneapolis: Fortress Press, 1997).

Sloan, Douglas, *Faith and Knowledge: Mainline Protestantism and American Higher Education* (Louisville, KY: Westminster John Knox Press, 1994).

Snyder, Howard A. and Daniel V. Runyon, "Ten Major Trends Facing the Church," *The International Bulletin of Missionary Research*, 11 (April 1987): 67-70.

Stetzer, Ed and David Putman, *Breaking the Missional Code* (Nashville: B&H Academic, 2006).

Strommen, Merton and Richard Hardel, *Passing on the Faith* (Winona, MN: St. Mary's Press, 2000).

Sweet, Leonard, ed., *The Church of the Perfect Storm* (Nashville: Abingdon Press, 2008).

Sweet, Leonard, *So Beautiful: Divine Design for Life and the Church* (Colorado Springs, : David C. Cook, 2009).

Sweet, Leonard, *The Gospel According to Starbucks: Living with a Grande Passion* (Colorado Springs: WaterBrook Press, 2007).

Tapscott, Don, *Growing Up Digital: How the Net Generation is Changing Your World* (New York: McGrow-Hill, 2009).

Taylor, Howard, *J. Hudson Taylor: God's Man in China* (Chicago: Moody Press, 1971).

Tilleman, H. and K. Smith, "Portfolio Appraisal: In Search of Criteria" *Teaching and Teacher Education* 23, (2007): 442-456.

Toffler, Albin, *The Third Wave* (New York: Bantam Books, 1980).

Turner, Victor Witter, *Ritual Process: Structure and Anti-Structure* (New York: Aldine, 1969).

Twitchell, James B., *Shopping for God: How Christianity Went from In Your Heart to In Your Face* (New York: Simon and Schuster, 2007).

Tye, Karen, *Basics of Christian Education* (Danvers, MA: Chalice Press, 2000).

Walker, Andrew, *Remembering Our Future* (London: Paternoster Press, 2007).

Walther-Thomas, C. and M. T. Brownell, "Bonnie Jones: Using Student Portfolios Effectively" *Intervention in School and Clinic* 36 (4), (2001): 225-229.

Webber, Robert, *Ancient-Future Evangelism: Making Your Church a Faith-Forming Community* (Grand Rapids: Baker Books, 2003).

Webber, Robert, John Burke, Dan Kimball, Doug Pagitt, Karen M. Ward, and Mark Driscoll, *Listening to the Beliefs of Emerging Churches: Five Perspectives* (Grand Rapids Zondervan, 2007). l

Wilson-Dickson, A., *The Story of Christian Music* (Batavia, IL.: Lion, 1992).

Wright, Walter C., *Relational Leadership* (Carlisle, United Kingdom: Paternoster, 2002).

Zubizarreta, John, *The Learning Portfolio: Reflective Practice for Improving Student Learning* (San Francisco: Jossey-Bass, 2009).

✳ 웹문헌

http://dictionary.reference.com/browse/Community (2010년 2월 23일 접속).

http://en.wikipedia.org/wiki/Dwight_L._Moody (2010년 2월 16일 접속).

http://en.wikipedia.org/wiki/Futurology (2010년 2월 9일 접속).

http://en.wikipedia.org/wiki/Global_Positioning_System (2010년 2월 22일 접속).

http://en.wikipedia.org/wiki/Mentoring (2010년 3월 20일 접속).

http://enc.daum.net/dic100/contents.do?query1=10XX106166
        (2010년 2월 10일 접속).

http://hirr.hartsem.edu/research/churchoutreachindex.html (2010년 3월 22일 접속).

http://ko.wikipedia.org/wiki/%EB%AF%B8%EB%9E%98 (2010년 2월 9일 접속).

http://sites.google.com/site/streetyouth (2010년 3월 17일 접속).

http://theaterchurch.com/about/story (2010년 3월 16일 접속).

http://unfuture.org/?p=6634 (2010년 2월 10일 접속).

http://www.biblicalrecorder.org/content/news/2005/4_19_2005/ne190405rick.
        shtml (2010년 3월 25일 접속).

http://www.christianity.com/11560219/page2 (2010년 2월 11일 접속).

http://www.christianitytoday.com/ct/1996/may20/6t6031.html?start=7
        (2010년 3월 25일 접속).

http://www.christianleadershipalliance.org/spiritualdimensions/2007
        (2010년 3월 22일 접속).

http://www.churchonthemove.com/newtocotm (2010년 3월 17일 접속).

http://www.housechurch.org/basics/simson_15.html (2010년 3월 4일 접속).

http://www.internetministryconference.com (2010년 3월 17일 접속).

http://www.leonardsweet.com/article_details.php?id=55 (2010년 2월 15일 접속).

http://www.leonardsweet.com/article_details.php?id=60 (2010년 2월 20일 접속).

http://www.liquidchurch.com (2010년 2월 25일 접속).

http://www.ncd-international.org/public (2010년 2월 17일 접속).

http://www.soultsunami.com/section8.html (2010년 2월 9일 접속).

http://www.thefreedictionary.com/curriculum (2010년 3월 15일 접속).

http://www.washington.edu/lst/help/planning/portfolio_design
        (2010년 3월 22일 접속).

http://www.webevangelism.com (2010년 3월 17일 접속).

http://www.web-evangelism.com/resources/bridge-strategy.php
   (2010년 3월 17일 접속).
http://www.willownet.com/wca_prodsb.asp?invtid=PR30725&f=x
   (2010년 2월 11일 접속).
http://www.youtube.com/watch?v=8Zrj1HfxVMQ&feature=channel
   (2010년 2월 11일 접속).
www.yoyomaster.com/ministry.file/Servantleadership.html (2010년 3월 22일 접속).